日大全共闘運動の源流と今

経済学部学生会の知られざる記録

丸井雄一

彩流社

「パヴェ（敷石）の下にある　それは砂浜……」

（一九六八年、パリ五月革命）

「次第に度合いを増す暗黒の中にいながら、光明の灯を燃やしつづけ、真相看破に努力する知性であり、一つは、このかすかな光明を頼りとして歩み続ける勇気である。」

（クラウゼヴィッツ「戦争論」）

まえがき

一九六六年〜九〇年代にかけて学園闘争として最大規模の闘いになった日大闘争、「暗黒の時代」から三年有余の年月をかけて勇気ある行動に立ち上がった日本大学経済学部の学生たちの運動は、一九六八年五月、秋田明大学生会委員長を議長として日大全共闘の闘いに至りました。

あの時なぜ日大全一一学部一三校舎・数万の学友一人ひとりが自主的に立ち上がり、闘いに自らの人生をかけて、あれほど強烈にエネルギーを注いだのか。学園の矛盾と暴力的支配に立ち向かった私たちの闘いは社会の支持を受け、多くの市井の人たちに暖かく励まされ、支えられていたことを思い起こします。

日大全共闘の闘いは単なる〝学園闘争〟としてだけでなく、日本の一時代を象徴して歴史に深く刻まれ、昭和後期の日本の安定的繁栄と民主的な発展に大きな役割を果たしてきたことを感じます。

私たちはその闘いにより背負いきれない荷物を背負い、癒しきれない傷を負い、多くの学友たちが社会へのかかわりを狂わせながらも、各々はその後五〇数年の人生を苦闘し、果敢に生きてきました。

幾星霜《いくせいそう》を経た今、改めて闘いの原点と真実を知るために、当時を振り返ってみたい。しかし、既に長い年月が経過して記憶は薄れ、資料も散逸してしまった今となっては、長期間にわたるあれほどの規模の闘いの事実経過と真実を記録することは難しい。

しかし、わずかな資料とかすれた記憶を手繰り寄せながら、闘いの前史となった「日大経済学部の三代にわたる闘い」については当時の私のメモをたどり、「一九八〇年代後半までの日大全共闘の闘い」については保有する資料や学友たちの資料と著述を基に、大枠についてはなんとかとらえられたのではないかと思います。

学園民主化運動を担った私たちは、闘いの〝記憶〟を記録として、あの〝アカデミー〟の中で行われた日大当局による暴力による弾圧の史実を余すところなく後世に伝え、歴史に記すことを望みたいと思います。

この書は、私たちが君たちと同じく若かった時代の苦闘の記録です。そして今、私たちの時代とは違う社会と教学環境の中で頑張っている君たちに、私たちが伝えたいのは、社会が発展した今も色々な未解決の問題がありますが、その一つは日大を含む大学の在り方の問題だと思います。

私たちは五〇数年前、当時は「ポン大」とも蔑称された日大を良くしたい思いで始めた学園の民主化運動が、いつしか激しい闘争になり、私たちはこの思いを胸に必死に闘いました。そして多くの学友たちの犠牲の下に改善されたはずの日大は、本書に詳しく記したように、田中英壽《ひでとし》（英寿）理事長独裁体制に戻ってしまい、日大の評価はこの一〇数年間で著しく低下しました。

日大の問題は今日のアメフト事件に現れたように、大学の旧態依然たる暴力的体質の存在と、教学の場としての理念と姿勢を持たず、社会に応えない独裁者と側近理事たちの大学を蝕む経営にありました。これは、大学としての役割を喪失している理事たちに対して批判を封じる教職員と、それを許容している現役の君たちの問題でもあります。

そして二〇二一年九月八日、巨額資金流用問題で大学本部、田中理事長と関係理事の自宅、事業部へ特別捜査が行われ、更に一〇月、一一月に二次、三次捜査が行われて明らかとなった資金流出、脱税問題は連日、諸々のメディアに取り上げられてきました。しかも理事長の意向で復帰した理事等による流用資金から巨額の現金を受け取った理事長の共謀が立件ができず、「俺は知らない」ととぼけて責任を負わない状態が続きました。

その後、金銭受領の確証は無くとも巨額脱税問題が明らかになり、理事長の逮捕、有罪判決に至りました。大学を蝕んできた経営陣の腐敗と大学評価の大きな下落は、半世紀前に発覚した「巨額使途不明金」問題と同じで、学び、社会に出立する君たちが自らの身に直接影響を受ける事態であり、私たちＯＢも、社会も許容できません。（現在のアメフト部の大麻事件もそれを引きずっています）

かつて、学園の民主化のために自由な意見発表と学生自治を求めた私たちは、当局指示の体育会系学生やプロを使った集団暴力を何度も受け、学友の虐殺と多数の重傷者を含め一万人以上が負傷し、二〇〇〇人以上が逮捕されました。

その時の暴漢者の一人が当時相撲部員だった田中理事長であり、応援団員の理事・経済学部校友会長たちでした。田中理事長は日大に就職して農獣医学部に配属され、一九八〇年前後の最も激しい「アウシュビッツ校舎」（一七七頁参照）と言われた農獣医学部校舎で防衛部隊を指揮したということです。

私たちは当時このような日大の中で、社会の進歩に役立つという問題意識を持って向き合い、歴史・経済分析をし、議論をして勉学に心がけ、社会に参画後は良き企業活動と社会の形成に努めてきました。

今、時代は変わり、新自由主義とネット化により諸問題は個々人に分散され、国の制度や構造の問題を問う機会は少なくなっています。現象は違いますが君たちは、私たちが当時の日大の急激なマスプロ化により、一人ひとりが疎外状況に陥ったときと同じ状態にあるとの想いを感じます。いやそれ以上に君たちはネット社会とコロナ禍を経験し孤立し、何も言えない、あるいは言われない状況は、私たちの当時よりも厳しい状態であると思わざるを得ません。

今は君たちの目の前で、暴力による弾圧は無いでしょう。しかし、先般のアメフト問題は一学生が公衆の面前で当局の指示による暴力事件を起こし、「命令に従った」者の人間性が問われました。その彼が社会に向けて反省を表した姿勢に社会は安堵しました。

しかし、田中元理事長は誠意ある説明を一度もしませんでした。それどころか、社会では通用しない理事長側近の事件当事者の理事を大学に復帰させ、腐敗行為が行われた日大は、半世紀前の状態であり、正常な教学の場であるとはとても言えません。

やがて君たちは社会に参画をして、色々な問題に直面しその解決をしなければなりません。君たちはネットではなく現実社会の中で問題解決への努力と姿勢が問われます。

また、社会・企業の活動は、その役割と国内あるいは海外のルールとの接点を持たざるを得ません。しかし今、世界に忍び寄る独裁国家の影と民主主義の偽装、地域紛争や難民の増加が世界を覆っています。

そしてこの国の二〇数年の政治は自らの不正の隠蔽と政策論争を避けて国会を軽視し、行政を支配した政治により立法府の無力化が進んできました。

社会、文化、経済活力の低下はとめどない所得格差の拡大を招きました。大学は、小泉政権による「法人化」と安倍政治の規制緩和名目での予算削減や理事長権限強化と教授会機能剥奪、文系学部・学科の削減等の〝改革〟や学術会議への介入が行われ、報道の自由度の低下により、この国の著しい劣化が国際諸指標に現れています。

更にコロナ禍に加えてロシアのウクライナ侵略戦争は、世界平和の破壊のみならず就労の機会を奪い、貧困層の拡大を招いています。正に今社会に飛び立つ君たちは、その大きな影響を受けていると言わざるを得ません。

しかし私たち一人ひとりは絶えず世界に目を向け、良き社会を創造する意識と行動力を持たなければならないと思います。そして君たちは今、自らに知識の習得と見識を身に着ける時であり、その研鑽の場が大学です。大学はその国のレベルと社会の指標を表します。

現在のこの国の姿を見るにつけ、当時と変わらない大学の諸問題を感じます。私たちのかつての闘いは、単なる過去の出来事ではないといわざるを得ません。

理事長独裁により自浄能力を失っていた大学が、外部の批判により経営陣が交代した日大が君たちにとり正常な大学と言えるのか、社会にふさわしい教学の場であり、民主的に自由かつ活発な研究と議論を行える場であるのか、あるいは行っている場であるのかを大学再建のために考えてみて下さい。この国に活力をもたらす若き君たちの行動力に期待します。

一九六六年の古賀義弘学生会委員長の挨拶文《学問思想の自由》（四二〜四三頁）に今に通じる「学生会」の役割が記されています。君たち一人ひとりが孤立を乗り越えて自らの意見を表す場とその機関があるのか、これは大学の当時も今も変わらない「学生会の存在」意義です。

本書の構成は「学問思想の自由」を求めて立ち上がった経済学部学生会三代の闘いから生まれた〝組織の無い〟日大全共闘運動の、今までほとんど明かされたことのない「源流」にあたる記録です。

一九六八年春、私たちは大学当局と闘う二代目の藤原嶺雄学生会に対する暴力による弾圧を目の当たりにし、秋田明大《あけひろ》学生会執行部設立時に、前二代の活動を反省して厳しい当局規制を予想し、政治的党派色を避けた執行部外の「別動隊」を組成しました。

六九年春、活動を始めた秋田執行部は、「予想」通り、厳しい当局規制と応援団等の威圧を受けて動きが取れない事態になりました。そこで私たち〝一般学友〟は抗議行動を開始しました。その「名もなき別動隊＝非組織的部隊」が呼び掛けた〝不法集会〟へ学友たちは続々と集まってきました。そして集会への連日の暴力攻撃をはねのけて行った五月二三日の日大にとっては歴史的な「二〇〇mデモ」になりました。それをきっかけに全学部生が立ち上がり、学友たちは学年ごとやサークル、クラスごとに自主的闘争グループをつくって結集して、経済学部闘争委員会の設立へ、そして全共闘部隊形成への「原基形態」になりました。

日大全共闘はこの部隊を核に、全学部の学友たちがあたかも地底から湧き出るが如く切れ目なく立ち上がって隊列を組み、前線に立って闘っていくことになりました。日大全共闘の主役は、当時の古田会頭を中心にした体育会や右翼団体などの暴力弾圧に怒る学友一人ひとりが自己の確立を求めて闘った自主闘争であり、「組織の無い全共闘」ともいわれる日大全学友の闘いになっていったのです。

そして、古田会頭のバックにあった当時の佐藤栄作首相まで登場する、自民党保守派との衝突にまで至る歴史的な闘争になったのです。

これらの闘いの記録は、本書の「付」に記述した当時の東大闘争と共に、二〇一七年一〇月、千葉県佐倉市の国立歴史民俗博物館で「『1968年』――無数の問いの噴出の時代」展として、戦後の自立性の高い社会的な「大衆運動」として評価され、資料の展示がされ保存されました。

本書は、闘いの記録であるため、悩みや絶望した場面にあまり触れていませんが、本書の第10章で私の〝バリケード生活〟時代の「日記」を少し記しました。当時の苦悩、友と共に大学をよくする想いを共有して問題から逃げずに悩んだ記録です。

本書が、君たちの今後の学生生活のために少しでも参考になれば幸いです。

目次

日大全共闘運動の源流と今——経済学部学生会の知られざる記録

第1章　日本大学の古田会頭体制と時代背景

はじめに

わが国は、戦後の財閥解体・農地解放を経て国家体制を改め、世界に誇れる「平和憲法」を有する民主国家として立ち直り、一九五五年からの神武景気、岩戸景気（高度成長前期）、一九六五年からのいざなぎ景気（高度成長後期）を経て国民全体が豊かになりつつある時代であった。

しかしその復興は、アメリカの冷戦政策の枠内での復興であり、この間の国際情勢は中国革命の成立、米中ソ対立激化等により大きく変化し、アメリカは朝鮮戦争への介入・休戦の後ベトナムへの軍事介入を準備していた。

これら国際情勢の変化によりアメリカは日本の民主化政策を転換、一九五〇年のレッドパージ、五二年の破壊活動防止法案制定、公安調査庁・警察組織の国内統合を行うと共に、五五年、A級戦犯を含む岸信介等戦犯服役者の釈放と公職追放の解除を行った。

これによりわが国の保守勢力が復活・合同して自由民主党が成立、いわゆ五五年体制（自民党による政権政党と社会党が野党としての〝二大政党体制〟）が整った。五七年には岸内閣が成立し、一九六〇年の安保条約改定強行採決となる。そして戦後におけるこの保守派の復活は、戦前の右翼勢力の復古を伴う復活であったともいえる。

六〇年安保闘争については、その激化を恐れた岸首相は、自衛隊の出動要請を行った（防衛庁長官赤城宗徳及び国家公安委員長石原幹市郎は拒否）のみならず右翼、やくざ組織まで動員して闘争の制圧を行った。岸が組織した新日本協議会、全日本愛国者団体会議、日本郷友会、児玉誉士夫、松葉会、住吉会等である。後にやくざと右翼の境界を狂わした原因といわれる。

日本大学は一九六〇年五月、アイゼンハワー米大統領訪日にあわせ五〇〇〇人が参加して歓迎と護衛の準備をしたとの記録がある。この日大本部の計画に対して、経済学部若手教員たちは「断固阻止」の決議をし、本部に申し入れをして中止になった、とのことである。

一九六四年、アメリカはベトナム戦争へ本格的に介入して、六五年の北爆開始によりベトナム戦争が激化した。日本は東南アジアへの戦後賠償名目の「経済援助」と輸出増大によるアメリカの肩代わり経済政策を行い、六八年には日本の国内総生産は西ドイツと並んで自由世界二位の一〇〇〇億ドルにまで拡大した。また、この間の国際情勢は六五年中国文化大革命とその混乱、六八年春のベトナム「テト攻勢」による米軍の敗退、チェコでは民主化運動「プラハの春」などが起こっていた。

国内では、一九六六年に三里塚闘争が始まり、六七年の羽田闘争、六八年佐世保で原子力空母エンタープライズ寄港阻止闘争、王子野戦病院闘争等が闘われていた。

大学行政については、国内経済の回復に伴い日経連による産学振興法案や生産性本部等による「技術革新」を図るための理工系学部増設等の要望、そして文部省による大学法案試案（大学の政治的中立、学内政治活動禁止通達）から始まり大学管理法案設置の動きが強まっていった。

（1）急激にマスプロ化を図った日大の状況

私は一九六五年年春、日大三島教養学部に入学し、風向明媚で自由な雰囲気が漂う三島校舎で懇切丁寧な教授たちと触れ合い、学生生活を謳歌し、翌二年生時、千代田区神田三崎町の経済学部に移行した。校舎は大通りに面した地上八階建ての巨大なビルであり、学園としての緑なす芝生も学生会館もなく、キャンパスの無い校舎であった。

その本部には、日大柔道部出身の古田重二良《じゅうじろう》がいた。彼は理事長を経て、一九五八年六月より会頭という役職につき君臨すると共に、私立大学審議会会長他の要職を担う教育界の重鎮であり、日大はいわば文部省お気に入りの〝体制側拠点校〟であった。一九六五年当時、政権は佐藤内閣で、経済は後期高度成長の時代であった。

古田による「日本大学改善方策案」

古田は、「日本大学改善方策案」により、政府のマスプロ文教路線と産学共同路線を先取りし、さらに産業界の学卒労働者ニーズの高まりに応えるため、授業料の大幅値上げを行うと共にマスプロ教育を拡大し、学部の増設と学生定員数を急拡大させた。当時の日大は、学部の独立採算制（学部の独立性ではない）による経営の効率化を図り、国内最大規模の〝教育資本〟となっていた。

当時日大の学生数は定員をはるかにオーバーしていて、その正確な実態は本部の一部の理事にしかわからないともいわれた。これにより、戦前は「司法の日本大学」と呼ばれ、司法試験合格者数トップクラスを維持していた合格者は急激に低下し、他の中堅私大レベルに凋落した。同時に、学生数の急激な増加により学内教育設備と教授陣の不備・不足を招いて学生の偏差値レベルも急激に低下し、正に「マスプロ私大」の象徴となっていた。

一九五八年九月、古田は会頭就任半年後の「日本大学改善方策案」に際して、それまでの大学理念であった「日本国憲法に基づき」を、「日本精神理念に基づき、日本の歴史と伝統に基づく精神理念の確立を指導する」に変更した。

その「改善の原則」の概要は以下の通りである。
一　創意工夫して最小限の経費をもって最大限度の効果をあげることに努力する。
二　教育内容の充実強化を図ることに最善を尽くす。
「総論」
一　世界総合大学の発展を期す。
二　内容の充実を達成して更に拡張発展を期する。
三　最高の指導的権威を持たせる。
四　国策に対応すべき体制の整備を図る。
五　諸官庁と密接なる連絡をとり、学習、研究、就職に関するあらゆる機能の飛躍的発展を期する。
八　校友は大学と不可分であるから校友会の発展強化を期する。（六、七、九、一〇は省略）
「教育」
一　教育の基本方針を確立する。
イ　建学の精神を究明してその発揚に努める。（ロ省略）
二　教育の特色を発揮する。
イ　精神文化の根本理念を確立して教育を指導する。
ロ　自然科学を重点的に選定して教育を指導する。（ハ、ニ、ホは省略）
三　学生の指導を徹底強化する。
イ　学生の思想的政治活動を積極的に指導し学内における政治活動は禁止する。
ロ　学生の学内外における一般生活の指導を強化する。

なお、各学部運営の項のうち、商経済学部の合理化、社会の要望に応えるごとく学科目を再編成して教育し……学生の政治運動に関し、指導を徹底する必要がある。

以上が改善案の概要である。

私たちは正にこの改善案による学園内の〝指導とその充実〟を、後に十分に体験することになった。

永田総長談

「産学共同なるものは、大学にとって尊い社会的使命であり、しかも私立大学としては重大な使命であります」(永田総長、一九六二年一〇月談)

古田所感

「国を憂うる教育、国を思う教育を推進する。これぞわが大学の歴史が如実に示すところ」「右も左も偏らない中道、調和の日本精神」(一九六一年年頭所感)「わが大学は、国運を担って生まれてきた」(一九六二年一月、職員会にて)

「我が国大学のほとんどが教職員組合をつくり、学生は全学連などに加盟し政治活動をしているが、我が大学の教職員は職域組合など一切つくらない。又、学生は全学連に入らないのみならず、むしろその事を誇りとし……国の内外から驚異の的となり高く評価 され……」(一九六六年春、入学式で新入生へ)

日大の規模

一九六〇年前後から企業による大学への資金提供や研究所の共同開設等産学共同の動きが活発となったがその主なものは国立系に多かった。これに対し日大は、どちらかと言えば文系中心が多い私学の中で、産学共同路線の元、商学部等の文系学部の他に理工学部、生産工学部等の理系学部を新増設し、理工系をも含めたマスプロ大学化を図った。その規模は、第一部が一一学部、二部(夜間)は五学部、短大一部は一〇学科、二部四学科、大学院は博士課程九研究所、修士課程八研究科、選考二科、通信教育部四学部の規模であり、学生総数は一〇万人ともいわれた。
更に高校等増。一九六五年前後の高校生急増を睨み、六二〜六三年高校を増設・吸収した。日大自らの開設と経営不振の学校法人吸収など本部直轄又は学部直結で「付属高校」の数一二校、準付属高校を別法人として一二校、更に中学校二校、その他法学、理工学研究所、教育制度研究所等の二一研究所、高等看護学院、病院等四、その他を有し、学生、生徒、教職員の総数は一五万人を超すと言われた。

そして当時の大学本体の実態を見ると、公式発表の学生数は一九六一年二万八九〇四人だったのが、一九六五年五万一六一二人に急拡大、しかしその実数は六万九二七九人と言われ、まさにマスプロ私大の象徴〝日大生七万人〟の状態になっていた。その結果教学環境は、教員一人当たりの学生数が当時の私大平均三七・三人（国大平均一一・四人）に対して、日大はなんと八五人という劣悪な教学環境に陥っていた。

これにより日大の売り上げは、一九五六年の三一億円から一九六〇年四七億円に、更には一九六五年の二二三億円から、一九七〇年には三五七億円へと急膨張していた状況であった。

＊「大企業で搾取率の最も大きいのは日本大学である」「資本主義的に経営しなければ、日大の教職員はおそらく三倍に増えた。」（芝田進午・平川俊彦「私立大学の政治経済学（上）」との指摘もある。

＊また、朝日新聞の社説で「日大紛争から私学の教訓を」として、次にような指摘があった。「教員の四割以上が兼務、国立に比べ一人当たりの学生数は三倍、学生一人当たりの経費は半分、一人当たりの校舎面積は三分の一……。あまりに前近代的な大学のやり方、世間では日大紛争を「人権闘争」と見なし……。私大生が大学生の七割を占めながら、政府はこの実態を野放しにして何等の展望も持たず放漫な経営の中で教育を企業視し……大学紛争から私学政策の教訓を学ぶべきであ

る。」(「日大紛争から私学の教訓を」(一九六八年十月二日)

＊「パリ大学とマスプロ教育」　フランス五月革命の導火線となったパリ大学ナンテール校は、くしくも経営規模拡大のため、パリ市郊外のアルジェリアからの移入労働者が多く住む町ナンテールに、大規模に作られた「マスプロ教育」の学園であった。新築校舎はキャンパスも憩いの場もない荒涼とした学園で造成工事が行われており、「建物は立派でも教育設備、教授陣は不満だらけ」の学園であったとのことである。また経営陣本部は強権的で学生達の要求に答えず、何かあると直ちに警察を学内に導入して弾圧したとのことであり、学生数は十万人規模と言われ、正に当時の日大の状況に酷似していたことが類推される。

(2) 日大の教育方針と学内治安体制

一九五八年九月、古田重二良は「中庸の精神理念」の名の元に、日本の伝統と規律を重んじる教育として「日本精神」を日大の教育指針に変更し、スポーツの振興を図りながら「思想的政治活動を積極的に指導」し、「学内での政治活動を禁止」(日大改善方策案)して、本部や特に法学部においては自民党青年部、日学同他の右派的・右翼的活動を〝積極的に指導・援助〟をして、その活動を進めた。

当時の日大本部には、各学部学生会の上部団体として「学生会本部中央執行委員会」、「応援団、空手、相撲、ボクシング部」等の有力体育会系本部があり、団体として本部内に部室をもって理事たちと直結して各学部の団体を統括していた。更に各学部には応援団や体育会系出身の職員が配置されて本部体制を固め、いわゆる総合大学という名の元でマンモス大学を統治し、一朝有事には監視・統制する体制を構築していた。(当時は七〇年安保に対応する体制であったともいわれた。)

この古田体制により、かつて数々の〝指導と弾圧〟が行われてきた。そして私たちは、部活の研究による社会的、政治的批判あるいは左翼的研究の発表、言動をしようとすると、即時学生課の呼びだしか応援団員等に囲まれ、「研究はいいが、中庸の精神に反する言動、発表はするな」「俺たちは、国体の護持が使命だ」と脅された。

学生の自治と個人の意思を認めず、右翼的視点からのみの〝中庸〟を唱えるこの古田体制が、私たちの学園民主化要求を弾圧し〝学園〟闘争を激烈な闘いに導いた主因であり、後の右翼勢力・関東軍等の結成と集団暴力そして機動隊の介入・常駐を招く背景であったといえる。

本部の学部支配体制（経済学部の例）、独裁の復活とアメフト事件

古田会頭以下の本部理事たちは、学部人事を支配して絶対的な権限を有していた。そして経済学部の学生課には元応援団出身・校友会役員兼務の職員や体育会系出身の職員が配置されていて、一朝有事の際は本部の指示により応援団等と連動し、体育会学生の受け入れ段取りや弁当の手配、日当配布のみならず〝その時〟には動員部隊を指揮し暴力行為を行っていた。

一九六七年四月二〇日の藤原経済学部学生会執行部襲撃、六八年六月一一日の経済学部校舎占拠暴力事件などは、その指揮命令によるものであった。

以後五〇年を経過し、先般発生した「アメフト暴力事件」は当時と変わらない「日大の本部体制」とその「体質」が存在していることを現している。

当時、学生弾圧部隊の一員であった相撲部のアマチュア横綱でもあった田中英壽が日大に就職し、最も激しかった農獣医学部「アウシュビッツ校舎」の防衛部隊を指揮し、昇りつめて二〇〇八年、校友会票を背景に理事長となった。それ以降はすべての権限を自らに集約して田中独裁体制となった。

田中理事長は、一職員からどのように権力者に昇りつめたかの検証は別の機会に譲るとして、当時

まさに必要であったであろう弾圧部隊として力量を発揮したことによるのではないかと推察される。これはかつての古田の経歴に通じる。

戦闘服の学生課職員、日当付きの暴力部隊と日本刀で切りつける学生がいる大学

一九六八年六月一一日、学生証検査体制下で右翼学生による経済学部校舎占拠・無差別殺人的暴力事件には、戦闘服に身を固め木刀に滑り止めのタオルを巻いて右翼学生を指揮した三人の学生課職員がいた。その指揮の下、消火栓の煙が立ち込めた一階ロビーの奥から奇声を挙げて襲い掛かる暴力集団の攻撃を押し返して二階に上がると、そこには日本刀を抜刀して待ち構え、切りつける右翼学生がいた。

私たちはこの日校舎を占拠された。翌日校舎を奪還して学生課事務室で見た大量の封筒と飲食の残骸、四〇〇〇人分の飲食代領収書は、正に愛校者に「飲食付き・鎮圧の日当」を支払ったものであった。なお、学生課職員、校友会、桜士会の幹事であった指揮者の一人は元応援団員で住吉系と言われる。また後の「関東軍」は住吉系組織で組成された。戦闘服と日本刀が待ち構える校舎は、当時の「日大的教育の場」の真の姿であった。

（学友、執行部員の証言及び朝日新聞記事等より）

桜士会は、古田重二良が名誉会長、加藤修校友会本部相談役を会長とし、応援団、体育会系学生、学生会議等、日大の右翼的学生たちが結集した組織である。この組織は後に数々の暴力弾圧場面に登場してくる。

当局主催の「父兄会」から逃げ出した日本刀学生の親（司会者）

この日（六八年一一月一〇日）、当局の「学校正常化」名目での呼びかけにより全国から父兄たち五〇〇〇人が集まった。その会場に全共闘が乗り込み、司会をしていた父兄（校友会員）の息子が日

本刀を抜刀して切りつけたことを追及された〝父兄〟と当局側の者たちは会場から逃げ出した。父兄会は全共闘の主張と想いを理解して古田当局の退陣を求め、学問の自由を認めよ、との「当局を糾弾する父兄会」になった。しかし古田当局はこの父兄会の「理事退陣」と「学問・研究の自由を認めよ」の要求を無視した。

（3）古田体制の歴史的背景――「日本精神」と「右翼系組織」

古田重二良会頭は、一九〇一（明治三四）年秋田市で生まれ、一九二六（大正一五）年、日本大学高等専攻科法律学科卒、柔道師範として日大高等工学校（工学部）兼務職員、一九四九（昭和二四）年に四代目理事長に就任、一九五八（昭和三三）年に会頭になり、一九七〇（昭和四五）年死去している。

古田は自らが、〝日本精神〟を謳う「日本会」（会長佐藤栄作首相、理事長古田重二良、常任理事千千波《ちぢわ》敬太郎他）を主宰すると共に、「総調和会」運動を展開して政界保守のみならず右翼系組織との親交が厚く、多大な支援をしていた特異な〝大学の会頭〟であった。

戦前、日本大学は司法官僚や政治家出身者が総長であった。日本大学に総長制度を導入した初代総長の松岡康毅も司法官僚だったが、関東大震災で死去している。二代目総長の平沼騏一郎（第三五代内閣総理大臣、枢密院議長）は国粋主義的保守政治家で戦争に向けて総動員体制を行い、また天皇主権説の東大憲法学者・上杉愼吉（忠君愛国の右翼思想家）により有力軍人、財界人を巻き込んで作られた右翼団体の「興国同士会」を改称した「国本社」の会長となって活動をし、終戦時はA級戦犯となった。

三代目総長の山岡万之助は司法省時代に反動的な「治安維持法」原案作成を担当した後、内務省警保局長となり数々の事件を断裁して「赤狩りの権威」と言われたそうである。そして一九三八年、日大内に今泉定助を招いて「皇道学院」を創設して講義を行わせた。この学院は終戦時まで続けられた。山岡は、終戦時戦犯となり公職を追放されたが、後追放は解除され一九五二年、日本大学名誉総長になっている。

古田は、山岡総長が日大内に設けた「皇道学院」（学院長は神道思想家の今泉定助）の講義を熱心に聴講したという。この「皇道学院」には児玉誉士夫も在籍して共に「日本精神」の講義を聴講すると共に、学内の統制部（弾圧部隊）に協力したという。古田は後に日大内に「今泉研究所」を設け、昭和三〇年～四〇年にかけて『今泉定助先生研究全集』等を出版している。今となってはあまり知られていない事実であるが、このことは児玉誉士夫その他の、当時の右翼組織を代表していた人たちが日大本部に頻繁に出入りをしていたという事実からもうかがえる。

「本部には（満州帰りの）無職の連中がウロウロしていた」「児玉は子分を連れて下駄を履き、本部の玄関を大手をふって出入りして」。また、古田は日本の代表的右翼である児玉誉士夫の「日本青年講座」の顧問でもあった。

「日本精神、国体護持、世界皇化」の精神～今泉定助（日大皇道学院長、皇道社総裁）

今泉定助（一八六三年生まれ）は宮城県出身の神道思想家。東大古典講習科において上杉慎吉に学んだ後、国文学研究から皇典研究所講師となり、本居宣長の神道論に信仰的な神道論を加えて「皇道」と呼び、「宇宙を主宰せられるのが天照大御神、歴代の天皇は大嘗祭により天照大御神そのままのお方となられる……天皇の大御心がすなわち日本精神……天孫降臨が議会の始まりである」。「日本精神の根本は個人の自我の確立に非ず、彼我一体、皇道絶対から始まる全体的国家生活の分派として個人生活があるに過ぎず、一体の原理により統制せられ、個人はこの全体に帰入、同化することが日本思想、天皇が国家の中心・全体である」を説いて国民に普及する活動を行った。

更に「世界皇化」を目指す国体研究の権威として戦前の歴代首相が教えを受け、政財界・軍部（昭和一一年、二・二六事件の皇道派に限らず）のみならず日本の右傾化、全体主義化、そして「世界皇化思想」により海外侵略の精神的支柱ともなった神道思想家である。なお、岸信介は東大時代には上杉愼吾の門下生であり、上杉講座の後継者を希望されたが官界に進んだという。

右翼系組織、当時の日本会、総調和会、日大応援団

一九六四年、古田は「日本会」、「総調和」研究会をスタートして、総調和と日本精神を説く。会長は佐藤栄作とし、理念は中道精神による世界の調和を目指している。会は古田重二良が理事長、そして常任理事に千千波敬太郎他がなっていることから、一般的〝民主的な〟「平和主義者団体」とは言えない。なお、一九六九年三月に行われる予定だった日本会による「古田激励会」の案内状の文言に、当時の日本会の本質が見事に読み取れるので、一五五頁を参照下さい。

千千波敬太郎は、『右翼辞典』などによると、明治三二年二月生まれ。戦前、大日本生産党員。昭和六年風雲倶楽部を設立し盟主となる。八年光風塾、一三年の社会大衆党安倍磯雄党首襲撃（テロ事件）首謀、二九年緒方竹虎、久原房之助の賛同を得て自主力拡充運動本部を結成し統監に就任、日本会、日本総調和連盟の常任理事とある。

日大は、学生の集会・討論会・発表活動には当局の許可が必要であった。特に、経済学部、法学部では、自治活動学生への恫喝、誹謗中傷、私服警官を入れての動向調査、スパイ学生の起用等があり、応援団等の他に桜士会、日学同、自民党青年部、総調和会等の活動が活発であった。

かつて明治大学の学費値上げ闘争を破壊した日大右翼学生の活動など、当時は全日大的にOBも含

め、三〇〇〇人～五〇〇〇〇人の右翼ゲバルト部隊がいたとも言われ、学生運動全般、七〇年安保への備えなど、日大は特異なる私学であった。後に現れる巨額使途不明金の本質はこれらの背景にも拘わるものと思われる。

古田は日大生が全学連に参加していないことを自慢し、「国士舘大学の柴田学長が好き！　国士舘大学の柴田学長の厳しい指導によって全学生の整然たる規律、秩序は驚嘆するばかりで、若さと希望に満ちている。国士舘は一番いい見本だと思う」（白井為雄著『アジアに架ける橋』は古田重二良の本質的な主義を理解できる）

筆者が感じた当時の日大本部の特異な雰囲気

経済学部に移行した当初、私は「銀バッジクラブ生（三島教養部を首席で卒業したので銀バッジ生といわれた）」だったノリで重厚感が漂う日大本部へ出入りをして厚遇された。

重厚な本部建物に入るとそこは威圧感と豪奢な雰囲気が漂っており、学生課ではゆったりとした応接室に通されてティーが出る。これは翌年、藤原執行部崩壊後の協議で「本部中執（学部学生会の上部組織）」へ行った時にも感じたことであるが、本部の特定の者たちに対する特別な待遇と、中執委員や応援団、体育系本部の方々の〝恰幅にあふれた〟態度には、学部の雰囲気と全く違うものを感じさせられた。

そして、当局の対応と本部応援団や体育会系本部の恰幅ある者達が横柄に闊歩している〝大学〟に次第に違和感を感じるようになった

古賀学生会委員長の「回顧録」、本部中執・奥山委員長の〝学生ならざる弁舌〟、本部応援団幹部たちの〝態度と風格〟、そして超大物右翼の出入り等、後の巨額使途不明金問題にも通じる〝大学の域を超える特異な雰囲気〟を本部に感じたことを覚えている。

以上から、当時私たちが学内で〝思想統制〟された「総調和～日本精神」の本質と「古田体制」により幾多の学友たちが暴力的に弾圧された歴史を、私たちの民主的自治と学問の自由への要求がかくも激しい闘いにならざるを得なかった背景を理解いただけると思う。

第2章　一九六六年当時の経済学部の教育環境と学生会活動

（1）古賀義弘学生会委員長の「回顧録」

当時の経済学部の状況を知るため、はじめに一九六六年度の古賀義弘学生会委員長の「回顧録」（＝筆者への手紙）などを一部引用したい。

「大学二年の時、部活（綜合経済研究会）で中小企業問題を取り上げて川口市の鋳物工場を調査対象として研究し、三崎祭（大学祭）に発表するため「資本主義の矛盾を暴こう」とステッカーを張った。その文言に対し、当時の学生会委員長（古賀氏の〝同じ部＝綜研の先輩〟）より「大学は中庸であるからこのような激しい文言を使ってはならない、お前が悪い、すぐ撤去せよ」の指示があった。……」

学生会委員長自らが自主規制を指導する状態には、まさに当時の日大の実態と大学当局の管理体制の凄さを感じざるを得ない。私たちは、当時〝中庸〟なる理念に絶えず支配された。結局私たちは、三代にわたり三崎祭を学生たちの意思で開催することが出来なかった。

「高度経済成長は日本大学の量的発展をもたらした。学部数はもとより学生数も十万人と称される『日本一』の規模を誇るマンモス校へと成長して行ったのである。（現在は二〇二二年で約七万四〇〇〇人といわれている。）

経済学部でも学生定員が学生証番号と照合すると数倍になってしまう状況にあったために、年度初めには学生が教室に入りきれない程にあふれてしまい、ゼミナールに至っては学生の一五％程度しか入室できないなど、極めて貧困な教育環境であった。加えて授業料は全国一の水準にあり、大金持ちの大学として私学の中に君臨していた。しかし他方では『ポン大』などと侮蔑を込めて言われる場合もあり、肝心の日大生もその言葉を自虐的に使うなど、何とも腹立たしい気分の漂う大学であった。

大学での講義はどうか。少なくとも経済学部の範囲であるが、教育や研究に責任を負わない教授がかなり目についた。例えば平気で無断休講をする、ほぼ同じ時間帯に他学部で講義をしていたために常に遅刻をする教授など……。学会の活動に縁のない教授、大学発行の学術誌に執筆した論文が学生の水準からみても首をかしげるなど……。なかには研究や教育に熱心な先生もいたが、それはほとんど若手の助教授、単任講師、助手層であった。」

当時の学生たちと学生会活動の状況

当時の資料はないので、古賀氏の「回顧録」を続いて引用する。

「古田体制の学内は、教職員も学生も物を言わないように『檻』の中に閉じ込め、『物言わぬ民』で孤立分散され、無気力になり勉学意欲も湧いてこないような雰囲気が漂っていた。そのため、教授たちのいい加減な授業に対してもそれに抗議し、変革しようとする意欲にはほど遠かった。しかし、学生は決してバカではないし黙して語らずではない。何よりも人間としての尊厳を持っている。現状を変えるための経験や哲学が見いだせなかっただけである。」

「かつての学生会は、執行部のごく一部の委員とその取り巻き、そして応援団、学生課が絡み合い運営されていた。学生課はビラの検閲、集会の許認可を行い、大学本部指揮下にある体育会、なかでも応援団、空手部は学内を睥睨・闊歩して常に睨みを効かせていた。そして学生会委員長には多額な交際費（領収書不要）及び学生会活動費支給、研修という名の海外旅行、更には背広がふるまわれ、卒業時には『自治功労賞という栄誉』が待っていた。」

古賀氏の「回顧録」には、氏が委員長となった時に古田会頭の招きで〝高級な食事〟のご馳走を受け、領収書不要の巨額な「交際費」提供の提案を受けたとある。

この後も、会頭に会うと高額な昼飯代とか、年間の授業料以上の金を渡そうとする。これに対し古賀氏は断り、学生会等の経理の透明化を図って学生会活動の公明正大化に努力した、とある。

「回顧録」には、この後も〝金〟だけでなく見知らぬ女性から〝色々な誘惑〟があったことや、当時の経済学部学生会に会費を流用する「体育会系幽霊部」が複数あり、その整理に相当苦労したことが記されている。また、古賀氏が委員長になったことを応援団が〝お祝い〟し、その招かれた席で、〝委員長殿に出席応援団員十人分のエビ天を乗せた天丼〟が振る舞われたことなども書かれてあった。

古賀義弘氏（綜合経済研究会、木村隆俊ゼミ。一九六六年学生会執行部委員長）

日大経済学部大学院卒業後、日本女子短期大専任講師、日大理工学部教授、嘉悦大学経営経済学部長、同大学長、同名誉教授及び立教大学兼任講師を歴任された。本書の「古賀執行部」については、古賀義弘氏の闘病中に筆者に頂いた「回顧録」（手紙）」を基に記述している。

筆者は氏と二〇一二年「学友の集い・記録作成」を相談、翌二〇一三年春、氏は病に伏され、闘病むなしく二〇一五年一月他界された。氏は闘病に苦しむ中、必死に当時の状況を想い、「手紙」を書いてくれた様子が文章から読み取れる。

なお、氏の「手紙」から本書への引用は筆者が氏の生前に快く承諾を頂いたが、氏はこの最終稿を見て頂く前に学友の集いに参加できずに他界された。氏は生前、これからの問題として旧財閥系企業群による我が国軍需産業の拡大に懸念を有し、その調査・研究に着手されて間もなかった。私たちは、氏の学生当時の思索と後述の「芝進闘争」（第2章参照）を闘った情熱、学究者としての変わらぬ問題意識と真摯の姿勢に深く感銘致し、心より感謝と追悼の意を表する。

(2) 当時の経済学部の教授及び教育の実情

木村隆俊、草原光明両先生へのインタビュー

一九六八年時の経済学部の教授及び教育状況について、木村隆俊、草原光明両先生（略歴は後述）に、二〇一四年三月二六日、かつて秋田明大経済学部学生会の庶務部長だった鈴木一雄氏とともに群馬県太田市で話を伺ったが、以下はその一部である。

木村　私は日本経済史という科目で助手に採用された訳ですが、当時、誰が日本経済史を受け持っていたかというと、芸術学部教授の尾方氏で、「文化経済史」という、何ともわけのわからない、私も本を読んだけれどひどいなあーと思った。で、その次が岩崎という教授で、日本経済史を、この人は正直に「木村君のようなオーソドックスな経済史を僕はやったことはないが、まだ君は専門の講義を持てないから私がやるけどごめんなー」と言いましたよ。

草原　商品論ですね、確か専門は。

木村　ですから吉田教授にしたって、彼が学部長の時に「経済集志」（経済学部が刊行する専門研究論文集）に論文を出した時に審査員は近江谷君だったんですけれど、近江谷君は「学部長ではあるがこんなのはとても『経済集志』に載せられません」と。そうしたら怒ってね、「鎌倉へ来い！」というので行ったんですけれど、行ったら入ったこともないような高級な中華料理屋さんでごちそうになって、近江谷君どうするかな、と思ったら、近江谷君は、「ダメです、絶対だめです」、と。

ともかくなんというか、当時の加田先生も戦前は日本の社会政策思想史の大家でしたが、右翼そのものの人で、戦後に慶応大学を追放されて、その後ほとんど社会政策の研究をやってないような、こういう右の人たちがいたり、吉田教授がいたり、西村さんという金融論は元三井銀行の総務部長をやった人で、金融論を教える……もうメチャクチャですよ。

私に言わせると、学問というのはまずオーソドックスにやってから色々分岐するのならいいけど、奇をてらってはいけない。それまでの積み重ねた研究を受け入れようが受け入れまいが、まず徹底的にそこを勉強しなくちゃいけない、というのが私の考えでしたから、この状況に気持ちが鬱積していったんです。それで世間の常識からみると日大の運営というのはおかしい、その頂点に古田会頭がいるのがわかってきて、しかも無職の連中が年中本部にウロウロしてる……。

鈴木　日大ゴロがいた。

森（丸井）　だって当然日本の裏社会につながっているわけですからね。

草原　ロッキード事件で一躍有名になった児玉誉士夫が出入りしてましたね。子分を連れて下駄をはいて、本部の玄関を大手を振って出入りしていました。

森　日本の右翼の資金元になっていたわけですよね。私たちは直感的にそういうことを感じていたのですが、感じていながらもなかなか何もできなかった。そういう中で古賀さんや藤原さんが学生会の委員長になったわけです。

木村　だからその不合理な面は、我々は教員でいた感じと、学生会の委員長になった古賀、藤原君らが直に感じた皮膚感覚と違うわけですよね。

鈴木　僕ら一般学生からみれば児玉誉士夫が出入りしていたことは見ていても分からないですよ。

森　普通は分からない、というか右の意味もあまり分からないだろうし、政治の背景なんて考えたこともないだろうし。

鈴木　先生に吉田教授の悪口を言わせて下さい。吉寛は血圧が高かったんですか、すぐキレましたよね。彼は私らのことを〝ウジ虫〟と呼んだです。「あいつらウジ虫だから、ひねりつぶせ」と朝日新聞の記者の前で。

木村　彼ならそう言うだろう。

鈴木　で、朝日の記者も怒って我々のところに来て〝こう言ってた〟と。

木村　まあ、吉田は停年でやめたことになってるが、実態は学歴詐称があって、止めざるを得なかった。彼の前職は慶応大学の高等部・専門部の非常勤講師だったのを、慶応大学の教授と書いてあった。で、彼の言い分は、非常勤の講師でも教授と名乗っていいと許可をもらったと。で、それはあなたの理屈で我々には通用しない、日大を舐めるなと追及しました。

それで最後はやめざるを得なかった。もう一つは、彼は不動産業に熱心だった。教養部を湘南（現湘南キャンパス）に移すのを紹介してくれた不動産屋は彼の友達だった、で、古田の了承を得た、と。それで、経済学部は猛烈に反対した。その頃はもう古田の末期で、経済学部も古田の言うことを聞かなかった。

……………

森　我々がやったこと（学園民主化闘争）は、今の状況がわからないのでどういえばいいのか、大学あるいは学部に対して大きな変革というかインパクトを与えたんですか。

木村　もちろんです。教授会の自治の確立は大学紛争をきっかけにして、本部の意向を気にしないでということで、経済学部の自治が確立していったということは間違いないですよ。

森　ああそうですか。

木村　古田体制が倒れた後なおさらです。

森　なるほど。ま、またそのあとで今のアメフト問題があるのですが。

先日、たまたまＮＨＫの「クローズアップ現代」で東大安田講堂の時のことを三〇分ほど、〝歴史的な記録が出ました〟ということでやっていたのを見ました。当時の安田講堂に機動隊を導入したことの経緯や文部省に入学試験を認めてもらう過程から、文部省の言いなりになるきっかけを作ったという反省と、大学の自治を自ら放棄することになったとの反省を、議事録を基に教授たちが自らしていた。東大なりに大学の自治なるもの、学生が何のために学問をするのかという問いに答えられなかったことを教授たちは反省していましたね。

そもそもそういう議事録があることにもびっくりしたのですが。

木村　教授たちにそういう高レベルのものがあったということが信じられない……。

森　そうですよね。

木村　自己反省という、厳しく自己を思想的にも理念的にも確立をした人たちが口にする言葉であるし、また実際にそういう行動をとるわけですね。

だけど日大の教授たちを見た時には、若い人たちは東大教授のレベルで自己反省を思想的にもきちんと確立して学校をよくして行こうと、この人（草原さん）や牧野富夫さんにはありましたよ。

ところが、教授連中は、あーおさまってよかったな、ま、もう本部のいうことは聞くまいぞ、というその程度の学部の自治の確立のレベルですよ。だからそのあと私が退職するまで、まあなんかぬるま湯みたいな、僕も大沼君も役職をやめて教授会で厳しいこともずいぶん言ったけど、やっぱりまだまだ……。それとよそからくる人たちは母校意識はあるけれど、経済学部は単なる職を得た場所であると、あの母校愛は心から日大を良くしようという、母校愛とはそういうものでしょう。我々は職場であると同時に母校なんですよ。
森　まあ、自分たちは大学を出て行ってそれぞれがバラバラになったたし、十数年会うに会えなかったりだったんですけど、直感的にはどうせ大学は変わってないよね、という思いでいました。
木村　だから、それはイエスであるし、ノーであると、というのはそんなに変わってないよ。だけど大学の経済学部の自治は確立してますよ。それは私より永くいた草原先生の方が……。私のいた時にもう自由に教授会で発言するし、相手がミスをすればガンガン突っ込むし、何やってんだということも平気で言うし。
森　この間、草原先生にお会いした時、もう学部の中では何を研究してもいいんだよ、そうなったと。でも僕らの時代にはそうじゃなかったですよね。
木村　だから私は〝何でもいいマルクス〟をやったばかりに一人浮いてたわけですよ。
森　今は自由に研究できる、ということにびっくりしました。でも逆にそうなってはいますが、今の学生にはその意欲がないという現実を伺ったんですが……。

＊若手の助教授、専任講師、助手層（片桐、上杉、安田、牧野、中山、本間、三宅、福島、草原）は、闘争の過程から経済学部のイニシアティブを握り、闘争終了後の経済学部民主化の主体を形成していった。
闘争後、経済学部では大沼先生が、その後牧野富夫先生が学部長になり、学部としての独立性と発言力が高まり、「経済学部」の民主化に多大な努力をした。

なお、牧野氏は、その後日大常務理事・副総長、更に労働総研の代表理事になった。

一九六八年当時、経済学部教員（当時は副手）だった牧野氏等は、大学本部前で古田理事会へ抗議の四八時間ハンストや教員デモを行った。（当時はクビ覚悟だったとのことである。）

木村隆俊（日本大学大学院経済学研究科卒、綜合経済研究会第五期生）

英国留学後、日本大学経済学部「日本経済史」助教授、教授、退任後は群馬労働大学学長、太田市「九条を守る会」元会長。

先生は英国より帰国時にちょうど藤原学生会執行部時となり、〝若手助教授の役割〟であった学生指導委員副委員長として私たちの矢面に立たれ（その後指導委員長として）交渉相手となった。先生は、当時筆者を含め自らの木村ゼミ生の闘争指導学生が多数いた中で、職務のために我々に対して妥協を求める言動や行為を一切されず、我々の矢面に立たれた上、右翼学生の暴力と大学本部の攻撃、後に関東軍からの脅しをも受けて、大変苦労をされた恩師である。

また先生は木村ゼミを主宰され、綜合経済研究会（以下、綜研）の顧問でもあった。当時綜研には、四年生の古賀義弘（昭和四一年経済学部学生会委員長）、草原光明（後、日大経済学部教授となられる）、三年生の藤原嶺雄（昭和四二年経済学部学生会執行部委員長）その他諸先輩がおられた。

草原光明（綜合経済研究会　日本大学名誉教授）

氏は当時綜合経済研究会に在籍しており、古賀執行部と共に「芝進闘争」を先駆的に闘い、学生集会においては理路整然と舌鋒鋭く学校側を問い詰める論理展開に学校側は行き詰まり、学友達は手を叩いて感激した。

私たちは当時、氏の「学問の自由にかける論理展開とその姿勢」に大きな薫陶を頂いた。また、氏の綜研における「経済原論」、『資本論』等への取り組みはすさまじく、筆者は勉学に行き詰ったときに氏に何気に問うと、すぐには回答をくれず、逆質問を受け、議論を受けて、自らが苦しんで考える中から答えを導いてくれる、誠に厳しく、苦手にして、本当にありがたい先輩であった。

氏はその後経済学部大学院生にして副手という立場で大学に残り、経済学部助手から教授になられた。氏はしかし、学部長等から闘争にかかわったことによる冷遇を受けながら学部若手の中心として教育の充実のみならず民主的な学部運営を担われて大沼先生、牧野先生の学部長就任に大きな貢献を果たされた私たちの先輩である。

経済学部「綜合経済研究会」（筆者の入部したサークル・通称「綜研」）

綜研は、戦後初代総長の呉文炳《くれふみあき》（経済学博士）により経済学を本格的に学ぶ者の研究会として設立された。綜研は当初、近代経済学とマルクス経済学を同一に研究していたが、後に近代経済学を研究する理論経済研究会（理研）とマル経研究の綜研に分かれた。

私が入部した綜研には、二年先輩の古賀氏、草原氏、村井氏、一年先輩の片山氏、藤原氏等の先輩たちがいたが、部室では絶えず原論等の読学と議論が行われ、また中小企業問題の実態調査研究が行われていて、その研鑽は部室の討議の後に行きつけの喫茶店で何時間も続き、更には合宿で寝る間もなく研鑽が行われた。また、綜研から代々の学生会委員長が出ていて、絶えず学生会活動の議論が行われて、綜研は学生会活動の中心的役割を果たしていた。

このため筆者も入部当初から部員として先輩たちの考えを聞き、その苦労を見ながら学生会活動と諸々の会合に加わって日大の現実を認識し、在学期間を通して運動に係わることになった。

なお綜研からは、十数名が教授になり、当時の大学民主化運動の進展を担い、私たちの闘争後の経済学部の民主化を進めていったとのことである。なお、諸先輩達から部の継続を希望された綜研は、筆者の代で実質終わった。

第3章　闘いの初代　古賀学生会執行部誕生、民主化活動と「芝進闘争」

（1）古賀執行部の活動方針

「私たちは、何とか現状を変えたい。他大に伍していける水準の大学にしたい。ゼミ、研究会の充実、学友たちから信頼される学生会運営を……綜研、理論経済研究会、児童文化研究会、社会科学研究会、方法論研究会、貿易研究会その他多くの研究会に働きかけ……、大学に反旗を翻した経験がない中で、執行部の政策を討議し、会計の透明化を図るため委員長交際費（当時の額で五〇万円、領収書不要）を廃止、応援団・空手部等の幽霊研究会の廃止・解散命令、そして情報の公開、全員参加の学生会をめざし……」。（古賀氏「回顧録」）

学生たちがひそかに集まって激論を交わし、周到に意思統一を図って準備をし、古賀学生会執行部が誕生した。（古賀氏談「とにかく学校側に見つからないようにひそかに集まって……。」）

古賀執行部は、従来の一部の執行部員と学生課、応援団等が絡みあった学生会運営とたもとを分かち、学生会の予算・経理の透明化を図ると共に、学生たちに大学の本質である学問・思想の自由と学生自治の必要性を明確に提言した。

また、学生の要望を実現するために、校舎及び教育施設等の充実を図るべく政策を取りまとめて情報を公開すると共に、従来〝検閲〟により学内問題、特に学生自治を問題として提起できなかった学生会機関紙を刷新して大学の現状を直視し、学園民主化と学生自治を学生に訴える紙面とした。

更に、議論の場として「三崎町フォーラム」を発行、より幅広く投稿を呼びかけ、柔軟な紙面づくりと、みんなで議論し結論を導く、「全員参加」型の学生会活動を目指した。そして、各研究会及びゼミに加えクラス委員参加による研修会、合宿を行い、多くの学生を対象にオープンな議論を行った。

学生会執行部主催の合宿等の意義

本郷旅館合宿　一泊二日の学部「研究会」との合宿～執行部基本方針の説明と討議。

千葉県岩井での合宿　経済学部二年（筆者たちが二年生時の経二会）、三年、四年の学級委員と研究会員を集めた合宿による学生会運営方針と学生自治活動等についての討議。経二会は当時一五クラス（も！）あり、二年生委員は一五人はいたと思われる。

その他、ゼミ連の合宿、秋の三崎祭に向けた部会、合宿等が行われた。

これらの執行部合宿討議により、学生会活動への認識と学内での自治活動、研究会・クラス会の横の連帯が形成されていった。

この連帯により、翌年の藤原執行部の構成メンバーとその後の秋田執行部構成メンバーや日大闘争の中心となる経二会、研究会等のメンバーが形成されていった。古賀執行部は私たちに自治活動の芽を確実に形成していった。


「建学の基」（学生会の機関紙の研究会紹介冊子における古賀委員長挨拶から）～新入生・移行生に対する古賀執行部の思いが見事に表れている～

「この三崎町の地に来て感じたこと……講義風景などは君たちに不満こそ与え決して満たされたものでなく……徐々に大学に対する疑問の念を持ち始めているのでは……大学は正に真理を探究する場であって……学問に対し国家権力の干渉、支配は許されるものでなく、我々自身が排除してゆかねばならない……今、国内外の情勢には無関心ではいられない……主体的研究により解決への展望を打ちだし……その意味で諸君は歴史的使命を担っている……学内問題は学生会の構成員たる諸君の結集により解決しうるものです。」

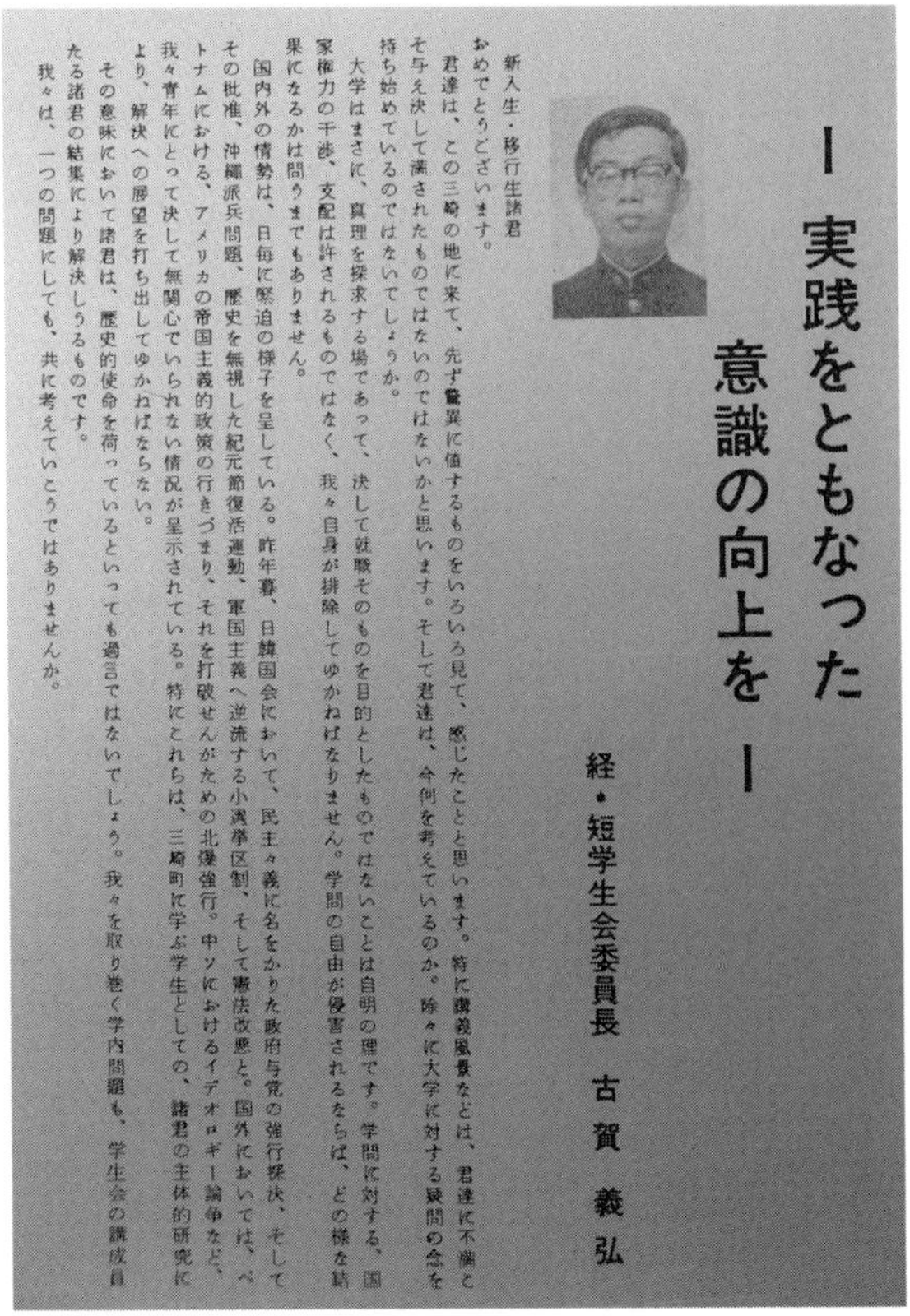

ー実践をともなった意識の向上をー

経・短学生会委員長　古賀　義弘

新入生・移行生諸君
おめでとうございます。

　君達は、この三崎の地に来て、先ず驚異に値するものをいろいろ見て、感じたことと思います。特に講義風景などは、君達に不満こそ与え決して満されたものではないのではないかと思います。そして君達は、今何を考えているのか。除々に大学に対する疑問の念を持ち始めているのではないでしょうか。

　大学はまさに、真理を探求する場であって、決して就職そのものを目的としたものではないことは自明の理です。学問に対する、国家権力の干渉、支配は許されるものではなく、我々自身が排除してゆかねばなりません。学問の自由が侵害されるならば、どの様な結果になるかは問うまでもありません。

　国内外の情勢は、日毎に緊迫の様子を呈している。昨年暮、日韓国会において、民主々義に名をかりた政府与党の強行採決、そしてその批准、沖縄派兵問題、歴史を無視した紀元節復活運動、軍国主義へ逆流する小選挙区制、そして憲法改悪と。国外においては、ベトナムにおける、アメリカの帝国主義的政策の行きづまり、それを打破せんがための北爆強行。中ソにおけるイデオロギー論争など、我々青年にとって決して無関心でいられない情況が呈示されている。特にこれらは、三崎町に学ぶ学生としての、諸君の主体的研究により、解決への展望を打ち出してゆかねばならない。

　その意味において諸君は、歴史的使命を荷っているといっても過言ではないでしょう。我々を取り巻く学内問題も、学生会の構成員たる諸君の結集により解決しうるものです。

　我々は、一つの問題にしても、共に考えていこうではありませんか。

古賀委員長の「建学の基」挨拶文

　一九六六年度学生会執行部（昭和四一年度経済学部・短期学部学生会新執行部）

委員長　古賀義弘（経四）
副委員長　真関嘉之（経四）
事務局長　浅本　泰（産経四）
財務局長　笹岡弘虎（経四）
厚生部長　小林洋司（経四）
情宣部長　鹿島陽一郎（経四）
編集部長　加藤　勝（経四）
研究調査部長　岡本幸夫（経三）
短大担当部長　大久保葵（短二）
女子部長　野村絹子（短二）

学術部長　山本健一（産経三）　連合会　佐々木良男（経四）
文化部長　坂本中保（経四）　派遣委員　桜井順孝（産経四）
　　　　　薄田勝也（経三）　　　　　田辺英夫（産経四）
体育部長　渡辺和夫（経四）　　　　　後藤健太郎（産経三）
庶務部長　沢谷衛彰（経三）　無任所　湊　勝治（経四）
渉外部長　内田捷四郎（経四）　　　　藤森　勉（産経二）

《執行部活動基本方針》「日大経、短学生会新聞」（一九六六・四・二一、古賀執行部発行）の記事

「マスプロ教育弊害の打破～大学自治と学問思想の自由の獲得」

《古賀委員長挨拶「社会と学園の統一的把握」》

「日韓条約強行採決への批判、忘れてはならない六〇年安保、大管法への懸念、今や大学の自治は危機に瀕している。学問思想の自由を守る為に大学の死守を……私大における利潤第一主義で「教育」は形骸化し、教育資本の肥大化は大学の自治、学問、思想の自由を自ら放棄し……産学共同、軍学共同である……日本大学は……総合大学……マンモス大学……諸々顕在化している矛盾にことなかれ主義……私たち一人一人の問題である。主体的に、問題解決へ参加しよう。」

続いて《学問思想の自由―学生会の再認識―》の主張でも述べている。

「学生会は、自治会・学友会の結合によって発足した。それ故構成員は、全学生と研究会員である。……我々は、過去において大学の自治・学問・思想の自由を守るために、幾度かの闘争を重ね、それを守ってきた。……二十年前、この保障が破られた時、それは、軍国主義の風に吹きまくられ、真理の探究はおろか、我々の前途ある先輩学徒が、若くして戦場に血を染めていったのである。……我々

第11号　日大経、短、学

学問思想の自由
—学生会の再認識—

昭和四十一年度経短学生会は新たな構成をもって組織された。それは単に、形式的に、あるいは、便宜的に組織されたものではなく、確固たる目的と規約をもった、六千人の学生を代表し、学生全体の要求に基づいて組織されたものである。

主張

四十一年度方針案に付してある「学生会の存在意義」には、こう記してある。「学生会は、自治会・学友会の結合によって発足した。それ故構成員は、全学生と研究会員である」と、つまり、学生会は、学生委員のメンバーが構成しているのではなく全学生一人一人の要求から組織されたものです。我々学生はまず、この観点に立っ必要があります。

我々は、この観点に立って再度、「学生会の存在意義」について考えてみたいと思います。「しかし学生会は、一つの団体の利害に宥るのではなく、全学生の名のもとに、大学の自治、学問・思想の自由を守るべく結集されたものである」という一章をみてもわかるように、学生会は、大学の自治・学問・思想の自由という、まさに大学における、また真理探求を目的とする一組織体における、原則的課題の保障を守るために、全学生によって結集されたものなのです。

我々大学に学ぶ者は、砂究会員、ゼミ生を問わず、この保障の上に立って、真理探求をなし理想社会創造の一動力源とならねばならない。

我々は、過去において大学の自治、学問、思想の自由を守るために、幾度かの闘争を重ね、それを守ってきた。そして二十年前、この保障が破られた時、それは、軍国主義の風に吹きまくられ、真理の探求はおろか、我々の前途ある先輩学徒が、若くして戦場に血を染めていったのである。

我々に現代に生きる学生の最大にして最高の任務は、まさにこのような状態を二度とくり返えさないようにする事です。そのために我々に課せられた任務は、この大学の自治・学問・思想の自由を守っていくこと、またこれが、内部あるいは外部からおかされようとしている場合には、真理探求を志ざす者全ての団結によってこれを阻止してゆくこと、これである。

た。大学及び学生へのそれも例外ではあり得ず、その証拠には、戦後最も反動といわれる荒木が、文相となった。そして彼は、大管法を提示した。これは、教授、学生

べきである。しかし、双手を挙げて喜ぶことはできない。我々の学園には、学問の自由、思想の自由は不在であり、経営第一主義を秘めたる旗印として、経営が教育に

入生・移行生諸君に、まずこの巨大なビルディングに驚くであろう個々人のイメージとしての学園は門があり、木と芝があり、我々の集る学生会館、教授からのマイク

「学問思想の自由—学生会の再認識—」（日大経、短、学生会新聞）

に現代に生きる学生の最大にしての最高の任務は、まさにこのような状態を二度と繰り返えさないようにする事です。そのために我々に課せられた任務は、この大学の自治・学問・思想の自由を守っていくこと、またこれが、内部あるいは外部からおかされようとしている場合には、真理探究を志ざす者全ての団結によってこれを阻止してゆくこと、これである。」

（2）三崎祭テーマ「君は大事な事を忘れてる」と「芝進闘争」

一九六六年一〇月、古賀執行部は学生自治を訴えて「君は大事な事を忘れてる」をテーマに三崎祭（経済学部大学祭）を準備した。執行部は、各研究会とクラス委員等の参加による議論と研修を重ね、大学の現状を認識し学生の自覚を促すべく、法政

大学教授の芝田進午氏を招いて講演会を行うこととした。

当時芝田進午氏は「経済評論」誌等において国立・私立大学の自治、財政、経営問題を取り上げて評論し、日大については特にその経営方針に対し鋭い批判を行っていた。

執行部は、芝田進午氏に講演の承諾を得て大学側と交渉して、大学側（井手学生指導委員長）は当初これを了承した。しかし一週間後に事態は急変し、「日大の校風に合わない」との理由で不許可となった。（十月一四日、学部側は日大本部に意向を伺い、本部指示により不許可になったと思われる。）

この不許可に対し執行部は各クラス・研究会に呼びかけ、ビラ、集会等は当局に禁止される中で講演会の許可を求める「〝違法〟集会」を重ねた（十月一六日～二九日まで連日）。当初二〇～三〇人程度の細ぼそだった集会が、回を重ねるにつれて学生たちが集まりだす。その〝抗議集会〟へ橋本学生課長、井手学生指導教授が出席せざるを得なくなり、当局糾弾の集会となっていった。（最終局面では一〇〇〇人程の学生が集まった。）

執行部は連日の抗議集会を背景に学部当局と再三交渉を行うも〝許可〟は出ず、吉田学部長に代表団を出すなどの交渉を行った。しかし執行部は、当局より「処分を前提とした脅し」と「最後通牒（三崎祭を開かせない）」を受けることになった。

これに対し執行部は臨時部会を開催して、各クラブ・クラス委員等の意見を集約するも、三崎祭の開催を優先する意見や、芝田進午氏の講演会なしの三崎祭はあり得ない等賛否両論の意見の中で最終決断をせざるを得ず、執行部は「三崎祭は許可に従い行う、芝進講演会は後日速やかに行う」との苦渋の選択をした。（結果は、ほぼ一週間後に芝田進午氏の講演会を実現した。）

「芝進闘争」の経過

この時執行部及び学生はともに、当局の〝不許可〟となった三崎祭開催への疑義と学生の自治権剥奪への怒りの訴えはあったものの三崎祭は開催されることになり、当局に対する〝抗議行動〟や運動の呼びかけには至らなかった。しかし、筆者たちはこの「三崎祭」開催において部活の発表を行いながら多くの学友たちと意見交換・討論を行い、横の連帯を持つことができた。そして筆者たちにとってはこの「三崎祭」は、初めてにして最後の「学園祭」になった。

執行部のこの判断に対して、闘いを提起せずボス交をしたとの批判もある。即応体制の暴力組織により学内が統治され、過去何度も「良心」の目がつぶされてきた日大において、世代を跨いだ学生の集結を図り学内に闘いを構築するには、不退転の覚悟と闘いの準備、そのための時間が必要であった。次代の藤原執行部の活動がそのことを如実に物語っている。

「古賀氏回顧録」には、「執行部会でこの決定をした時、滂沱と涙が流れて止まらなかったと」ある。また学校当局に退学処分の脅かしを受けたこと、執行部員の大半が当局圧力により「学園祭」問題に係わることを避けるようになり、なかには当局側の意見を公然と主張する者がいたとのことである。

『日大学生会新聞・三崎祭特集号』（一九六六年十月二五日発行）から～正に当時の私たちの心情です～

《今こそ全身で解決を》（三崎祭実行委員長古賀氏挨拶）

「入学時には希望を持ち胸を張って入学した学生は、このマンモス大学の中で自分の主体性すら見いだせず迷っている。人間疎外感増大、平均的学生創造、教育研究施設の不備、教授陣容不足……決して我々はこの中でも学問は捨ててはいないのだ。

全日大学友諸君、今こそ学園の矛盾改革に乗り出す主体性を個々人の内に創造してくれることを……。」

古賀執行部との討論会メモと運動の分析メモ

古賀執行部による会合で行われた討議を記した私のメモが数点あるが、その中の一枚に「〝経営主義を隠ぺいする日本精神による検閲制度〟に対する大学とは……その機能とは……真理の探究とは……学問研究の自由とは……そして学生とは、研究会の役割とは……」等を議論したらしきメモがあったので記します。

メモの表題に「全体討論」とあるが、どのような会合で行われたのかは今となっては不明である。

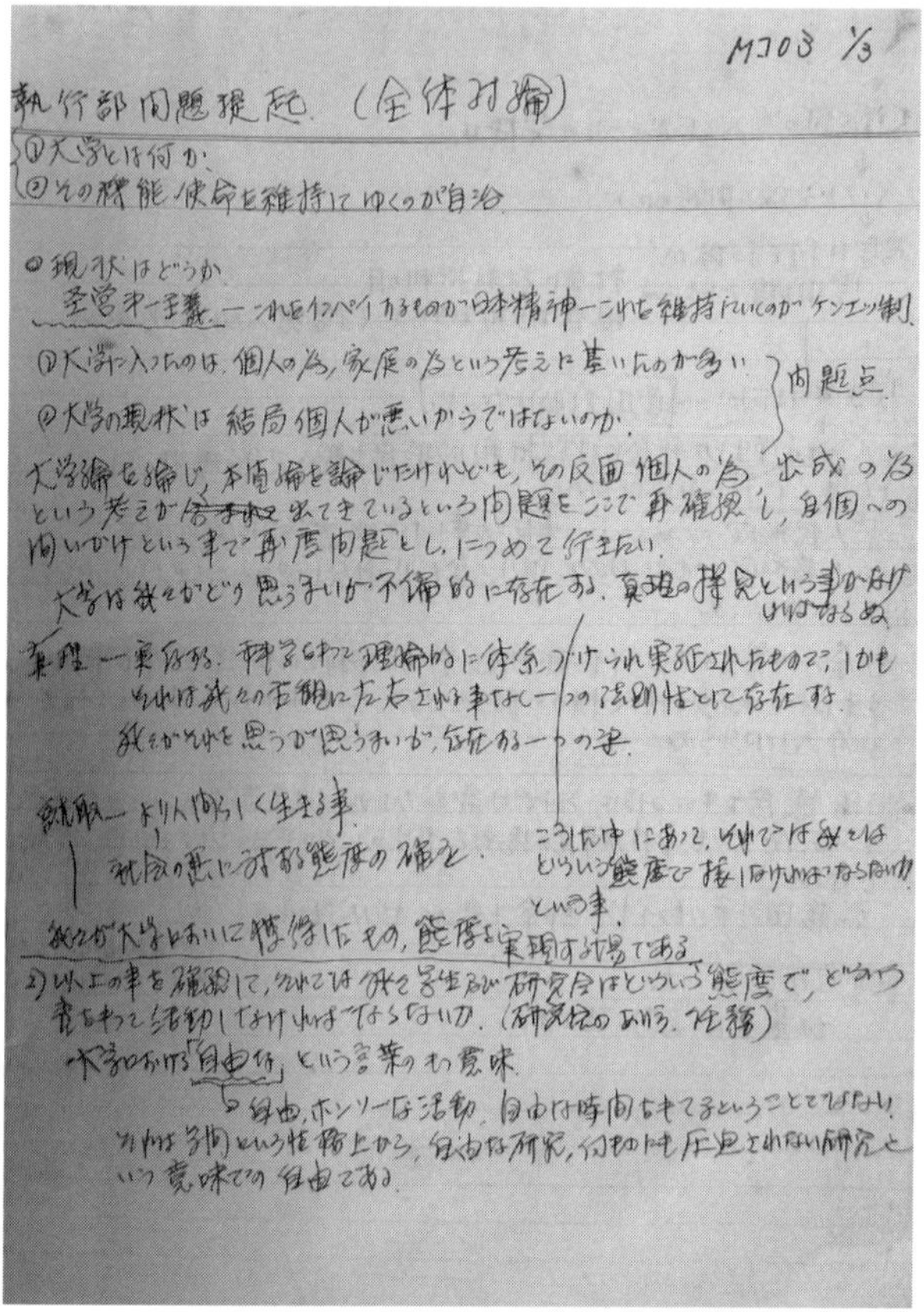
MJ03 1/3

執行部問題提起（全体討論）

①大学とは何か
②その機能・使命を維持してゆくのが自治

◎現状はどうか
営利第一主義—これをインペイするものが日本精神—これを維持していくのがケンエツ制

①大学に入ったのは、個人の為、家庭の為という考えに基いたのが多い
②大学の現状は結局個人が悪いからではないのか　} 問題点

大学論を論じ、本質論を論じたけれども、その反面個人の為、出世の為という考えが出てきているという問題をここで再確認し、自個への問いかけという事で再度問題とし、つめて行きたい。

大学は我々がどう思うまいが不偏的に存在する。真理の探究という事がなければならぬ

真理—実存する。科学によって理論的に体系づけられ実証されたもので、しかもそれは我々の主観に左右される事なく一つの法則性として存在する。
我々がそれを思うが思うまいが、存在する一つの法。

就職—より人間らしく生きる事
社会の悪に対する態度の確立

こうした中にあって、それでは我々はどういう態度で接しなければならないか という事。

我々が大学において獲得したもの、態度を実現する場である

2) 以上の事を確認して、それでは我々学生及び研究会はどういう態度で、どういう考をもって活動しなければならないか。（研究会のあり方、任務）
大学における「自由性」という言葉のもつ意味
→自由、ホンソーな活動、自由は時間をもてるということではない。
それは学問という性格上から、自由な研究、何物にも圧迫されない研究という意味での自由である。

古賀執行部との討論会のメモの一部

また、二枚目のメモは私が属した綜研において、先輩たちと他サークルの動向や意見、運動の現状を分析して他サークルへのオルグ活動と執行部への方針提起等を行うべく議論したメモと思われる。

発見された「三崎祭パンフレット」と研究会・同好会の展示紹介

私たちは三崎祭パンフレットに掲載さ

三崎祭パンフレット「君は大事な事を忘れてる」

れたテーマ「君は大事な事を忘れてる」と、当時の三崎祭の各研究会の展示発表テーマに、学園の民主化と学問の自由を求める研究会員や学友たちの意欲を改めて確認できる。そして、私たちは大学の意味と自らの役割を認識して、私たちがなぜ闘わねばならなかったのかを再確認し、この学園に対する当時の思いを確認できる。この三崎祭のテーマは、時代を経ても変わらぬ私たちへの提言であり、今も問われるテーゼである。

古賀執行部の学園民主化活動下で行われた学園祭は、誠に活発な三崎祭だった。

研究会等の展示案内文（展示のタイトル、案内文抜粋（文意に即して添削しています）

三崎祭実行委員会　「教育の危機」

戦後一連の民主化政策により芽生えた民主主義の萌芽が現在においてはもろくも摘み取られ、あらゆる部面に反動の嵐が吹きすさんでいる……教育の問題もその一つであり……小・中・高は既に文部省の完全な統制下になり、〝検定〟による教科書内容の変化……知識を詰め込む〝教育〟……、学問、思想の自由を守るべき大学においてもマスプロ化を肯定する大学設置基準や大学管理法案による国家の統制が強化されようとしている。我々は如何にして諸々の教育問題を解決していかねばならないかを追求する。

茶道研究会　「茶道精神の探究」

今日の合理化された文明の中で茶道精神の探究を方針として、人間本来の姿、個性、心の美、友愛、道徳倫理、探美の心を古典の良さに求め、茶道の重要性をアピールします。

経営学研究会　「大企業における合同・合併」

我が国は、欧米諸国から資本の自由化を迫られている今、国内産業規模の過小性と過当競争による企業体質の悪化と国際競争力の脆弱性により、産業の再編成を真剣に考慮する段階に至っている……。

広告研究会　「広告を知り、社会を知り、人間を知る」

上記のテーマにより、「新宿の後背地における消費者実態」マーケティングとして、「新宿における販売活動と地域的特性」の分析をもとに消費者行動を把握し、今後のセールスプロモーションとしての広告活動への指針を探りたい……。

民謡研究会　「佐渡おけさに見る経済史」

私達は民謡実践の裏付けとして民俗学……地域の民族・歴史を調査研究し、地域域間交流、交易による経済、文化の発展の事例として、今年度は佐渡の特徴を発表します。

綜合経済研究会　「中小企業問題」

我々は過去二年間、川口鋳物工業実態調査により、中小企業問題をわが国現代資本主義分析の一環として行ってきた。だが我々の課題である理論と実践の統一の中で実践に重点が置かれた結果、研究会において現代政治、経済動向の認識不足を招き、大局的な見地から中小企業問題を見ることができないと反省がなされ……今年度はこの国の歴史的条件を再認識して過去の研究遺産を発

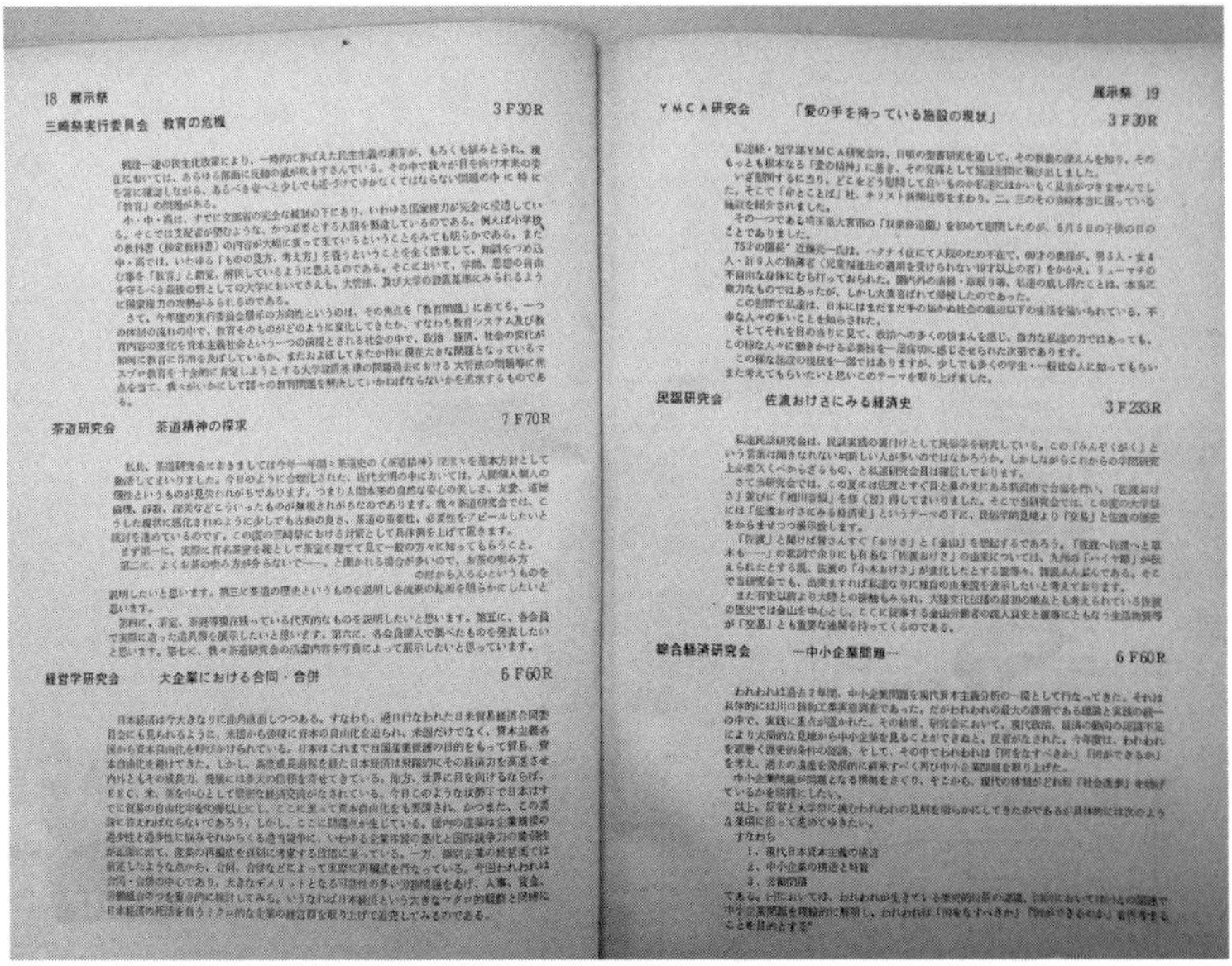
18　展示祭

三崎祭実行委員会　教育の危機　3F30R

茶道研究会　茶道精神の探求　7F70R

経営学研究会　大企業における合同・合併　6F60R

展示祭　19

ＹＭＣＡ研究会　「愛の手を待っている施設の現状」　3F30R

民謡研究会　佐渡おけさにみる経済史　3F233R

総合経済研究会　―中小企業問題―　6F60R

三崎祭パンフ「発表研究会等の紹介記事」

展的に解消するべく、再び中小企業問題を取り上げて問題の本質を探り、現代の体制がどれ程「社会進歩」を妨げているかを以下の点から明確にしたい。

一、現代資本主義の構造　二、中小企業の構造と特質　三、労働問題

理論経済研究会　「日本経済の今後と国家の役割」

我が部は、昭和三九年より深刻化した日本経済の不況とその打開方法に視点を向けてきました。今、徐々に立ち直りつつあるこの不況に対し、日本経済の今後の発展のために解決していかなければならない二重構造問題、産業再編成問題、農業問題、赤字国債とインフレ、資本自由化による国内企業への圧迫問題等に、我が部はケインズ経済学を基礎として考察を進めていきます。

写真研究会　「オッペシ」他のテーマ

オッペシ　九十九里浜で合宿を行い、港の無い遠浅の浜辺の荒波に胸まで浸かって船

を押し出し、漁の帰りを待って〝水揚げ〟をしてたくましく働く女〝オッペシ〟を取り上げる。

社会部門　日本の社会保障制度は未だ十分とは言えない。

風景科　日本の代名詞「富士」の再認識を！

婦人科　「夜のエレジー」女の情感をファンタジックに、その他。

ＹＭＣＡ研究会「愛の手を待つ施設の現状」

証券研究会　「国債問題」

美術研究会　「夢」

書道研究会　「書体の変遷」

ＥＳＳ　「南北問題インドネシア」

落語研究会　「古典落語」

独逸文化研究会　「現状の独逸」

中南米研究会　「アマゾンの生態」

会計学研究会　「株式会社特殊会計」

観光事業研究会　「観光の現状と将来性」

能楽研究会　「通い小町の総合的研究」

放送研究会　「放送研究会の現状」

珠算研究会　「珠算の発生とその価値」

社会科学研究会　「貧困と戦争のアジアを豊かで平和なアジアに」

方法論研究会　「現代日本資本主義における資本の蓄積機構」

弁論研究会　「交換討論会」

二部経済学部研究会等
経営学研究会　「企業組織の分析」
社会科学研究会「国家独占資本主義の再編」
会計学研究会「日本会計学の夜明け」
写真研究会「無計画都市」
珠算研究会「見直そう」
英語研究会「外人観光客に聞く」

前記の他に任意のクラス、サークル及び同好会等が十件程と、女子部展示、体育会系、合唱団、軽音楽部、マンドリン同好会、社交舞踏研究会、応援団等の発表会、展示が行われて校舎各階を使った展示室には来場者と学友たちが往来し、活発な議論、意見交換が行われた。

（3）三崎祭と「芝進闘争」の総括と闘いの承継

大学における位置づけ（三崎祭実行委員会総括の抜粋文。文意を斟酌し加筆補完しています）

我々人類の、社会の発展の大前提である学問・思想の自由は……今、大学にあって学問をし、真理の探究をしようとしているならば当然念頭に置かなくてはならない。

最高学府で学び……いつの日かインテリゲンチャとして社会に出る……しかし、現在のマスプロ教育からは、規格化された人間、無批判的人間、使いやすい、利用しやすい人間が生み出される。

大学は利潤追求を目的とし、真の大学教育は第二義的にしか考えられていない……。

我々の生活は学問・真理の探究にあり……一個の研究者として……より以上の知識を得んがために

大学に集う生活の場である。しかし現状はこの主体的生活の場を経営者に私物化されている。このような教育システムから生み出された人間が社会に参画して創造的に、社会発展の一翼を担えるのか。社会発展の一翼を担えず、学問・思想の自由を忘れ、とにかく働く人間を作る教育……我々はこの大学の場を取り戻し、守り、拡大獲得していくための自治活動、自治の拡大こそが学生の本分でもある。

学生の自治と芝田進午との関連

大学は、「日本精神」「入学時の誓約書」云々で規制し、大学の自治について全く考えようとしない。憲法第二十三条に「学問の自由はこれを保障」されているが、日大では校則が憲法に優先し、学生の自治が無い。しかし、我々は完全に骨抜きにされた人間であってはならない……自治がなければ勝ち取らねばならない。学問を主体的に研究し、発表できなければならない……自由で自主的な精神なしには大学の研究も教育も成立しえない……「学生が学ぶことを学ぶ」という、フンボルトの言葉が大学教育の理念を表している。我々の主体的な研究発表の場「三崎祭」……我々はマスプロ教育によって主体性を失いつつある……芝田進午氏の「社会科学と学生」のテーマから、我々学生は学費を払い、苦しい生活の中でどのように生きていかねばならないか、非常に意義深い講演である。

芝田進午事件の経過報告——なぜこの事件が経済学部に起きて、何を意味するか

三崎祭は、毎年のごとく現代資本主義社会における政治、経済、教育、哲学その他についての問題を、社会の人と共に考え、討論し、意見交換を行う場として講演会を催す。実行委員会は苦労の末、矢口新氏（生産性本部教育研究所長）、影山三郎氏（元朝日ジャーナル編集長）、加藤寛氏（慶応大学教授）、林健太郎氏（東大教授）、芝田進午氏（法政大教授）の五氏を選定し学校側へ提出したところ、芝田進午氏一人を拒否してきた。

当局の拒否理由には「何の根拠もない」事実から、展示部会にこのことを知らせ、「許可制」から「届出制」への運動ともなる。当局は「芝田進午くらいのことでワアワア言うのはおかしい」、「大学の規範内で行うものであり、ダメなものはダメだ」、「時期が悪い」といい、やがて「集会は認めない」、「討論会は規制する」、と権力を暴露し始め……実行委員会は展示部会を拡大展示部会としてクラス、サークルに拡大、当初少人数の集まりから二〇〇人程に拡大、当局に団交を要求するも出席拒否、集会も八〇〇人規模となり代表団を送って出席を要求、指導委員長は出席せず、副指導委員長二人と学生課長が出席、しかし納得できない答弁となり再団交するも進展は無い。更に、大学本部から各学部に対し「日大の考えに沿わないものは一切認めない」との通達もあり、「学則を認めて入学したのだから学則の範位内でしかできない」と最後通牒を受けて、実行委員会は苦渋の三崎祭開催を選択した。

我々を取り巻く日大の情勢と闘争の評価

実行委員会の方針の不統一、不明瞭な態度はなぜ生まれたか……この闘争は失敗し敗北した。その理由は学生会及び学生達に（特に学生会に）、

①日大経済学部（日大本部）の教育体制・学生統治体制への科学的分析ができていなかった。

②今までの学生会活動から、組織として或いは我々個人が自治を貫くこと（闘争を組織すること）自体が不可能であった（認識ができていなかった）ことにある。しかしこの闘争により、組織として或いは個人として確実に「何か」をつかんだ。かつての押しつけクラス討論会ではない討論会が活発に行われ、要望書、決議文などが提案され、クラスの連帯ができた。また研究会とは何であるかを深く認識して三〇有余の研究会が結束し、運動の中心となった。無許可の集会を度々行い、当局に団交を要求した。皆それぞれがやればできるという自信を得た……そしてこの闘争を通して我々の生活を阻害しているものが何であるかが浮かんできた。

我々の主体性、学問追求を行う上で必ず必要となるゆるぎない闘いのために、その中核部隊となる

学生会を強化していくために、この総括から闘いの欠陥を顧みてほしい。

この闘争の灯を消さず、我々個人の中で真に自己のものとなるように取り入れ、再度あらゆる機会を通して表現して行く。ここにこの闘争の評価が正しく生まれるのである。

以上

闘いの承継

古賀執行部の一貫した学生への提言にもかかわらず、三崎祭における苦渋の選択は、学生自治の闘いを行動化することはできなかった。しかし執行部が「芝田進午氏を呼んで三崎祭を行おう」と明確なスローガンを掲げたことにより、過去に本格的な闘争を構築することができなかった日大において約一〇〇〇人近くの学生が結集し、私達に具体的な闘いへの意識と出発点を与えてくれた。

そしてこの結集の中から、志ある者たちは「君は大事な事を忘れてる」ことの意味を我が身を以て理解し、我々の主体性と学問の追求を行う上で必ず必要となるゆるぎない闘いのために、学生の自治を自らの手で獲得する行動が必要であることを、怒りとともに学んだ。

やがてその想いを受け継ぎ、〝闘う執行部〟として藤原執行部が誕生した。

第４章　闘いの二代目　藤原学生会執行部と弾圧部隊だった「田中理事長」

（１）〝闘う〟執行部の活動方針

一九六六年一二月一〇日、学生委員会総会により、昭和四二年度経済学部学生会藤原執行部（委員長・藤原嶺雄、綜合経済研究会、木村ゼミ）が選出された。

藤原執行部は、マスプロ日大における教育設備等の不足改善要求の他、クラブ活動の充実を目指すと共に、古賀執行部における「芝進闘争」の総括により、学生の自治と学園の民主化に向けて、当局に対して〝闘う執行部〟として誕生した。

藤原執行部

委員長	藤原嶺雄	文化部長	横関元彦
副委員長	土屋　弘	体育部長	伊藤　堅
事務局長	沢谷衛彰	短大担当部長	丸山勝久
財務部長	金岩宏二	女子部長	朝日久栄
情宣部長	川上元明	厚生部長	石黒嗣崇
編集部長	伊勢島将	庶務部長	荒　基幸
研究調査部長	吉村　明	渉外部長	北村聖司

学術部長　一瀬伊久男
連合会派遣　森崎　充
委員　坂下正則　中村清臣
連合会派遣委員　後藤健太郎
無任所　小久保正明　竹林豊明

初めて闘いの〝狼煙〟を挙げた藤原執行部と応援団闘争

藤原執行部は、学園の民主化を阻害し最大の支配者である、古田体制の教育理念と学園支配の実態を認識し、「古田日大の反動教育との闘い」を執行部の活動方針に掲げた。そして執行部発足早々、頻繁に暴力事件を起こし、反動教育の象徴であり学内の治安組織でもあった応援団――「経済学部応援団」の解散を学生委員会で決議して部室を没収し、更に「本部応援団」の解散要求を決議した。度重なる応援団員の暴力事件（日大応援団は頻繁に暴力事件を起こしていた）

一九六四年　?月　法学部自治会への暴力事件
一九六六年　四月　亜細亜大学応援団への殴り込み暴行事件
一九六六年　六月　商学部執行部委員長への暴力事件
　　　　　　　　　応援団元幹部の神宮球場で強盗傷害事件
　　　　　九月　応援団下級生数人への暴行事件
　　　　一〇月　応援団幹部の暴力団関係団体パーティ券押し売り事件
　　　　一一月　応援団下級生集団脱走事件

×××だらけの「建学の基」の藤原委員長挨拶

一九六七年年四月八日、当局検閲による不許可の藤原委員長挨拶（×××部分の復元文章）

「新たな情熱と任務を担って入学、移行した学友諸君、我々は、諸君を学園民主化闘争の闘いの同志として歓迎し……我々と戦線を建設することにより学園民主化の前進が図れる。歴史に逆行する反動政策を……大学は踏襲し……無思想的人間を製造する大学機関。佐藤内閣と手を結び学則や検閲制度で学生の政治活動、学問の自由、学生の自治に対する露骨な干渉……自民党青年部・応援団・右翼学生を使って自治活動やサークル活動を弾圧……学生にテロや脅迫を加え……学園のファッショ化を推し進める反動政策……今経済学部に学んでいる我々の当面の課題である。……我々の根本的課題は、研究、教育、学生不在の現状をかんがみ、それを打破し学園に民主主義を確立せんがためのものである。」

＊新入生に配布される「建学の基」の「日大の現状――学園民主化闘争の発展と我々の課題」は、原稿段階で当局検閲により何度も書き直しを要求された。藤原執行部はこれを拒否して上記抜粋の要点部分の殆どを×××として製本したが、当局より配布禁止措置を受けた。なお横線部分は×××の一部を復元した文である。この時すでに「佐藤内閣と手を結び……」とも記されていた。

藤原執行部は「建学の基」の藤原委員長挨拶の通り、古田日大の本質と学生支配体制に対する闘いを活動方針として掲げて、直ちに学生会総合部会を開催して本部配下の経済学部応援団の解散を決議し、執行部員立ち合いにより、応援団部室の没収を行った。これにより藤原執行部は、日大本部及びその暴力部隊に対して真正面から闘いの狼煙をあげたこととなり、戦後日大で初めてその方針を掲げた学生自治会執行部となった。

しかしこのことは、藤原執行部はスタート時点から、大学本部の支配体制と本部応援団を始めとする各学部治安部隊・右翼組織と正面から対峙することを意味していた。これに対し執行部活動の現実は、経済学部内の研究会及び学生委員等と執行部（学生会綜合部会）を中心とした委員会の「学生会決議」によっていた。

当時藤原執行部は日大の支配体制の奥深さとその実態を、充分に理解できていたとは思えない。従って治安部隊が白昼の学内において、あの規模で直接暴力行動を起こすことを想定できなかった。しかし、日大の民主化を目指す者にはこの攻撃は避けられない、必ずや受ける弾圧であり、覚悟して向かわざるを得ない「執行部方針」であったと言える。

この大学で過去何度か起こされた民主化要求は、その都度強圧的・暴力的に圧殺されてきた。藤原執行部の活動方針は組織的反逆であるが故に、その弾圧を当局から組織的に受けることとなった。

＊二〇一四年一〇月、国立歴史民俗博物館の「日大全共闘」展示室メインパネルに大きく掲示された×××だらけの「藤原執行部・建学の基」（一五二頁参照）。ギャラリートークでの筆者の説明にこのパネルを見た入館者の方々はビックリし、多くの質問を受けて熱い議論が行われた。なお展示には筆者の当時のメモも五点ほど展示された。

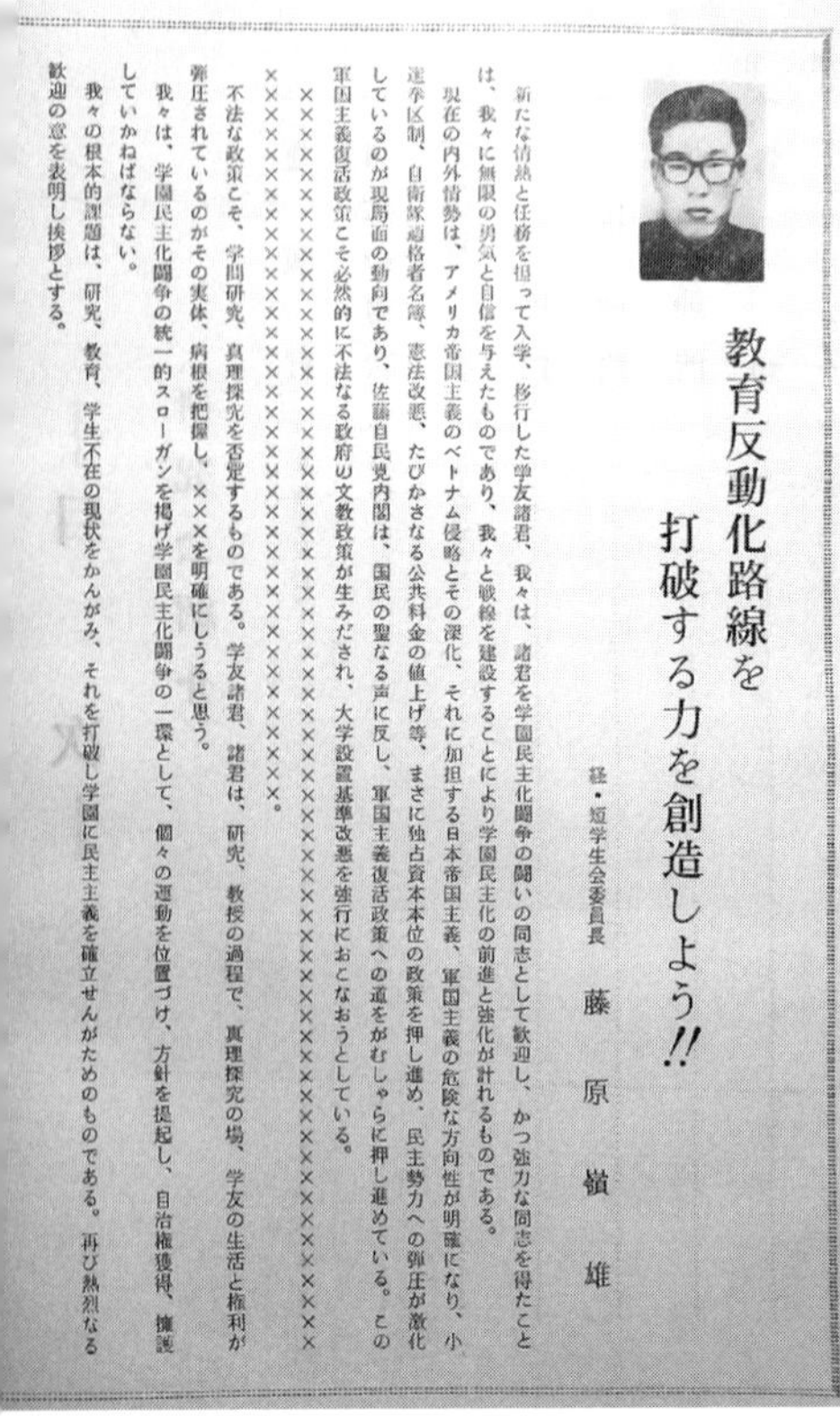
教育反動化路線を打破する力を創造しよう!!

経・短学生会委員長　藤原嶺雄

新たな情熱と任務を担って入学、移行した学友諸君、我々は、諸君を学園民主化闘争の闘いの同志として歓迎し、かつ強力な同志を得たことは、我々に無限の勇気と自信を与えたものであり、我々と戦線を建設することにより学園民主化の前進と強化が計れるものである。

現在の内外情勢は、アメリカ帝国主義のベトナム侵略とその深化、それに加担する日本帝国主義、軍国主義の危険な方向性が明確になり、小選挙区制、自衛隊適格者名簿、憲法改悪、たびかさなる公共料金の値上げ等、まさに独占資本本位の政策を押し進め、民主勢力への弾圧が激化しているのが現局面の動向であり、佐藤自民党内閣は、国民の聖なる声に反し、軍国主義復活政策への道をがむしゃらに押し進めている。この軍国主義復活政策こそ必然的に不法なる政府の文教政策が生みだされ、大学設置基準改悪を強行におこなおうとしている。

××
×××××××××××××××××××××××××。

不法な政策こそ、学問研究、真理探究を否定するものである。学友諸君、諸君は、研究、教授の過程で、真理探究の場、学友の生活と権利が弾圧されているのがその実体、病根を把握し、×××を明確にしうると思う。

我々は、学園民主化闘争の統一的スローガンを掲げ学園民主化闘争の一環として、個々の運動を位置づけ、方針を提起し、自治権獲得、擁護していかねばならない。

我々の根本的課題は、研究、教育、学生不在の現状をかんがみ、それを打破し学園に民主主義を確立せんがためのものである。再び熱烈なる歓迎の意を表明し挨拶とする。

された×××だらけの「藤原執行部・建学の基」

（2）藤原執行部、襲撃を避けて学内から学外の活動へ

一二月の経済学部応援団解散・部室没収以降、執行部に対し校内で頻繁に応援団員の暴力攻撃が起こった。こ

日大の現状

学園民主化闘争の発展と我々の課題

この一年間応援団闘争を契機として学園民主化の闘争は大きな勢いとなって発展し、各学部では連続的に学生集会や抗議が行なわれました。

××

この一年間の反動勢力の学園政策の一つ一つがそのことを示しています。××××××××

（見よこのマスプロ教育）

××××××××××××××××××××××××××××××××

さらに学内反動勢力は××××××××××戦前の天皇制ナショナリズムの支柱となった右翼思想をわれわれにおしつけており、われわれ学生を軍国主義復活の先兵としようとしているのです。

××××××××××××××××××××××××

××××××××××××××××××××××××××××

学部によって形を変えて現われていますが、いずれも××××××××××××××××××××××××××××××理工系においても単なる技術屋を養成としてのおそまつな内容、本質的には独占資本の利益についづいさせようとする意図を露骨に現わしています。

××××××××××××××××××××××××××××××××××××××

また、大学の経営第一主義は××××××××××××××授業料値上げ、短大編入金等々数えればきりがないほどです。

経済学部では、四月より、××××××××××××××××、このことは、教授数を増やさず学生をすしづめし、マスプロ化を強めることによって四時間制を可能にするのです。××××××××とやらをさかんに宣伝し、あたかも学生のためにやっているのだとか、教育設備をよくして勉学条件を改善するのだとかいっています。

しかし彼らの経営第一主義の本質は大講堂を

国立歴史民俗博物館の「日大全共闘」展示パネルに掲示

れに対し学部当局は「執行部が一方的に応援団の解散を行った」として、この〝本部治安部隊〟の暴力行為を止める意思を示さず、「執行部対応援団の中間者」的立場を装った。このため執行部は直接応援団等と対峙することとなった。

しかし藤原執行部は一般学生の動員体制もできていなかった中で当局への抗議を闘いとして行動化できず、一月二〇日、応援団員等が木刀などを用意して集まり執行部を襲撃するとの情報があり、この襲撃を避けて学外で会合を行わざるを得なかった。そしてこの日以後、執行部の会合は学外で行われることとなり、その状態の中で四月二〇日を迎えた。今となれば、学外の活動を学内の抗議に持ち込めなかったことに、執行部活動の限界が生じていたとも言える。

藤原執行部は学内での暴力襲撃を避けて日々の活動方針を検討するため、三田のお寺、渋谷の教会、お茶の水の喫茶店等で頻繁に会議を行った。筆者たちは、この会議に加わりながら執行部方針を胸に学内に戻り、クラス、研究会の仲間達と執行部支持の「自治会決議」を勝ち取るための活動を行って

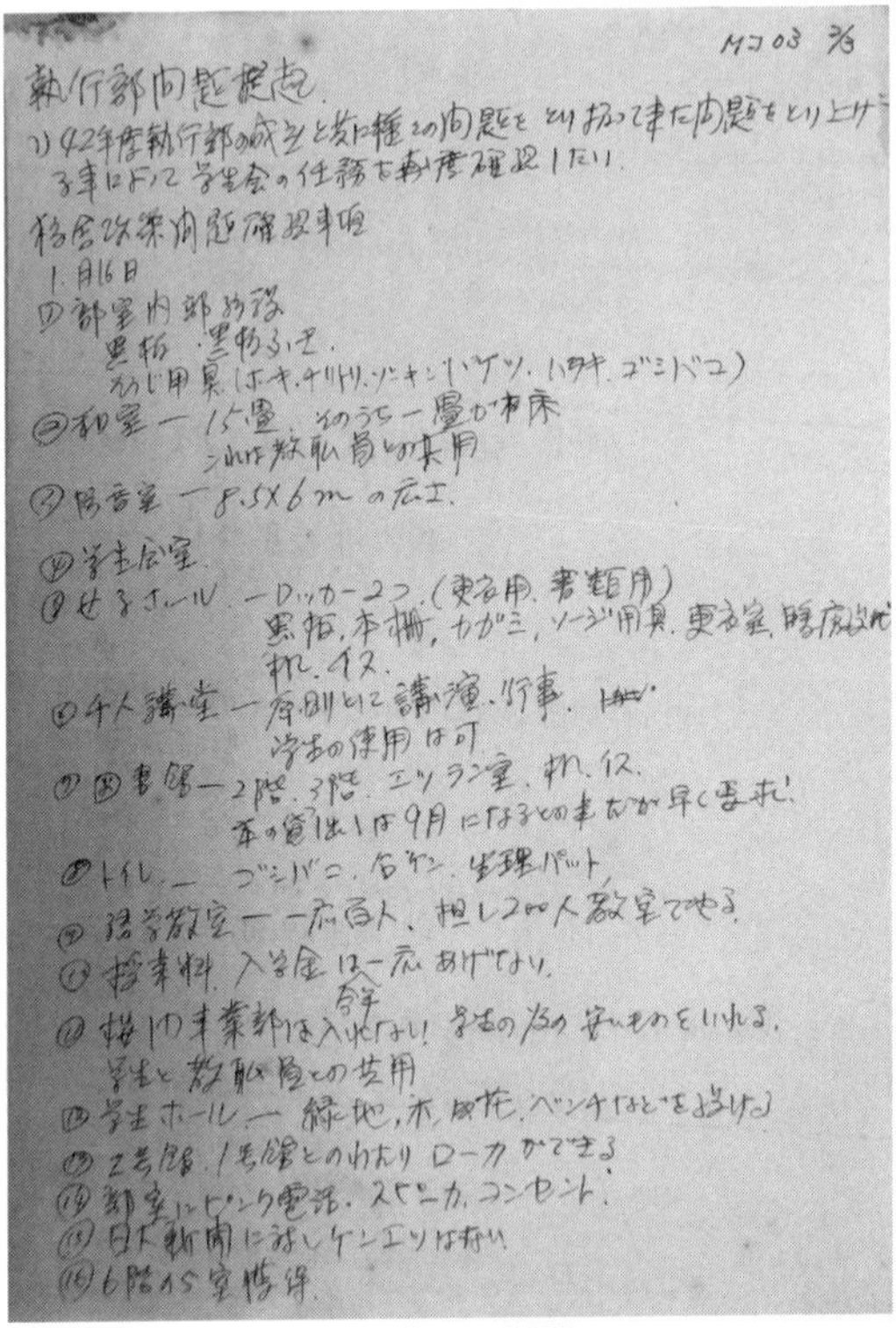

MJ03 2/3
執行部問題提起
1) 42年度執行部の成立と共に種々の問題をとりあつかってまた問題をとり上げる事によって学生会の任務を再度確認したい
校舎改築問題確認事項
1月16日
①部室内部設備
黒板・黒板ふき
そうじ用具（ホーキ、チリトリ、ゾーキン、バケツ、ハタキ、ゴミバコ）
②和室—15畳 そのうち一畳が床
これは教職員との共用
③防音室—8.5×6mの広さ
④学生会室
⑤女子ホール—ロッカー2つ（更衣用、書類用）
黒板、本棚、カガミ、ソージ用具、更衣室、暖房設備
机、イス
⑥千人講堂—原則として講演、行事
学生の使用は可
⑦図書館—2階、3階、エツラン室、机、イス
本の貸出しは9月になるとのことだが早く要求
⑧トイレ—ゴミバコ、石ケン、生理バット
⑨語学教室—一応百人、但し200人教室でやる
⑩授業料、入学金は一応あげない
⑪校内事業部は入れない！学生の為の安いものをいれる
学生と教職員との共用
⑫学生ホール—緑地、木、花、ベンチなどを設ける
⑬2号館、1号館とのわたりローカができる
⑭部室にピンク電話、スピーカ、コンセント
⑮日大新聞に対しケンエツは無い
⑯6階の5室増築

藤原執行部との討議メモ

いた。

しかし執行部の会議では白昼の大学校内で集団暴力を想定し、対策を検討したことはなかった。結果的に、執行部は闘いの意思を有しながらその行動方針を見いだせず、四月二〇日時点までに当局に対する闘いを展開できなかった。

当時は学内の治安体制が完全に機能しており、本部当局に主導権を握られて、完全に執行部を破壊されたことになる。

藤原執行部との討議・筆者メモ～千人講堂の授業使用に反対し、教育設備、部活等の充実要求の他、応援団問題への対応、学生自治権の確立・学園民主化要求と新入生歓迎会の講演会へ羽仁五郎氏を招くことを討議していた。

（3）民主化運動の殲滅を図った日大本部

（イ）羽仁五郎講演会——藤原執行部への集団暴力事件と無期停学弾圧処分

一九六七年四月二〇日午後、経済学部大講堂において藤原執行部主催の新入生・移行生歓迎の羽仁五郎氏講演会が予定されていて、執行部員が校内に全員揃う日でもあった。

しかしこの日朝から守衛により他大学生、他学部生の入校チェックを名目に、今まで一度もなかった学生証検査が行われた。この検査体制下の午前、経済学部生と本部、他学部生を中心にした応援団、空手、相撲部、ボクシング部等の体育会系学生達約四〇〇人ほどが校舎裏口から講演会場に入り、会場の前席を占拠していた。（執行部員や私たちは、開場時間がきて講堂に入場するまでこの状況に気がつかなかった）

彼らは会場に執行部員が登壇し羽仁先生が登場すると同時に、占拠者の中から三人（一人は茶髪の女性）が正体不明の「全学連に結集しろ～藤原執行部」なるニセビラをばら撒き、占拠者たちはこのビラを手にして一斉に立ち上がり、机の上に立って「赤を殺せ」「俺たちは国体護持が使命だ」、また羽仁先生には「ジジイ帰れ」と叫び、壇上に押しかけて執行部員に暴行を始めた。

私たちは羽仁先生にすぐに退場してもらった。しかし執行部員たちは壇上で集団的に襲われたあと、校内のあちこちに拉致されて暴力を受けた。（これに抗議した一般学生も多数暴力を受けた。）更に、執行部員達は七階の学生会室に集められ、閉じ込められて暴行され、「執行部を解散する」同意書に強制的に署名させられた。

この時の状況は後述の「戸田調書・証言記録」に、藤原委員長、土屋副委員長たちは応援団、空手、ボクシング、相撲部員等に胸倉をつかまれて殴られ蹴られた挙句、バットや椅子で殴られたことが記されている。執行部員たちは私たちの目の前で襟をつかまれ服をちぎられ、七階から三階まで足蹴にされて階段を蹴落とされた。（二階には学部長室や教授たちの部屋があった。）私たちはこの暴力行為を相手が大勢のために止めることもできず、ただただ怒りに我が身を震わせながら、見つめることしかできなかった。

そしてこの時の暴漢者のうち、経済学部の者たちは「第二執行部の設立」を意図して署名を集めていた。彼らは事件後、経済学部当局にこの署名簿を添付した「学生会設立上申書」を出していた。しかし学部当局は、複数の学生会ができることよる後のトラブルを避けて、これを認めなかった。

この事件は、他学部から多数を動員した集団暴力と署名を集めて「上申書」の提出をした一連の計画的行動、後の戸田調査委員会へ解散命令、更に暴力を受けた藤原執行部員へ当局の一方的無期停学処分が行われ、正に古田本部の指示による民主化運動の殲滅を図ったものと言わざるを得ない。

〝定期〟学生証検査、集団暴力の惨状

当日朝、校舎への入館には今まで行われていなかった「〝定期〟学生証検査」が行われ、他学部・他大学生等の入館は規制されていた。ところが、校舎一号館裏口より経済学部と本部・他学部応援団員等を中心とする体育会系学生が、隊列を組み会場に入場していた。また、体育会系の他学部学生たちは日当をもらって動員されていたことも、後日判明した。

これらの〝武闘プロ学生〟による執行部員への暴力はすさまじく、バットや木刀で殴られ、腹部と胸や体のあちこちを蹴られ、校内の隅々に連れ込まれて壁に頭を打ちつけられてセメントを頭からかけられた後に学生会室に閉じ込められ、揚句に私たちの目の前で階段を足蹴にされて、執行部員は半死半生の惨憺たる状態となった。

襲撃は、数名のOBらしき人物、本部応援団・他学部の幹部等が指揮・指示して行われた。（この時期の私たちは指揮者が誰かはまだわからなかった。）

学生会執行部員への暴力は、執行部員の顔を知っている経済学部団員等が執行部員の一人ひとりを見定め、バッジを外した他学部の団員等が取り囲んで集中的に暴行した。

（六五頁の「暴力学生処分検討案」にあるように、特定の経済学部体育会系学生たちもこの暴力集団のメンバーとして、暴力行為を行った。）

負傷者

藤原嶺雄　左顔面上腹部、左右腿部打撲。
沢谷衛彰　左肩関節部、左大腿打撲。
金岩宏二　顔面、上腹部、両大腿打撲。
川上元明　一週間の安静加療を要す。
土屋　弘　頭部強打、レントゲン、脳波検査で安静と加療を要す。
横関文彦　左大腿打撲で一〇日間の安静と加療を要す。
伊勢島将　右下腿、右ひざ打撲。
北村聖司　左頭部右大腿打撲。
藤原委員長、沢谷、土屋、金岩、川上たちは、全治二～三か月の入院を要する重傷であった。

この時、前述の木村隆俊教授も右翼学生に取り囲まれて五階教室に連れ込まれ、「闘争の中心学生は皆お前のゼミ生だ、ベランダから突き落とすぞ」と脅かされて、暴行を受けた。

羽仁先生訪問時の襲撃予想発言

当時、筆者も執行部員に同行して鎌倉の羽仁先生のご自宅にお伺いし、四月二〇日の講演をお願いした。葉山の海沿いのご自宅でアイスクリームをご馳走になりながら、羽仁先生は「僕は平気だけど、君たちの方が危ないのではないか」と言われた。私たちは先生に「私たちも頑張ります。ご講演をお願い致します」と答えたことを覚えている。

そして当日、先生の予想通りの事態となり、先生には即時に会場から退場して頂いて校門までお送りした。（この日、羽仁先生はこの事態を想定されたのか、三名の屈強な若者をお供に連れて当校にみえておられた。）

そして急ぎ会場に戻った時、執行部員達は校内のあちこちに連れ込まれて暴力を受けていた。

事件にならなかった暴力事件と一方的当局処分による藤原執行部の崩壊

藤原執行部員は白昼の校内で集団暴力を受けた。しかしこの事件は〝犯行者不明（他学部の学生が中心）〟を理由になんと暴漢者たちは「暴力事件」や「学内処分」にはならなかった。揚句に藤原執行部は学内を騒乱した責任を一方的に負わされ、当局より無期停学処分を受けて完全に破壊された。

処分理由は「学則七六条二項及び三項に違反」大学の規則もしくは　命令に背き学内秩序を乱し、学生としての本分に反する行為を行った者である。なお、後に当局による傀儡の「代行執行部委員長」を名乗る後藤君だけは、早期に処分を解除された。

暴力事件「戸田調査委員会」調書、襲撃者の田中日大理事長、経済学部校友会長・理事

暴力事件の調査は、経済学部において戸田教授たちの委員会で相当詳しく行われた。委員会は多数の学生、大学関係者、応援団・体育会部員、サークル部員へ聞き取りを行い、大量の調書と八三枚の館内写真等により暴力行使者と現場、暴行の方法などを調べて実名入りでリストアップをしている。更に執行部員を学生会室に閉じ込めて暴力をふるいながら「執行部解散同意書」へ強制署名させた者の氏名なども、現場の写真・証言等により特定している。このリストの中に、田中英壽や元経済学部校友会長・日大理事（当時経済学部応援団長）の名前が記されている。

しかしこの調査は、暴力行使者と指揮した者が特定されたところで、その情報が古田本部に漏れて古田によりストップされ、調査委員会は解散させられた。

第二学生会設立へ田中署名の名簿一部

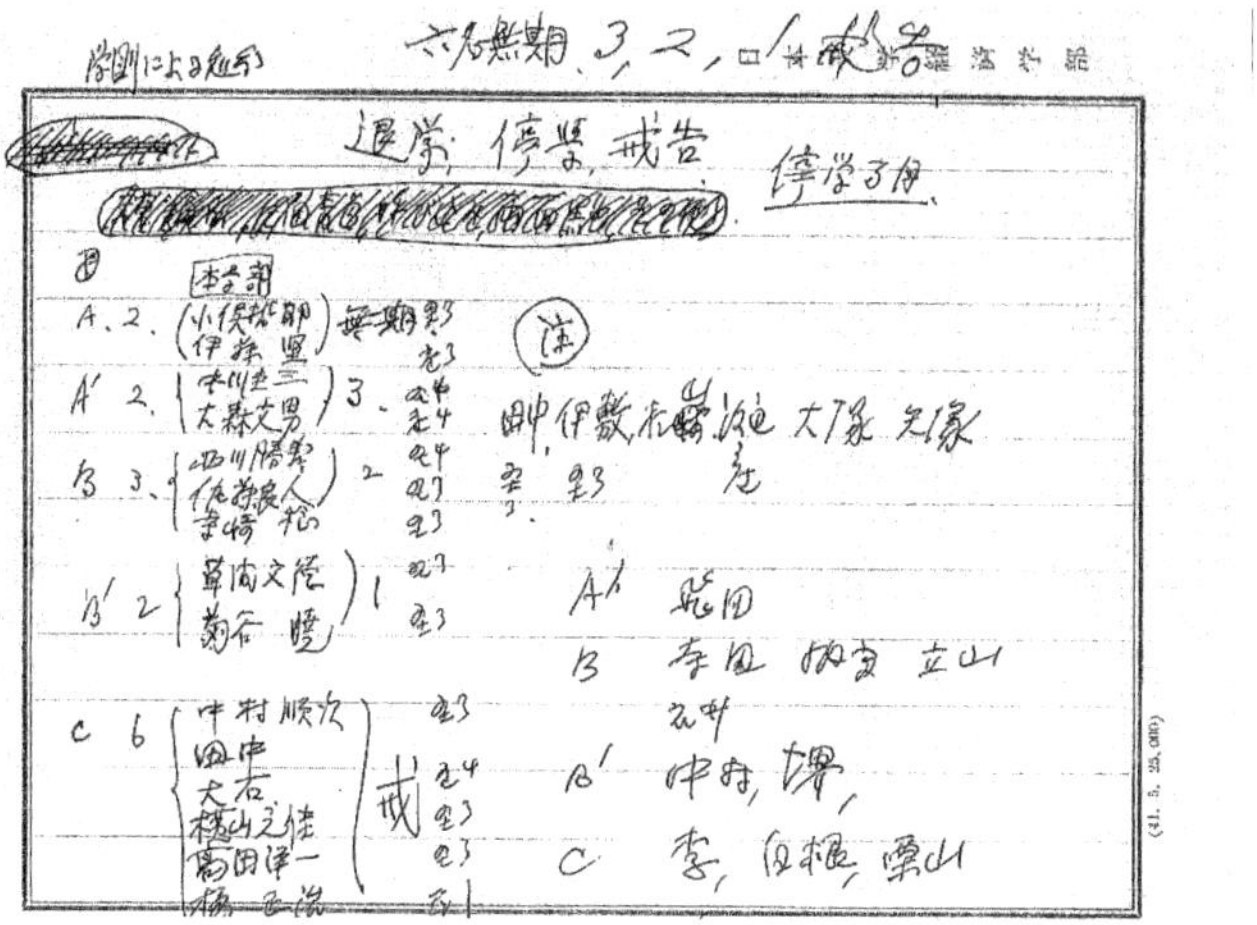

暴力学生処分検討案

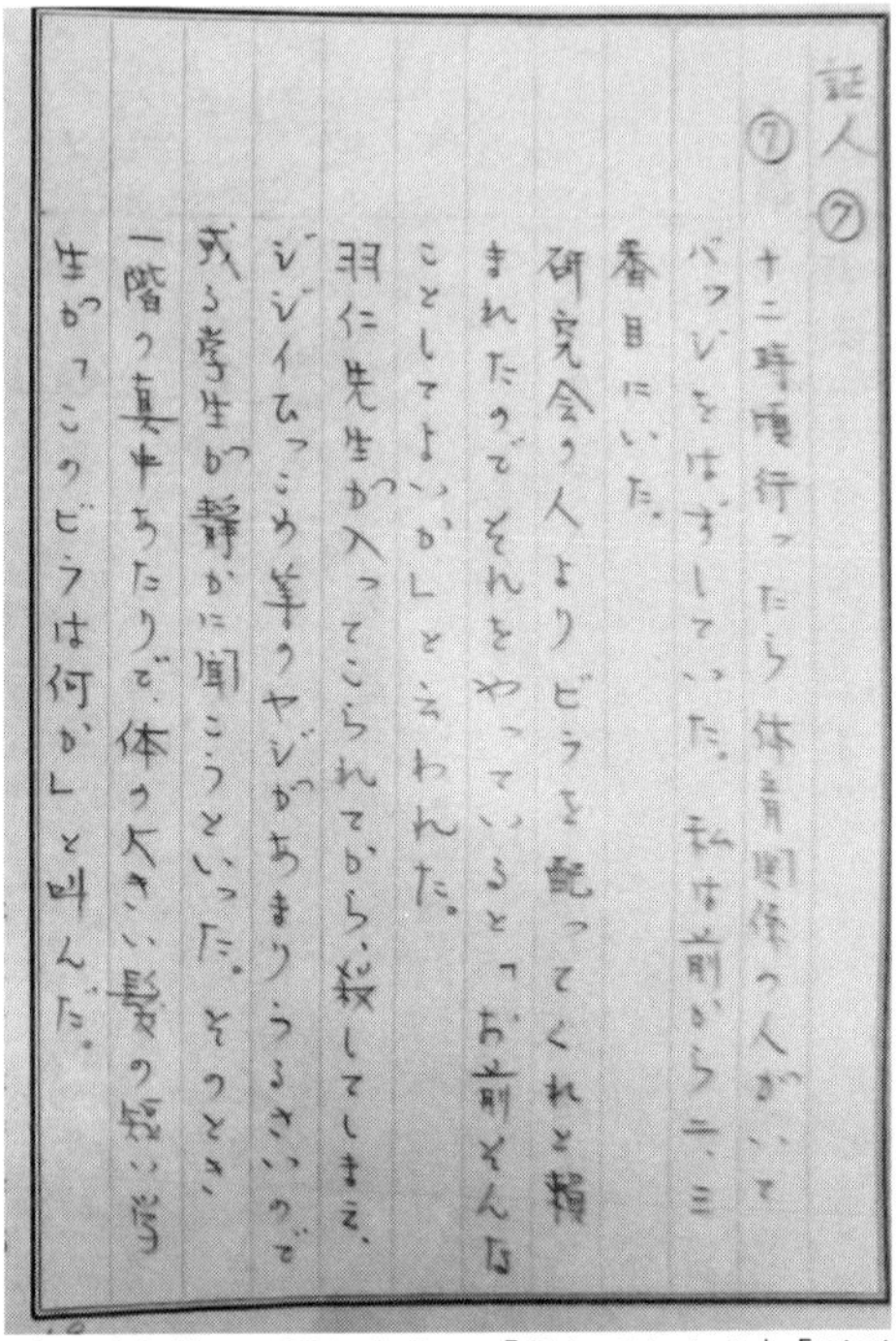
証人⑦

⑦ 十二時頃行ったら体育関係の人がいて
バッジをはずしていた。私は前から二、三
番目にいた。
研究会の人よりビラを配ってくれと頼
まれたのでそれをやっていると「お前そんな
ことしてよいのか」といわれた。
羽仁先生が入ってこられてから、殺してしまえ、
ジジイひっこめ等のヤジがあまりうるさいので
或る学生が静かに聞こうといった。そのとき
一階の真中あたりで、体の大きい髪の短い学
生が「このビラは何か」と叫んだ。

バッジを外して羽仁先生へ「殺してしまえ」「ジジイ引っ込め」のヤジなど

なお、調査委員会内では判明した暴行者を退学及び停学等の処分にしようとした案文があった。（この処分案の中に、前記二名他の氏名も記されている）が、結果、処分案は教授会に上程されず、中間報告を経たと言われるこの調書は前述の事情で委員会が解散させられたことにより、公表及び製本はされていない。）この資料は、聞き取り調査ヒアリング時の証言者氏名入り生資料（B5判で三〇一頁ある）と、証言者を番号表記にして清書した調書とがある。

＊応援団員を委員長とする第二学生会を作ろうと、暴力現場で暴力者たちが署名した名簿の一部、この「委員長殿」も暴漢者の一人である。

＊調査委員会内での「暴力学生処分検討案」（全員経済学部生。小俣は第二学生会申請の委員長、中川は当時の経済学部応援団長で元理事・経済校友会会長、そして　当時相撲部の田中も暴行者として処分対象者にリストアップされている。）

＊バッジを外し、羽仁先生へ「殺してしまえ、ジジイ引っ込め」のヤジ（以下、「戸田調書」）

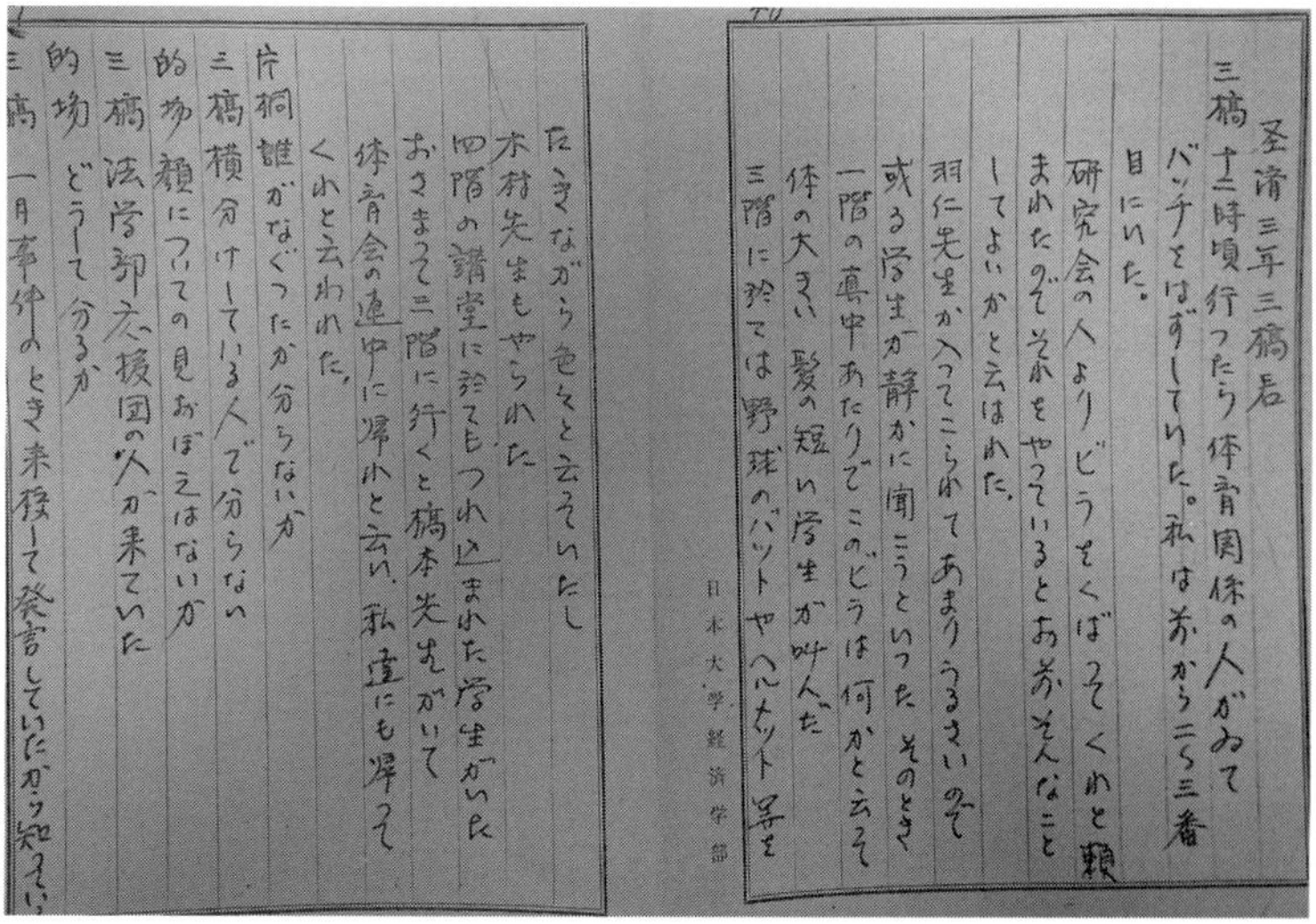
経済三年三橋君
三橋　十二時頃行ったら体育関係の人がみて
バッチをはずしていた。私は前から二、三番
目にいた。
研究会の人よりビラをくばってくれと頼
まれたので それをやっているとおまえそんなこと
してよいかと云はれた。
羽仁先生が入ってこられてあまりうるさいので
或る学生が静かに聞こうといった そのとき
一階の真中あたりでこのビラは何かと云って
体の大きい 髪の短い学生が叫んだ
三階に於ては野球のバットやヘルメット等を
日本大学経済学部
たたきながら色々と云っていたし
木村先生もやられた
四階の講堂に於てもつれ込まれた学生がいて
おさまって二階に行くと橋本先生がいて
体育会の連中に帰れと云い 私達にも帰って
くれと云われた。
片桐　誰がなぐったか分らないか
三橋　横分けしている人で分らない
的場　顔についての見おぼえはないか
三橋　法学部応援団の人が来ていた
的場　どうして分るか
三橋　一月事件のとき来校して発言していたから知ってい

「木村先生もやられた」

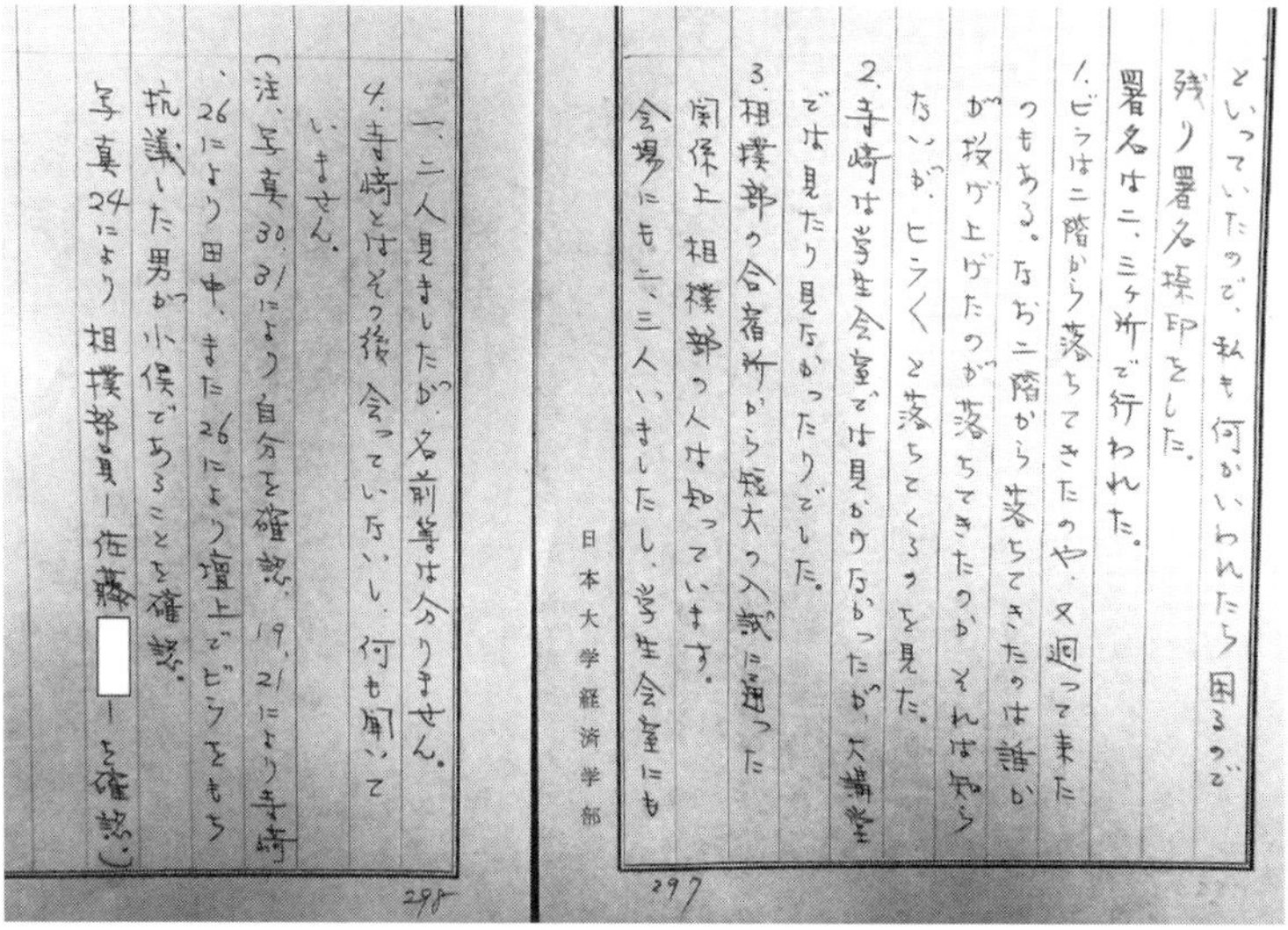
といっていたので、私も何かいわれたら困るので
残り署名捺印をした。
署名は二、三ヶ所で行われた。
1. ビラは二階から落ちてきたのや、又廻って来た
のもある。なお二階から落ちてきたのは誰か
が投げ上げたのが落ちてきたのかそれは知ら
ないが、ヒラヒラと落ちてくるのを見た。
2. 寺崎は学生会室では見かけなかったが、大講堂
では見たり見なかったりでした。
3. 相撲部の合宿所から短大の入試に通った
関係上相撲部の人は知っています。
会場にも二、三人いましたし、学生会室にも
日本大学経済学部
297
一、二人見ましたが、名前等は分りません。
4. 寺崎とはその後会っていないし、何も聞いて
いません。
（注、写真30、31により自分を確認。19、21により寺崎
、26により田中、また26により壇上でビラをもち
抗議した男が小俣であることを確認。
写真24により 相撲部員ー佐藤[redacted]ーを確認）
298

写真で特定された壇上の小俣、田中

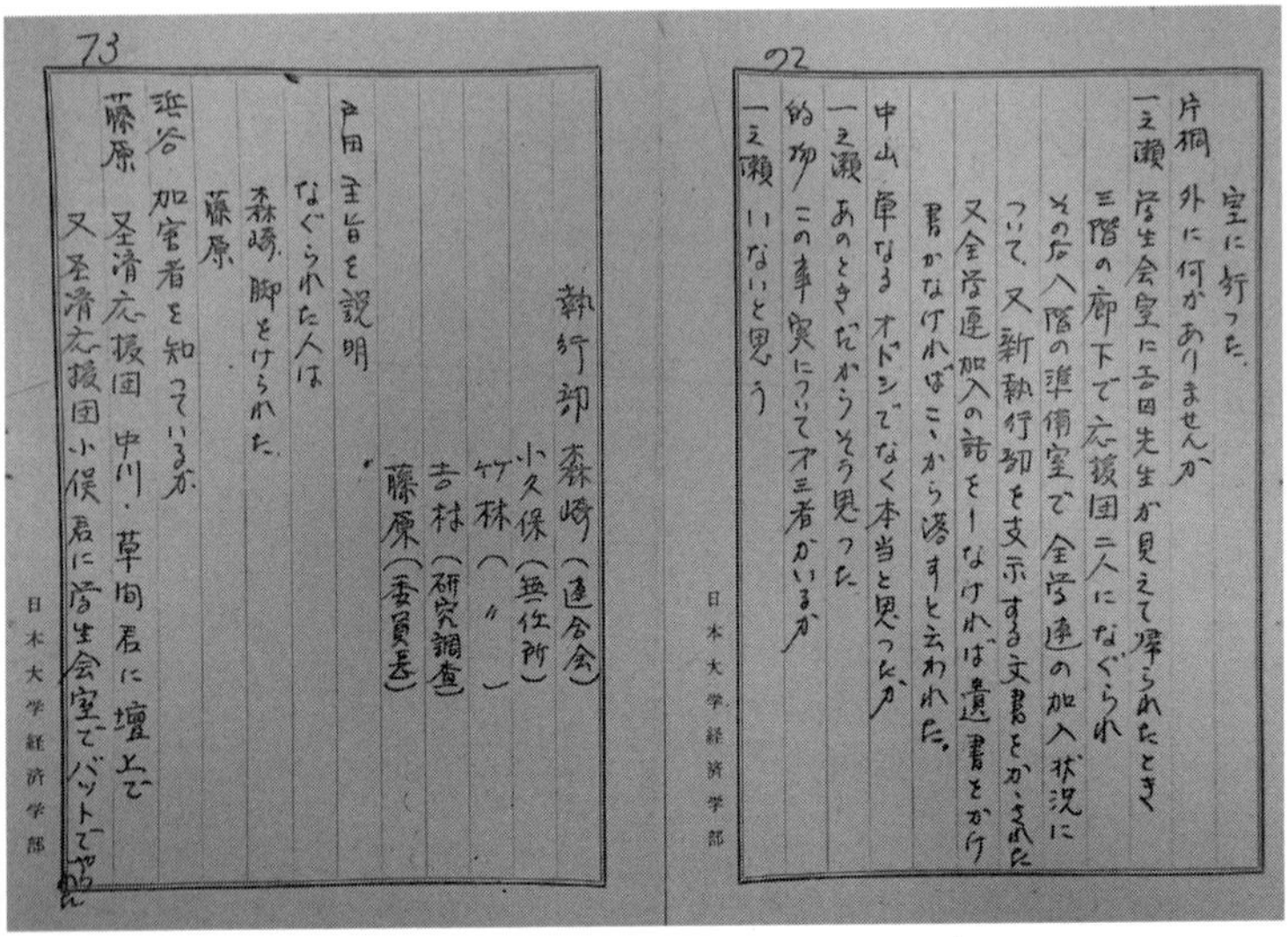
72

室に行った。
片桐 外に何かありませんか
一之瀬 学生会室に吉田先生が見えて帰られたとき
三階の廊下で応援団二人になぐられ
その后八階の準備室で全学連の加入状況に
ついて、又新執行部を支示する文書をかゝされた
又全学連加入の話をしなければ遺書をかけ
書かなければここから落すと云われた。
中山 単なるオドシでなく本当と思ったか
一之瀬 あのときだからそう思った
的場 この事実について第三者がいるか
一之瀬 いないと思う

日本大学経済学部

73

執行部 森崎（連合会）
小久保（無任所）
竹林（〃）
吉村（研究調査）
藤原（委員長）
戸田 主旨を説明
なぐられた人は
森崎 脚をけられた
藤原
渋谷 加害者を知っているか
藤原 経済応援団 中川・草間君に壇上で
又経済応援団小俣君に学生会室でバットでやられ

日本大学経済学部

壇上と学生会室でバットで殴られた藤原委員長

＊「講演会壇上に相撲部員は上がっていない」の証言と写真で特定された田中及び相撲部員。
＊「学生会室にいなかった」という証言と現場写真で確認された田中（このような偽証言もある）。学生執行部員は血だらけだった。
＊日当をもらって動員された他学部運動部員の証言（ほかにも多数の証言あり。）
＊彼らは学部がわからないようにバッジを外して暴行、木村先生も襲われた証言。（木村先生は、殴られてバルコニーに連れ出され、「道路に着き落とす」と脅されたとのことである。）
＊暴力学生を学生課職員の岡が指図していたという証言。この職員は元応援団員で校友会幹事でもあり、後の数々の暴力現場に指揮者として登場する。
＊九八枚の館内現場写真による、暴行現場の場所・氏名等確認のリスト（学生会室にいた田中、その他にも名前がリストアップされた田中）
＊「民主的に」と言ったら殴られた学生の証言
＊壇上と、学生会室でバットで殴られた藤原委

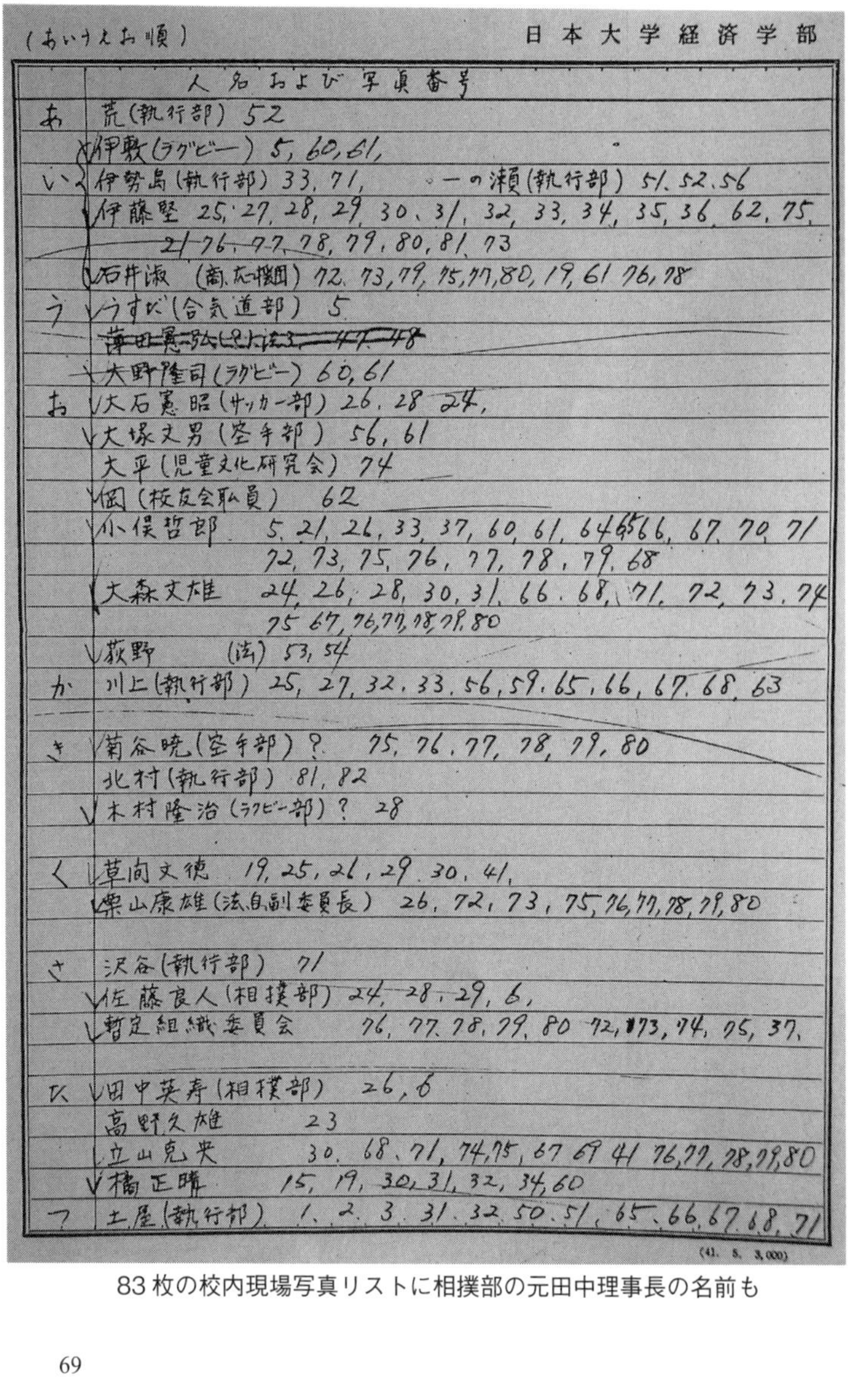

（あいうえお順）　　日本大学経済学部

	人名および写真番号
あ	荒（執行部）52
	伊敷（ラグビー）5, 60, 61,
い	伊勢島（執行部）33, 71,　　一の瀬（執行部）51, 52, 56
	伊藤堅　25, 27, 28, 29, 30, 31, 32, 33, 34, 35, 36, 62, 75,
	21, 76, 77, 78, 79, 80, 81, 73
	石井淑　（商、応援団）72, 73, 79, 75, 77, 80, 19, 61, 76, 78
う	うすだ（合気道部）5
	~~[illegible] 47, 48~~
	大野隆司（ラグビー）60, 61
お	大石寛昭（サッカー部）26, 28, 24,
	大塚丈男（空手部）56, 61
	大平（児童文化研究会）74
	岡（校友会職員）62
	小俣哲郎　5, 21, 26, 33, 37, 60, 61, 64, 65, 66, 67, 70, 71
	72, 73, 75, 76, 77, 78, 79, 68
	大森文雄　24, 26, 28, 30, 31, 66, 68, 71, 72, 73, 74
	75, 67, 76, 77, 78, 79, 80
	荻野　（法）53, 54
か	川上（執行部）25, 27, 32, 33, 56, 59, 65, 66, 67, 68, 63
き	菊谷暁（空手部）？　75, 76, 77, 78, 79, 80
	北村（執行部）81, 82
	木村隆治（ラグビー部）？　28
く	草間文徳　19, 25, 26, 29, 30, 41,
	栗山康雄（法自副委員長）26, 72, 73, 75, 76, 77, 78, 79, 80
さ	沢谷（執行部）71
	佐藤良人（相撲部）24, 28, 29, 6,
	暫定組織委員会　76, 77, 78, 79, 80, 72, 73, 74, 75, 37,
た	田中英寿（相撲部）26, 6
	高野久雄　23
	立山克央　30, 68, 71, 74, 75, 67, 69, 41, 76, 77, 78, 79, 80
	橘正晴　15, 19, 30, 31, 32, 34, 60
つ	土屋（執行部）1, 2, 3, 31, 32, 50, 51, 65, 66, 67, 68, 71

(41. 5. 3,000)

83枚の校内現場写真リストに相撲部の元田中理事長の名前も

員長、殴られて遺書をかけと脅かされた執行部員。

(ロ) 藤原執行部の教え――暴力弾圧との闘いを決意

藤原執行部は白昼の経済学部校舎内で本部配下の〝治安部隊〟に蹂躙されて自らに大きな犠牲を払い、この大学の「反動思想と暴力支配」の実態を私たちの眼前に明らかにした。加えて、当局より学内騒乱の責任を一方的に負わされて無期停学処分を受け、完全に破壊された。

藤原執行部は、この大学に「学園民主化と学生自治」が何としても必要であることを指し示し、残された私たちに覚悟をもって暴力弾圧との闘いを進めなければならないことを、また闘いは内々に周到な準備が必要であり、その局面は暴力的な激しい闘いになるであろうことを私たちに教えてくれた。(正にその場面は、私たちへの、六月一一日の校舎占拠・無差別殺人的暴力事件に現れたと言える。(一一三頁参照)

藤原執行部は私たちに学園民主化への闘いの狼煙を掲げ、日大全共闘の闘いに至る起点となって、組織暴力を受けて破壊されたと言える。

私たちは、前二代執行部の活動と大学の現状を十二分に総括して、藤原執行の無念の思いを胸に深く刻み、明日のために一致団結して前進することを固く心に誓った。

知らなかったこの大学の一九五八年の闘争

本書の草稿を書き終えた二〇二二年一月、筆者は文理学部の学友より、「経済学部の民主化闘争は、一九五八年の二部自治会の方々との関わりはあったのですか」と問い合わせのメールを頂いた。彼によると、一九五八年、「勤務評定反対闘争」に参加した経・商学部二部自治会委員への不当処分撤回と古田「日大改善方策案」への反対闘争として、自治会は一〇月二三、二四日全学ストを決議し、学内デモを行ったが、当局の暴力弾圧により二日間で鎮圧されたようであるとのことであった。

調べた結果は、一九五八年、勤評反対闘争に参加した経・商学部二部自治会員への不当処分と古田改善案への反対闘争として前文の闘争を行って集会により学部長との会見要求を行ったが、当局は臨時休校と職員による暴行、そして二〇〇〇名の機動隊を導入して二日間で鎮圧し、大量の退学者、処分者が出たという史実であった。

古田はこの闘争鎮圧で支配体制を確立し、学生活動への指導と許可制が強化されたという。なおこの時の闘争は共産党系学友たちにより行われたと言われる。（今や詳細は不詳）

当時の私たちは「学生会集会」で、数名の民青らしき学友たちの「緩やかな運動」主張に納得できず、彼らと理論闘争をしながら徐々に学友の結集を呼びかけた。藤原執行部にいた二人の民青系の彼らは、一九五八年の暴力弾圧を知っていたのであろう。その彼らが四月二〇日に最も激しい暴行を受けた理由も当時の私たちは理解できなかった。そして純粋に、「学問・研究活動への規制と許可制」に対する不満と教学への想いを持っていた私たちは、目の前で行われた学友を使った暴力弾圧と一方的な当局処分に激しい怒りを持たざるを得なかった。

私は今にして当時の弾圧の歴史の背景を知って、「私たちの『二〇〇ｍデモ』が、戦後日大で初めて行われたデモである」との本書の表現に歴史的誤認があったことを、お許し頂きたい。

（４）藤原執行部の活動記録と諸資料

一九六六年一二月一三日、一四日、学生会総合部会を開催し、「経済学部応援団」の解散を決議し、同時に以下の付帯決議を行った。

一、応援団部室没収。

二、本部応援団の経済学部内活動を認めない。

三、応援団所有物は学生会で管理する。
四、昭和四一年度会計公開。
五、応援団バッジは経済学部内で使用禁止。
六、学部学生へ告示する。
七、他の研究会等への嫌がらせ、圧力等阻止。
八、「本部応援団」の解散を要求する。
決議理由「一連の不祥事事件に見られるごとく、研究会としてあるまじき行為を行った。並びに我々の自治権を侵害する研究会であるとみなし、今後一切応援団研究会は経済学部においては設立を認めない」

一九六六年一二月一六日　執行部員により応援団部室強制没収～当局の呼出しと中止命令を拒否して執行部員立会いの上、応援団の部室を没収した。

一九六七年一月一六日　第一回、当局との懇談会にて部室、学生会室、大講堂使用等の協議以降、数次の綜合部会による協議を経て学校側との懇談会において、校舎改築に伴う部室確保、女子ホールの充実、図書館・保健室の充実、千人講堂の授業不使用、校内緑化、トイレ設備等の充実を協議し、要求を行う。
＊執行部の言葉使い・態度に難あり、との当局記録あり。

一月一八日　学部外応援団員バッジ着用入校への対応にて約一五〇人の討論会に約六〇数人の応援団系学生（おもに経済学部外）が入り込み、執行部員は暴力を受ける。

一月一九日　抗議の立て看板を当局に拒否され約六〇〇人の抗議集会を行うも、約六〇人の応援団系学生乱入、再び執行部員は暴力を受ける。当局をまじえて執行部・応援団と協議するも不調に終わる。

＊「一方的な応援部解散」本部応援団員談話（一月一八日、日本大学新聞）

「原因は、一方的な解散決議をした執行部員が、バッジをつけて入校した団長に外すように要求したことにあり、一九日の件はその抗議である。……日大の伝統は国体と一致し、我々の活動はこれを守ることも含む……吉田松陰来の松下村塾の精神（尊王思想？）を研究すべきである……先輩の築いた自治を守るべきで検閲撤廃は不要、今までと違う自治を行う執行部の解散を要求する。」

一月二〇日　執行部は民主化闘争の抗議集会と学内オルグを行うとした。しかし応援団員等が木刀、角材で武装し集結していたため、執行部は肉体的危機を感じ学外で会合を行うこととした。以後執行部会合は、お寺、教会、喫茶店等で行われることとなった。

一月二一日　当局・応援団再協議への出席を延期。

一月二七日　藤原委員長より「一月一九日の懇談会は応援団の強要によるものであったので、今後の面談は拒否する」を当局に通知。

二月二日　第二回当局懇談会、テープレコーダー持ち込みで当局より拒否を受ける。学生会側が取り下げて再協議を行い、部室取扱いその他の協議を行う。

二月九日　当局との懇談会～応援団問題、看板設置他協議物別れ。
二月二一日　新学生会室への移転を拒否する。
二月二六日～三月三日　榛名湖高原研修会と研修の内容
研修会はクラス委員、研究会員等が参加して、執行部方針を基に議論が行われたと思われるが、資料はない。わずかな資料から推測できるのは、「新校舎はできたが内容が不十分、先生が不足している、定員以上の学生を集めている、授業の内容に不満あり、先生方の努力が足りない、千人講堂の使用反対、学生の団結により学園の民主化を勝ち取ろう、部室獲得闘争を通じて研究会活動の自由と学生自治権を勝ち取ろう、反動文教政策と闘おう」等が議論された。
学校側の記録
研修会に出席した、橋本学生課長、木村副指導委員長による記録として、執行部と応援団問題を話しあうも、藤原委員長は「暴力は応援団の一方的暴力であり、執行部は被害者である」「応援団に対しては処分覚悟の固い決意で排除する」
「暴力には暴力を持って撃退する」、「先生達は、国家権力と経営者の手先であり信用しない」と発言し、「せせら笑いをして話し合いの気持ちが感じられない」との記録があり。（記録者不明）
＊当局の記録には、藤原委員長、執行部員とも「先生方は敵だ」「国家権力の手先」「大学は反動だ」等の発言や「話し合い拒否」の記録が多

数残っている。

執行部はこの時期応援団等の暴力攻撃を受けて緊張状態にあり、その暴力行為を止めない当局に対して闘いの意識を持たざるを得ない状況であったと思われる。

四月一日　執行部は「建学の基」ゲラ刷りを当局に提出。

四月一五日～一七日　当局との懇談会～当局より「建学の基」文章の訂正を何度も要求される。

四月二〇日　執行部は「建学の基」の文章を「×××」による印刷を行う。

新入生・移行生への藤原委員長挨拶案文

「政府による大学設置基準改悪の文教政策と学園の反動的文教政策～学則、検閲による政治活動、学問の自由、学生自治に対する干渉を打破し、学園の民主化を確立しよう。大学の経営第一主義による授業料値上げ、マスプロ化カリキュラム阻止、研究会部室を勝ち取ろう。」

午後、羽仁五郎講演会に応援団等の体育会系学生による執行部襲撃が起こる。

四月　当局に『日大経短学生会自治会委員長小俣哲郎、伊藤堅』名にて第二学生会設立の「上申書」が 提出されていた。（当局記録より発見。提出された日時等不明）

「上申書」趣旨

一、現経短学生会脱退に関する件

一、新経短学生自治委員会設立に関する件
「現在の経短学生会を脱退し、新たに経短学生自治委員会を設立する」

小俣、伊藤、臼田、田中（日大理事長）（いずれも執行部襲撃を先導していた者達である～戸田調書）他署名の上、一五六人の署名を添付。

「藤原執行部の無制限の自治若しくは越権行為を放置できない、我々の就職戦線確保及び日大の伝統に鑑みて学園紛争を阻止したい。基本的人権と結社の自由により同好の志による学生会の結成ができる」

当局の対応
この申請に対し、経済学部教授会は「公認団体が二つになることの後日のトラブルを避ける」ため申請者に対して具体的対応はしなかったようである。（当局記録より推測）
＊私たちの知らなかったこの上申書は、藤原執行部を襲撃した直後に提出したと思われる。それは、
○暴行現場で、藤原執行部員に〝解散同意書〟への署名を暴力で強制している。
○藤原執行部へ暴力的攻撃を行った多くの者達が連判署名している。
○藤原執行部は暴力的攻撃を受けたが、この時点では学部の処分を受けるであり、まだ執行部は存在していた。
彼らは、上申書に「学生会委員長」を名乗っていることから、クーデターもしくは第二執行部の設立を目的としていたと思われる。彼らの上申し

た「第二執行部設立」が学部教授会において認められなかったことから
この後に当局と中執による「後藤代行執行部設立」の策動がされたと思われる。

藤原執行部員は全員無期停学等の処分を受けて執行部活動停止。

学部内に「戸田調査委員会」設置される（後、古田により途中で解散させられる。）

＊「藤原執行部関係資料」（学友達に対する藤原執行部活動の経過報告ビラの一例）

四月二五日

執行部破壊に対する「研究会の学友への討論呼びかけ」の筆者のビラ

この時期は研究会員に訴える、討議資料のビラが多かった。

「研究会の皆さん、応援団の暴力事件、学生会の不当解散・処分は私たちに無関係でしょうか。私たちが本当に有意義な研究活動、学生生活を願うなら、この問題には無関係ではいられない、問題を克服し自ら解決していかねばならないでしょう。」

１　大学とは——不当処分の意味するもの

「大学はどういう場であるのか。私たちは「肩書を得るため」「広く社会を知りたい」とかいう入学した時の考えでいいのか。この考えで大学生活の四年を終えるなら、何の得るところもなしに終わってしまうだろう。大学の授業、研究活動、ゼミ活動は、学問を通じての真理探究（社会に現れる事件、動向の本質、原因を理論的・体系的に究明する）と社会批判の目として存在する。私たちの社会を人間疎外、軍国主義化等の傾向から脱皮し、人類の平和的福祉的発展へ向け、方向性を与えるのが学問である。私たちはこの社会的・歴史的機能を持つ大学で学問研究の意義と任務を持ち各々活動する。しかし学問研究、発表等の自由が保証されなければならない。大学側パンフは「日大には日大の自治があり、日本精神により行われる」と述べている。経営者は我が国資本主義の発展に対応して大量入学を行い、表向き日本精神を看板に学問研究、発表等の自由が認められている如く見せ、その実学問の場が利潤追求の場と化し、研究・発表等の自由を破壊し、授業のマンネリ化とその機能を否定している。日本精神による「大学自治」は、私たちをロボット化し、健全な学問的精神を隠蔽している。この機能は大学に学ぶ者により守られねばならず、個々には学問の深化と人間性の陶冶を、総体としては社会批判の目として社会発展に帰衣する。この機能を守って行くのは、大学に学ぶ私たち一人ひとりである。現状を克服して行こう。

2　研究者とは

「大学は真理探究の場で学問、文化の創造を図り、社会批判の機能を果たし、高い教養と社会に対する積極的態度を養う。研究会は大学機構の中で広く学問的精神を持って活動を展開し、学問と研究のために共通の問題下に学生が自主的に共同で研究を行う場である。研究会活動は自治活動の一貫であり、研究会内部の自己満足に終わることなく、現実社会との密接な問題を捉え、研究会の殻に閉じ込めることなく公開し、社会に還元しなければならない。

この大学は学生会解散・処分に見られるの通り、研究活動における学問・研究の自由が破壊され、応援団等の暴力学生を利用し、学生間の対立に見せかけ本質を隠蔽している。学生会は全学生、研究会の代表機関、私たちの支持の元に、研究活動の自由を守るべく活動をしてきた。学生会解散・処分は芝進闘争からの……自治活動の根を断ち切り、研究会の活動を学校の意のままにしようとする現れだ。部の顧問教授再編、部員募集・部室移転への介入、学生会解散への討議・集会禁止、クラス討論への攻撃等、学校側を正当化し事実を知らせぬ一方的見解（パンフ）は、私たちのためにやっているかに見せかけ、私たちの目を学生会問題から離し、私たちを抑えようとしている。」

３　学生会解散の意味するものは

「学校が暴力学生と……学生同士の対立に見せかけ……仲裁して既に学生会決議で解散した応援団の解散を命じた。学生会は私たちの代表として大学の機能を守り発展させる活動をしてきたことを否定するもので、学則は大学の自治を守るのでなく、私たちの研究と自治活動を抑え付けるもので、研究会を支配することを狙っている。

……私たちがこの問題から遠ざかり黙したら、私たちの学生生活はまたもや無気力化した活気のないものとなってしまう。

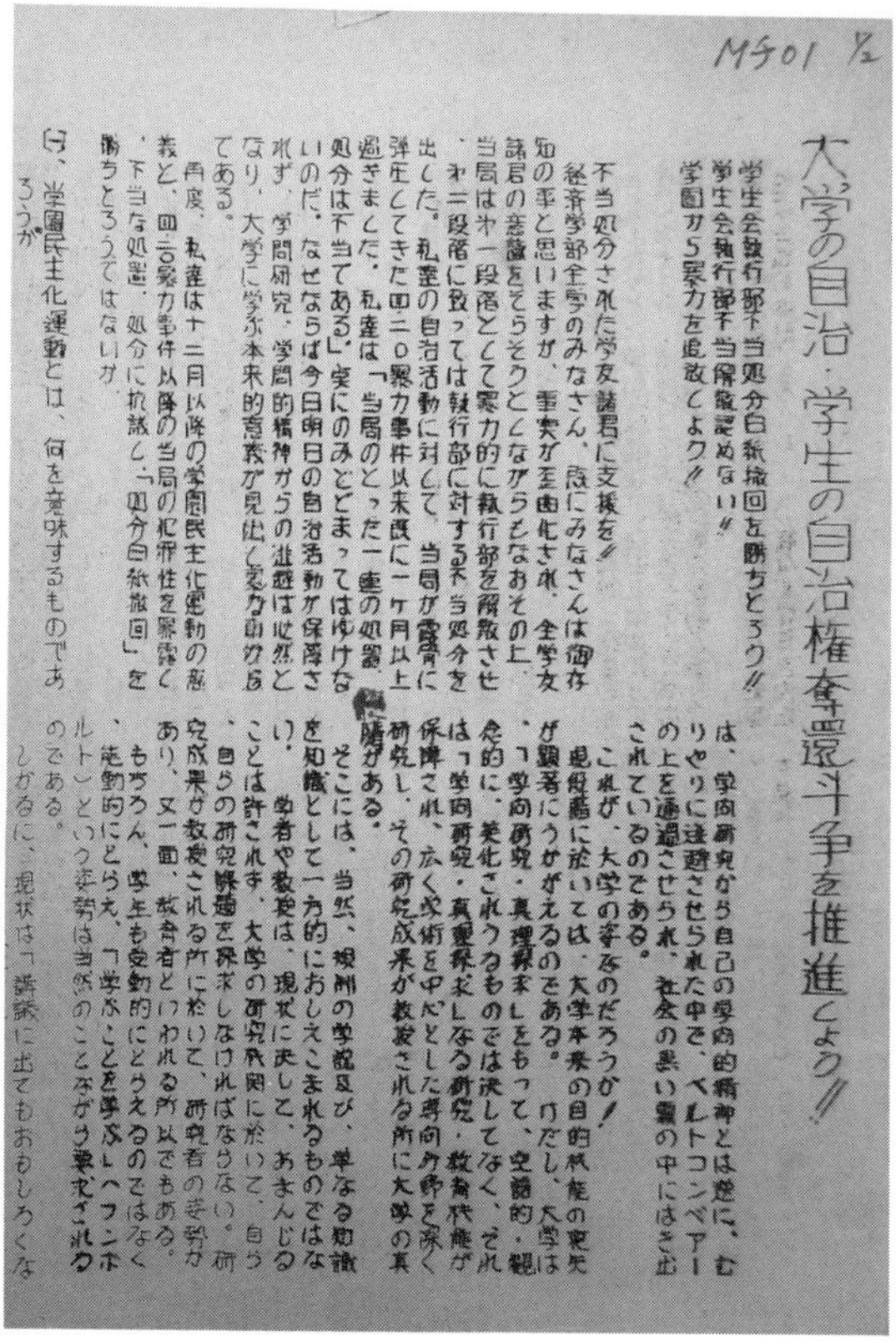
MF01 1/2

大学の自治・学生の自治権奪還斗争を推進しよう!!

学生会執行部不当処分白紙撤回を勝ちとろう!!

学生会執行部不当解散認めない!!

学園から暴力を追放しよう!!


不当処分された学友諸君に支援を!!

経済学部全学のみなさん、既にみなさんは御存知の事と思いますが、重要な事実が歪曲され、全学友諸君の意識をそらそうとしながらもなおその上、当局は第一段階として暴力的に執行部を解散させ、第二段階に到っては執行部に対する不当処分を出した。私達の自治活動に対して当局が露骨に弾圧してきた四・二〇暴力事件以来既に一ケ月以上過ぎました。私達は「当局のとった一連の処罰処分は不当である」。単にのみとどまってはゆけないのだ。なぜならば今日明日の自治活動が保障されず、学問研究・学問的精神からの逃避は必然となり、大学に学ぶ本来的意義が見出し得ないからである。

再度、私達は十二月以降の学園民主化運動の意義と、四・二〇暴力事件以降の当局の犯罪性を暴露し、不当な処罰・処分に抗議し「処分白紙撤回」を勝ちとろうではないか。

（続）、学園民主化運動とは、何を意味するものであろうか

は、学問研究から自己の学問的精神とは逆に、むりやりに逃避させられた中で、ベルトコンベアーの上を通過させられ、社会の黒い霧の中にはき出されているのである。

これが、大学の姿なのだろうか！

現段階に於いては、大学本来の目的機能の喪失が顕著にうかがえるのである。ただし、大学は「学問研究・真理探求」をもって、空論的・観念的に、美化されうるものでは決してなく、それは「学問研究・真理探求しうる研究・教育機能が保障され、広く学術を中心とした専門分野を深く研究し、その研究成果が教授される所に大学の真髄がある。

そこには、当然、規制の学説及び、単なる知識を知識として一方的におしえこまれるものではない。学者や教授は、現状に決して、あまんじることは許されず、大学の研究機関に於いて、自らの研究課題を探求しなければならない。研究成果が教授される所に於いて、研究者の姿勢があり、又一面、教育者といわれる所以でもある。

もちろん、学生も受動的にとらえるのではなく、能動的にとらえ、「学ぶことを学ぶ」（ヘフンホルト）という姿勢は当然のことながら要求されるのである。

しかるに、現状は「講義に出てもおもしろくな

筆者のビラの一枚

そうしたことは、社会批判の目を失い、人間疎外の、退廃した、権力と暴力支配の、民主主義を否定するものとなろう。私たちは、学生会の解散・処分問題を自分の問題として仲間と話し、団結しようではないか。問題を一人ひとりが知り、クラス、研究会の仲間に伝え、討論しよう。討論は学生の生命である」。(以上、筆者、文意要約)

私たちは、藤原執行部支持の活動の中で多くの学友たち、サークル、ゼミ生たちと意見交換や想いの交流を行っていった。そして徐々に学友との連帯をはぐくみ、次の闘いに向けた行動を準備できた。またその行動が、日大全共闘の組織形成の源流になったと言える。

(そして、徐々に闘争の方向へ向かうが、まだ討議的ビラが多い)

大学の自治・学生の自治権奪還闘争を推進しよう!
学生会執行部不当処分白紙撤回を勝ち取ろう!
不当処分された学友諸君に支援を!
学生会執行部の不当解散を認めない!
学園から暴力を追放しよう!
学生証検査を即時やめさせよう!
告示の内容を全学生の前に明らかにせよ!

第5章　闘いの三代目　秋田学生会執行部誕生と別動隊の行動開始

(1)　藤原執行部崩壊による空白の政治闘争

藤原執行部を集団暴力と当局処分で破壊された私たちには、学生会活動の空白と先の見えない政治闘争期間が待っていた。しかし、この間の闘いは、私たちにとってこの大学の本質を見据えて、これからの闘いに必要な準備を整える期間となった。

一九六七年五～六月、藤原執行部破壊による空白状況に本部中執の奥山委員長が介入してきた。私たちは奥山委員長の「執行機関として学部学生会の復活が必要である」との説得に〃合意〃し、奥山委員長と吉田経済学部長との交渉にゆだね、学生委員会及び総合部会を招集するための執行機関として「議長団」を設置する承認を得た。そして早速学生委員会を招集してその選挙により、議長は中執系となるも私たちの有志を多数とする「議長団」を選出した。

私たちは、議長団において「藤原執行部支持・処分撤回」方針を堅持するも、やがて当局と中執の策動により「傀儡・後藤執行部」が登場し、当局容認の下に一方的に活動を始め、当局は学生会予算の使用を認めた。しかし私たちは、後藤執行部が招集した一〇月の「学生委員会」でこの「後藤執行部解散」を決議して解散させた。

私たちは再び学生自治会執行部を失った。

本部学生会中央執行委員会（中執）は、各学部学生自治会の上部機関として日大本部に会室を有する、日大本部体制そのものの学生会中央組織であった。自民党青年部右派的活動家であり本部中執の委員長であった奥山氏は、正に日大中執のボスとして〝学生ならざる〟類まれなる風格と弁舌を有していた。私たちは、氏より「執行機関を持たなければ学生会活動は何もできないであろう。中執として学部長と交渉するので同意してほしい」と持ち掛けられ、その〝交渉〟は当然本部の意向に沿った内容で行われるであろうことを想定した上で私たちはその提案にのり、交渉結果の執行機関を選出するための「議長団」選出に同意した。そして、「議長団」の議長は奥山氏の指名者を受諾しながら、議長以外の構成員は私たちの有志を選出した。

六月五日　学生委員会召集～議長団選出

議長団：大野、＊石垣鉄平、＊後藤臣彦

書記：＊広瀬幸一、＊鈴木一雄　（＊は私たちのメンバー）

六月二一日　学生委員会中執より、「後藤代行執行部」設立を提案される。奥山委員長より「闘争勝利のためには妥協も必要である」との説得を受ける。

私たちは、本部中執と当局の策謀を承知し、学生委員会に置いては十二分に議論し、藤原執行部支持の方針を堅持し下記決議した。

決議　集会・クラス討論会の自由を認めよ。

教授会・藤原執行部・学生による公開討論会を要求する。

藤原執行部解散の取り消しと四月二〇日の暴力学生の処分を要求する。

学生証検査・入校検査の中止を求める。

六月二三日　藤原執行部を支持し、新執行部は選出しない。
学生委員会議長団の大野議長が、「後藤代行執行部」の承認を強行しようとするも、これを阻止する。
＊後藤君は元藤原執行部員であるが、当局より先行して処分を解除され、一方的に「代行執行部委員長」を名乗った。

六月末～七月初　中執、藤原執行部員、一部研究会員より、私たちは「後藤代行執行部」承認への懐柔と恫喝を受ける（藤原執行部員も一部の者は籠絡され当局側となっていた）

七月四日　後藤君と中執は議長団有志へ「学生委員会」開催を要求するもこれを流会させる。
大野議長以外の議長団有志は「藤原執行部支持」を堅持した。

七月五～八日　後藤君より当局へ「代行委員長就任」届あり、当局はこれを受理・承認した。当局側は学生会女子部に対し、研修会費の支払を交換条件に代行執行部の承認と菅平研修会への出席を強要するも、これを保留（実質拒否）。

七日一〇日　後藤君は「代行委員長就任」の一方的声明文を発表。
中執、奥山委員長は「代行執行部」支持表明を発表。
当局は、後藤代行執行部に予算（学生会費）凍結を解除し活動を認める。
＊私たちの学生委員会、議長団は、四月二〇日の暴力事件の究明と藤原執行部の処分撤回を要求している中で、中執及び当局は学生委員会の決議を経ずに、自らの傀儡たる「後藤代行執行部」を認め、学生会予算の使用を認めた。
＊当時筆者たちは、奥山委員長、当局の意向を受けた研究会員等より、「学生会の復活が第一義だから、〝闘いに勝利するためには〟妥協が必要である」旨、度々

説得を受けたメモがある。しかし、私たちは手順的には妥協しながらその策動にはのらず、実質的には、闘う議長団（学生委員会、総合部会召集権）を勝ち取っていった。

七月一五〜一九日　「後藤代行執行部」による「菅平研修会」が行われる。「議長団石垣鉄平」名で研修会ボイコットを呼びかける。多くの研究会員、学級委員、有志は結束してこれをボイコットした。（研修会への出席率は約一〇％）

当時の日大本部と経済学部の勢力・人脈と中執奥山登場の経緯分析メモ

四月の集団暴力事件以降、本部加藤理事らの暴力肯定武闘派と古田派の微妙な方針の違いが発生し、体育会系もその影響を受けていること。経済学部では従来吉田学部長は若手教授たちの支持を得ていたものが、古田の配下に入ったことにより学部内の勢力分布が変わり、「小林派」の台頭と「井出学生指導委員長、木村副委員長の〝日和〟」もあり「暴力学生の処分ができなかった」こと、また古田・吉田学部長の意向により中執の奥山委員長が介入してきたことがメモされていた。（どうやって調べたかの記憶がない。大雑把な分析メモ）。

＊奥山介入後の懐柔と当局側先輩たちの恫喝、後藤執行部への対策等の筆者メモ。この頃は本部学生会室に行き奥山氏と頻繁に〝面談〟していた。（奥山氏の強烈な態度とその印象は今も忘れない）。

＊奥山提案による「議長団」設置は当然当局寄りの方針を策定する意図であろうとの予測で、学生委員大会で委員長以外の委員四人に我々の学友を選出し、実質的に議決権を奪取するべく方針を検討したメモ。

八六頁は議長団選出の報告と、七月一〇日「後藤代行執行部」の一方的登場への筆者抗議ビラである。

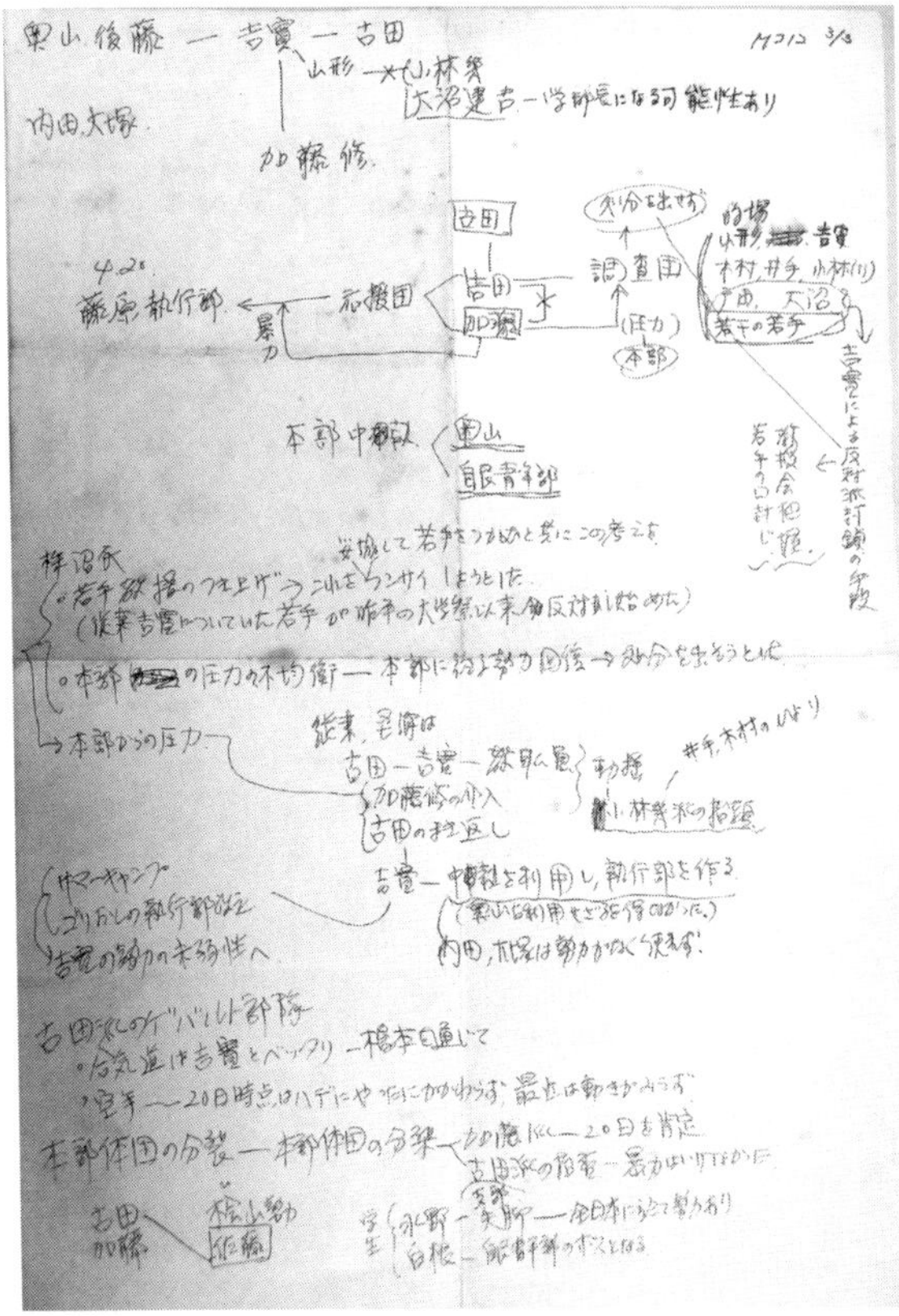

学生会中執の奥山委員長介入への分析メモ

九月一五日

後藤委員長名で「学生会新聞（創刊号）」が発行される。

九月二八日

〝後藤執行部〟による学生委員会・総合部会が召集されるもボイコットし、流会させる。

一〇月五日、六日、九日、一一日

〝後藤執行部〟の学生委員会召集を流会させる。

一〇日一四～二一日　〝後藤執行部〟招集の学生委員会において、「後藤君による代行執行部を認めない（否認）」を決議する。

そして三崎祭実行のため「実行委員会」設立を決議し、当局に承認を要求する。

当局は「三崎祭実行委員長は、学生会委員長がなる」規約を縦に「代行執行部の成立若しくは規約の改正」が必要であることを理由に「三崎祭実行委員会」を認めず。

一〇月二五～二六日　学生委員会にて「三崎祭実行委員会」委員長に秋田明大を選出する。学生委員会は、「藤原執行部の解散を認めない、代行執行部の承認或いは規約改正はあり得ない」ことを主張し、三崎祭の開催を要求。当局は「三崎祭」ではない「学園祭なら承認する」を提案し、一部の学生は賛同。

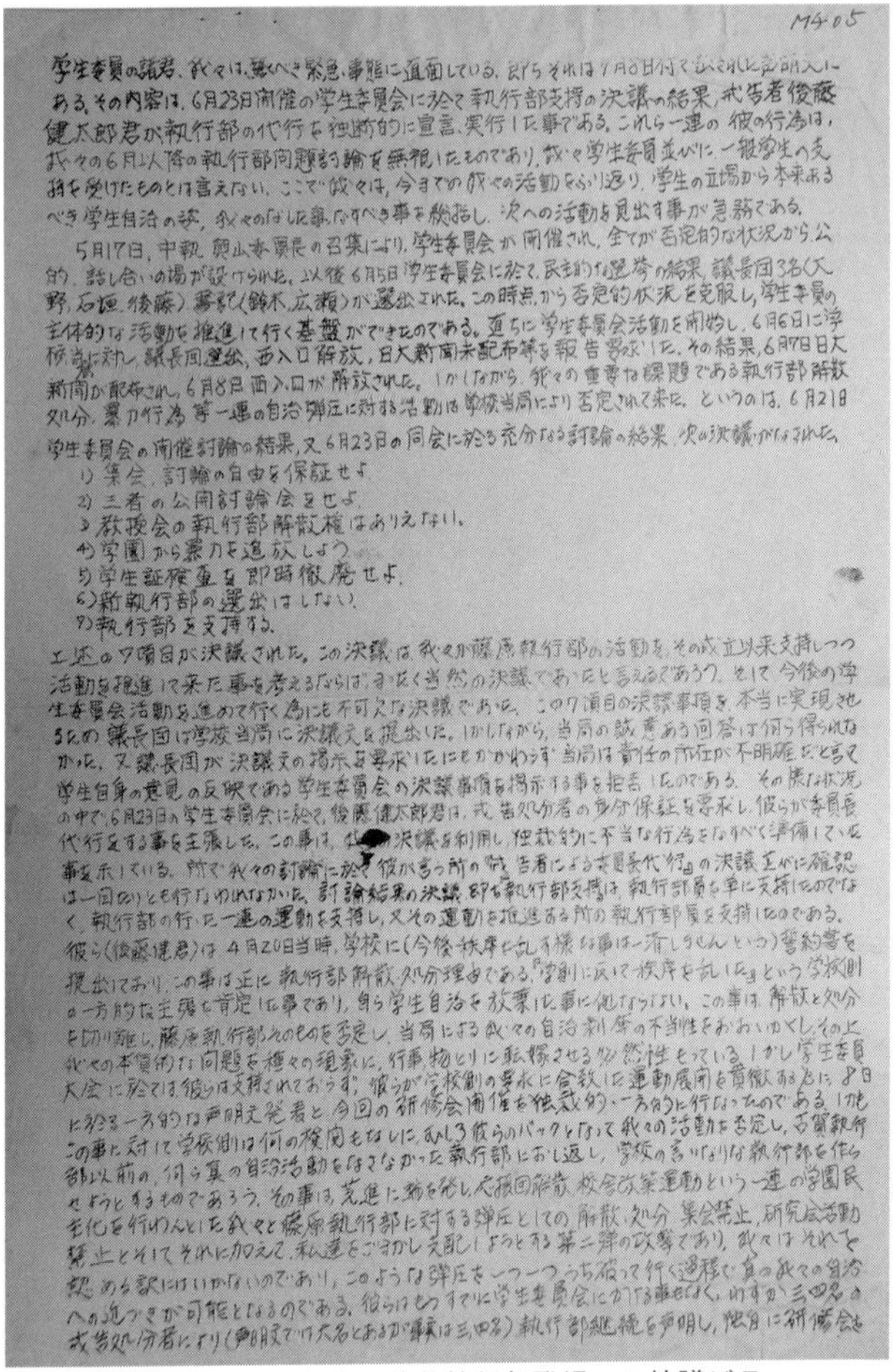

M405

学生委員の諸君、我々は驚くべき緊急事態に直面している。即ちそれは7月8日付で出されたと声明文にある。その内容は、6月23日開催の学生委員会に於て執行部支持の決議の結果、戒告者後藤健太郎君が執行部の代行を独断的に宣言、実行した事である。これら一連の彼の行為は、我々の6月以降の執行部問題討論を無視したものであり、我々学生委員並びに一般学生の支持を受けたものとは言えない。ここで我々は、今までの我々の活動をふり返り、学生の立場から本来あるべき学生自治の姿、我々のなした事、なすべき事を総括し、次への活動を見出す事が急務である。

5月17日、中執、奥山委員長の召集により、学生委員会が開催され、全てが否定的な状況から公的、話し合いの場が設けられた。以後6月5日学生委員会に於て、民主的な選挙の結果、議長団3名（大野、石垣、後藤）書記（鈴木、広瀬）が選出された。この時点から否定的状況を克服し、学生委員の主体的な活動を推進して行く基盤ができたのである。直ちに学生委員会活動を開始し、6月6日に学校当局に対し、議長団選出、西入口解放、日大新聞未配布等を報告要求した。その結果、6月7日日大新聞が配布され、6月8日西入口が解放された。しかしながら、我々の重要な課題である執行部解散処分、暴力行為等一連の自治弾圧に対する活動は学校当局により否定されて来た。というのは、6月21日学生委員会の開催討論の結果、又6月23日の同会に於ける充分なる討論の結果、次の決議がなされた。

1) 集会、討論の自由を保証せよ
2) 三者の公開討論会をせよ
3) 教授会の執行部解散権はありえない。
4) 学園から暴力を追放しよう
5) 学生証検査を即時撤廃せよ
6) 新執行部の選出はしない。
7) 執行部を支持する。

上述の7項目が決議された。この決議は我々が藤原執行部の活動を、その成立以来支持しつつ活動を推進して来た事を考えるならば、まさしく当然の決議であったと言えるであろう。そして今後の学生委員会活動を進めて行く為にも不可欠な決議であった。この7項目の決議事項を本当に実現させるため議長団は学校当局に決議文を提出した。しかしながら、当局の誠意ある回答は何ら得られなかった。又議長団が決議文の掲示を要求したにもかかわらず当局は責任の所在が不明確だと言って学生自身の意見の反映である学生委員会の決議事項を掲示する事を拒否したのである。その様な状況の中で、6月23日の学生委員会に於て、後藤健太郎君は、戒告処分者の身分保証を要求し、彼らが委員長代行をする事を主張した。この事は、我[illegible]決議を利用し、独裁的に不当な行為をなすべく準備していた事を示している。所で我々の討論に於て彼が言う所の『戒告者による委員長代行』の決議並びに確認は一回たりとも行なわれなかった。討論結果の決議、即ち執行部支持は、執行部員を単に支持したのではなく、執行部の行った一連の運動を支持し、又その運動を推進する所の執行部員を支持したのである。

彼ら（後藤健君）は4月20日当時、学校に（今後秩序を乱す様な事は一切しませんという）誓約書を提出しており、この事は正に執行部解散処分理由である『学則に反して秩序を乱した』という学校側の一方的な主張を肯定した事であり、自ら学生自治を放棄した事に他ならない。この事は、解散と処分を切り離し、藤原執行部そのものを否定し、当局による我々の自治剥奪の不当性をおおいかくし、その上我々の本質的な問題を種々の現象に、行事物とりに転嫁させる必然性をもっている。しかし学生委員大会に於ては彼らは支持されておらず、彼らが学校側の要求に合致した運動展開を貫徹する為に8日に於ける一方的な声明文発表と今回の新修会開催を独裁的、一方的に行なったのである。しかもこの事に対して学校側は何の検閲もなしに、むしろ彼らのバックとなって我々の活動を否定し、藤原執行部以前の、何ら真の自治活動をなさなかった執行部におし返し、学校の言いなりな執行部を作らせようとするものであろう。その事は、昨年に端を発し応援団解散、校舎改築運動という一連の学園民主化を行わんとした我々と藤原執行部に対する弾圧としての解散、処分、集会禁止、研究会活動禁止とそしてそれに加えて、私達をごまかし支配しようとする第二弾の攻撃であり、我々はそれを認める訳にはいかないのであり、このような弾圧を一つ一つうち破って行く過程で真の我々の自治への近づきが可能となるのである。彼らはもうすでに学生委員会にかける事もなく、わずか三四名の戒告処分者により（声明文では六名とあるが事実は三四名）執行部継続を声明し、独自に新修会を

議長団選出報告と後藤執行部登場への抗議ビラ

（2）秋田明大との出会いと闘いへの準備

（イ）多くの仲間との出会いと三崎祭闘争

経済学部校舎の八階には中廊下を隔てて研究会の部室が並んでいた。確か筆者の「綜研」の向かいは社研、方法論研究会、廊下側にYMCA研究会、理論経済研究会、児童文化研究会、茶道文化研究会などがあり、授業が終わると皆研究会室に集まり、それぞれの活動をしていた。

一九六六年の古賀執行部と藤原執行部への弾圧の体験を経て多くの学友たちと知り合った私たちは、三年生として部活動の中心になり、藤原執行部崩壊後の学生会奪還に向け、活動を始めた。

互いに意見の違いはあったが、議長団メンバーの石垣（経営学研究会）、後藤（社研）、書記の広瀬（社研）、鈴木（合唱団）や石田（茶道部）、戸部（綜研）、鳥越（YMCA研究会）、田中（児童文化研究会）、上田、岡本（理論経済研究会）、岸（釣和会）、水登（社研）たちとほとんど毎日顔を合わせ、一緒に行動をした。そしてこのメンバーの中に、時折秋田君（社研）がいた。彼はどちらかと言えば普段学外の活動に出ていて、学内で頻繁に会うことはなかった。

しかし、四月二〇日の暴力事件の場で毅然として私のすぐそばに立っていた彼の姿は目に焼き付いた。その時まで私は、藤原執行部員だった同学年の川上（秋田と同じ社研）と親しく、川上が暴力により二か月半入院の負傷を負い、これを機会に秋田と親しくなり、共に行動するようになった。私たちは後藤傀儡執行部を解散させた後も藤原執行部の処分撤回をできなかったので、やがて来た秋の「三崎祭」は「実行委員会」で開催することとし、秋田を実行委員長として「三崎祭開催」の承認を当局に要求した。

筆者の綜合経済研究会にも及んだ当局の懐柔

共に行動してきた筆者の部の副部長や部員、他の研究会の部長、部員、学友たちがいつしか私たちと違う意見を言う。学生委員会、サークル部会等でそれぞれの意見を集約して一本化を図ろうにも、当局寄りの〝それは手続きが必要だ〟、〝学則を守らないと〟、〝それは過激である〟等々。理研部長のT君、我が綜研のS君、TR君等、それぞれ理論家の者たちが〝皆のために違う方針〟を述べる。研究会のみか、クラス委員会、総合部会等の意見集約ができず、活動方針を出しにくくなって相当てこずった時期であった。

しかし状況が私たちを支えてくれた。私たちは一貫した学園民主化方針の下、状況に対応して議論をし、行動をしていた。やがて学友たちから「彼はよく学生課に入って行く」のみならず「当局のご褒美を頂いている」などのうわさが耳に入る。特に理論家であった我が部の副部長や理研部長であったT君などは学内で相当の影響力があり、委員会の議論と方針の集約に本当にてこずった記憶がある。そのT君はバリケード構築後に当局とたもとを分かち闘争に参加して先頭部隊に立ったが、我が部の副部長は大学に就職をして見事に昇進を果たしている。この時期は、身近に当局の分断工作を感じた時期であった。

三崎祭実行への私たちの主張——三崎祭を断念

当時私たちは、藤原執行部処分撤回による自治権の奪還と三崎祭の開催を目標にしていた。そのため私たちは、正当に選ばれて不当に停学処分を受けた藤原執行部以外の執行部は認めない→藤原執行部の処分を撤回しないなら実行委員会で三崎祭の開催を認めろ→当局は学生会以外による開催は学生会規約外であり認めない、〝学園祭〟なら認める→私たちの自治活動たる三崎祭である→結果は当局の恫喝を受けて三崎祭を断念→当日は校舎泊まり込みで三崎祭をボイコットし、翌日は同盟登校を行った。

＊三崎祭闘争（研究会へのオルグ、票読みメモの一部→結果は体育会系の一部を除き全部が支持

した）。

＊一〇月二八日、観光閣の三崎祭団交総括会議で状況分析・方針討議（体育会系一サークルを除き全サークルが支持。二〇〇人団交、六〇人泊込み・ボイコット、以降、学生委員会を招集↓大衆運動を図る方針）。

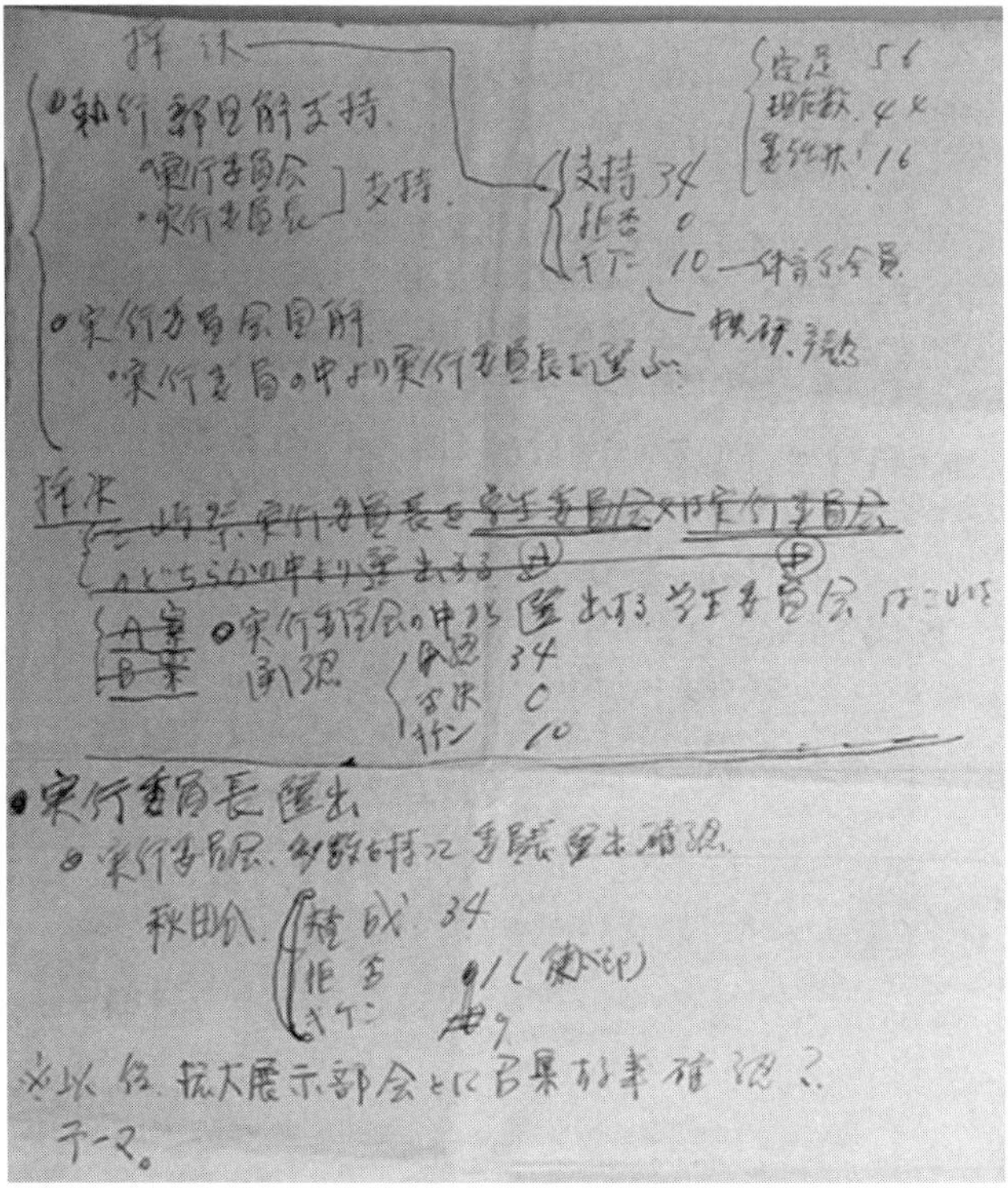

三崎祭実行委員長に秋田明大を選出した時の筆者メモ

＊闘争方針確認～秋田実行委員会を突き上げながら、研究会、学生委員会を中心に団交及びボイコット、同盟登校、集会など、実行委員会を支援する行動方針が記録されている。

＊実行委員会の一部に当局の圧力に消耗して妥協を目指す動きがあり、前ページの方針を堅持して闘うべく議論し、ゲバルト対策レポや役割分担をしたメモ。（丸井は筆者）

一〇月二七日　「三崎祭」開催に向けて、約七

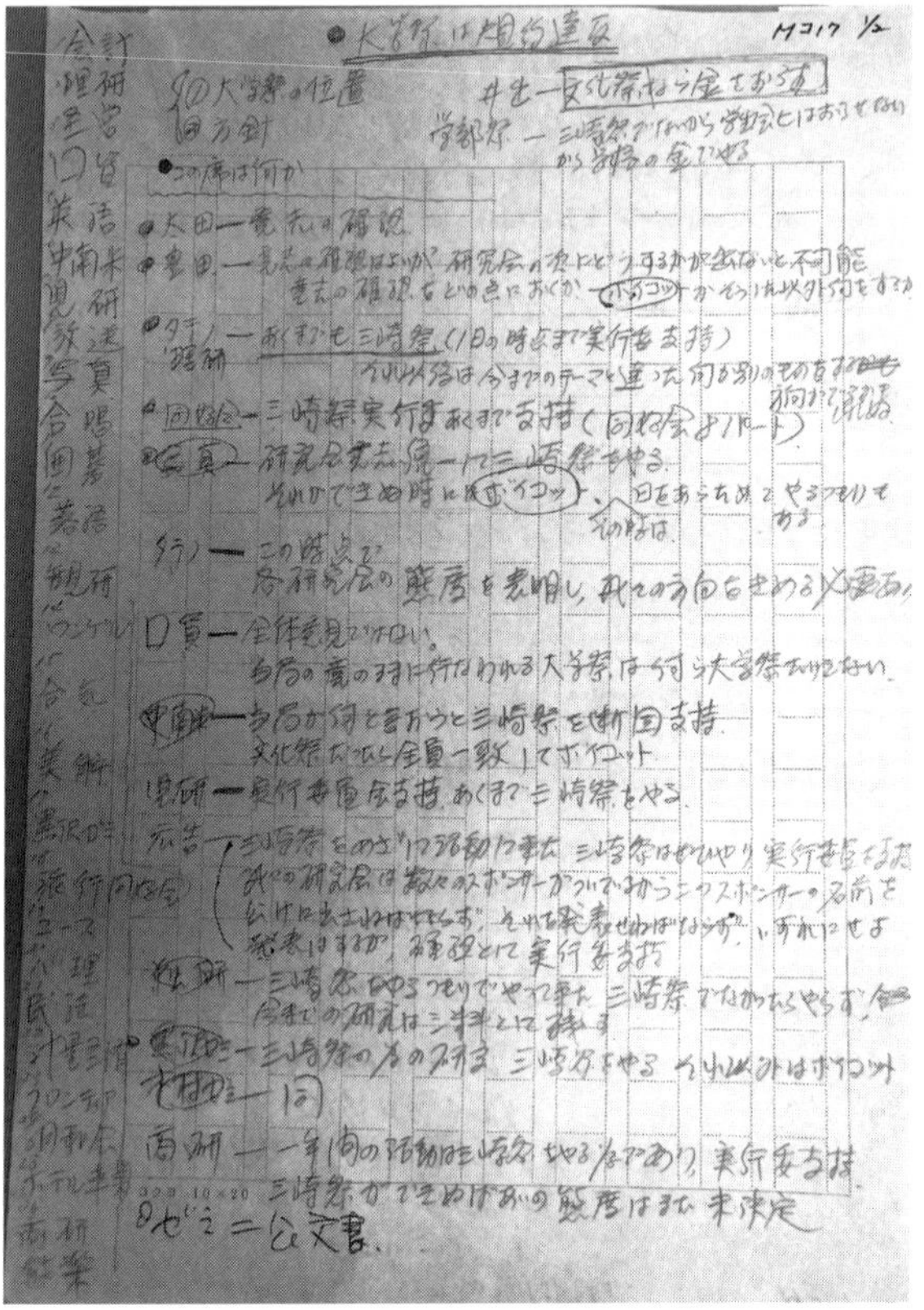

研究会へオルグ、三崎祭票読み

〇人の学生が学内泊まり込み、準備を行う。

一〇月二八日　「三崎祭」開催に向け約二五〇人の学生により当局と大衆団交〜当局は途中で会場から退場（逃避）した。

一〇月三〇日　学生委員会開催、当局より条件提示された「規約改正若しくは代行執行部委員長選出」拒否、約二一〇人の学生が抗議して学外退去。

一〇月三一日　学生委員会、拡大展示部会開催に四二〇人結集、三崎祭開催を断念して学外退去。

一一月一日　三崎祭開催予定日〜三崎祭を断念（ボイコット）。一〜三日同盟登校して総括集会。

一一月　学生委員会「藤原執行部活動、決算、活動報告」承認〜藤原執行部解散。

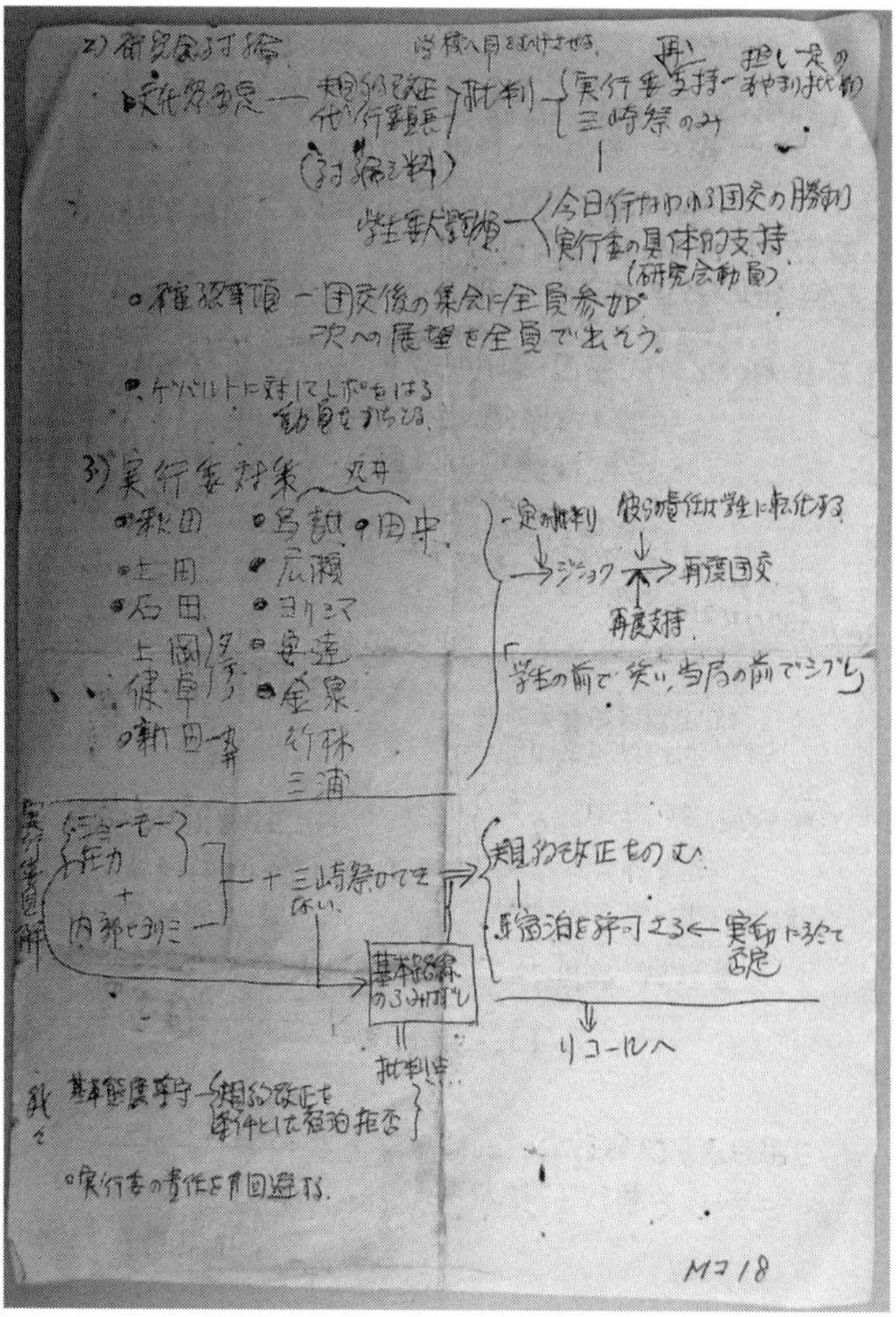

三崎祭団交への役割分担（丸井は筆者）

一二月九日　学生委員大会において「秋田学生会執行部（秋田委員長）」を選出。

（ロ）学生会委員長への立候補を止めて秋田明大を推薦し、別動隊を組成

やがて私たちの代の「学生会委員長選出」の時期が来た。しかし委員長選に立候補するべき私は、「自分たちの学生会執行部は間違いなく暴力攻撃を受けて破壊され、当局に処分される」、「その時にこそ私たちは決起しなければならない」が、「私が委員長であったとしたら行動には制約があり、執行部を破壊された時に誰が立ち上がれるか」を考えていた。

私は前二代執行部活動の反省をして自分は学生会委員長に立候補をせず、学園民主化への確固たる信念を有する秋田君を委員長にして裏で支えながら執行部外の行動部隊を組織して、〝その時にこそ立ち上がらねば〟と考えた。

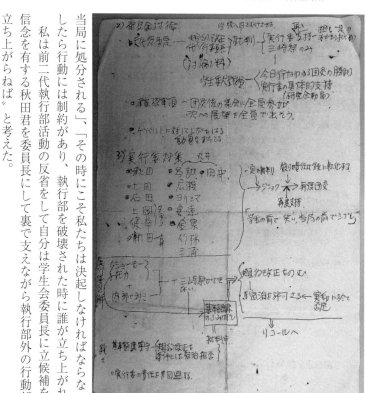

そして、阿佐ヶ谷の秋田君の下宿で彼手作りの〝美味いとは言えない飯〟を食いながら、彼に「学生会委員長への立候補」を薦めた。

私は、「君を絶対に支える」と約束をして執行部員を私たちの学友で固め、各部やクラス委員の票を取りまとめていった。そして私は共に行動していた戸部君と学生会執行部には入らず、戸部、川上君や綜研の加藤、米丸君他の後輩たちと執行部外の「別動隊（名もなき非公然部隊）」を組織した。

振り返ってみるとこの時の闘いへの準備と行動が、日大闘争の　始まりへのきっかけになったと思う。

経済学部の学生会委員長は代々綜研から出ていた。一九六四年、奥田氏、六五年、内田氏、六六年、古賀氏、六七年、藤原氏たちである。このため筆者は部室や行きつけの喫茶店で先輩たちの学生会活動の状況をいつも聞かされ、活動に係わることになった。そして六七年秋、私たちの代の学生会委員長を決める時期になったが、藤原氏は四・二〇事件の無期停学処分により学内に復帰していなかったため、当時院生であった古賀氏が部室に度々見えて筆者に対し「君は委員長に立候補をして、学園民主化のために学生会活動をして欲しい。全面的に応援する」と言われていた。

しかし私は学園内の活動は行うものの、私の代で必ず起こるであろう当局と暴力部隊一体の弾圧にどう対処をするか、その時に委員長の立場では行動に制約があり、事態には対応できないと考えていた。

私は前文の通り、秋田君を委員長に推薦して立候補をしないことを古賀氏に報告をした。私はこの時期まだどのように活動をするかの具体策は無かったが、私の代の学生会執行部は必ず襲われて破壊される、その時のために執行部外の「行動部隊」をつくろうと考えた。しかし同時に、学内の強力な治安部隊に対して後の「別動隊」の行動で状況を変えられるとも思えず、展望なき状態だった。

この私の〝具体策無き委員長に立候補しない〟報告を聞いて、古賀氏は半ばがっかりしていた。

しかし、その後は予想通りの厳しい状況と、予想をはるかに越える事態の展開が待っていた。

「お前は狙われている」いつも隣に学友ボディガード。「胴衣」をつけて天気が良くても傘を持つ

「お前は狙われている。危ないから、学内では俺が一緒に行動をする」。学内に不穏な空気が垂れ込めはじめ、右翼学生の威圧が増してきたある日、同年の学友であった少林寺拳法部長の確か迎君が、体育会情報により私を心配してそう言ってきた。

そして、学内では一人での行動を極力避けた私に彼が絶えず私と一緒に行動をして、防護役をしてくれた。階や教室の移動、集会、会合でいつも私の後ろに立ち、色々な場面で私の隣に座る彼の行動は、何とも言えない心強い思いだった。当時は、学外での個人テロは社会事件化するが、学内は正にいつ暴力に襲われるかわからない治外法権的無政府状態だった。私は、彼の「ボディガード」により学内で襲われずに行動できたのだと思う。

その彼に「お前は下宿に帰る時、この防具（胴衣）をつけて必ず傘を持って歩け」と言われて、私はいつも服の下に胴衣を着けてお腹周りを膨らまし、天気が良くても頑丈な傘を持って歩いた。本人は気にしてはいなかったが、体育会系情報によるかなり危険な状況だったのかもしれない。

その迎君とはアルバイト先まで一緒だった。やがて傘を持って歩くのは筆者の常習になり、後々まで続く私の習性になった。思い出すと、本当に彼の好意への熱い思いとして、心に残っている。私は、今も時折あの時の迎君を思い出す。

（八）一九六八年春の闘いを想定したハードな綜合経済研究会の合宿

筆者が二年生の時に経験した綜研の合宿は、古賀氏の「回顧録」にあったように、もの凄くハードだった。部室での日常の学習でも曖昧な回答をすると、古賀氏、草原氏、村井先輩たちの鋭い質問を受ける。それが合宿では朝の八時から始まり、夜の九時まで学習が続く。

あの難解な『資本論』の解説、「日本経済論」、「中小企業論」等の解釈と質疑が続く。当時の綜研・

木村ゼミ生の先輩たちの、学問へ取り組む本当の凄さを感じさせられた。

二〇二〇年、我が家の物置から見つけた「先輩たちから頂いた日記帳」に、先輩たちの「詞書《ことばがき》」が記されていた。当時の綜研の雰囲気が感じられるので、その一部を記す（二一九頁）

＊一九六八年春の合宿は、綜研としての原論の読学と経済史等の分析・議論を部員たちと行った。しかし私は、四月から始まるであろう当局との闘いを考えざるを得ず、昼は綜研として部員たちと本来の研究を行い、夜は大学における学問の意味やあるべき姿について議論をし、我が大学の現状と自分たちの役割を議論した。そして合宿後に彼らは学内に戻り、学園民主化への運動の前線を担っていった。

政治党派色を避けた闘いを目指して、副部長たちが来なかった合宿

私は四月から始まるであろう闘いでは、秋田執行部を支える行動部隊として一般学友たちへの呼びかけが必要であり、その呼びかけは政治党派（セクト）的主張や闘争理論を避けて、あくまでも「大学の不正追及と学生自治・学問の場としての自由と学園の民主化」を訴えることを考えていた。当時の日大においても学内には複数のセクト員が存在はしていたがいずれも行動能力をもたず、なによりも一般学生たちは政治的主張やセクトに対して強い拒否反応を持っていた。

私は、親しい某セクトの学友と一緒に時折デモに加わり彼らに共鳴をしてはいたが、セクト的主張と理論では学内の闘いをまとめることはできないと考え、セクトに近づくことは避けていた。

そして合宿の昼は部としての『資本論』、経済史等の学習を行い、夜は各自が自分の意識と理論を持てるように大学の歴史的普遍性や学問の意義についての議論をし、我が大学の状況と学生会活動の必要性についての議論をした。寝る前には枕投げとか、弟と訓練をした脚四字固めに興じているうちに彼らの作戦にはまり、皆から集団的に攻撃を受けた。懐かしい思い出である。（米丸君の証言）

しかしこの合宿に、我が部の副部長と優秀な部員三名は来なかった。つい先日までは共に行動をしていた彼らは、いつしか当局側となっていた。

〝灰皿を投げつけられた〟合宿、米丸君の回想（当時三年生、綜研・木村ゼミ）

綜研の春合宿（一週間ほど？）はきつかった。誰かが不勉強で不誠実な回答をしたときに、部長（筆者）から灰皿を（空中に）投げつけられ、勉学の不足を激しく怒られた記憶がある。夜になると大学の現状に対する討論が行われた。

そして合宿終了後はまだ闘いが始まっていない学内に戻り、連日学友たちとビラ撒きをして走り回った。学内のみか、ある時校舎八階の窓から白山通りにビラをばら撒き、一目散に逃げた記憶がある。捕まれば袋叩きと処分が待っていたことを思うと、先輩たちと必死になって行動していたことが思い起こされる。だけど、その時の顔触れはもう覚えていない。

闘いを担った後輩達が人生に背負った重荷への想い

合宿後は学内の厳しい状況が待ち受けていた。そして彼らは別動隊として私と共に行動し、その後は日大全共闘の先頭部隊として闘いの前線を担っていった。その彼らが後（一九六八年九月四日、経済学部のバリケード解除、強制執行）に、機動隊員一人の死亡と一八人の負傷に対する「傷害致死及び傷害罪」の、当然無罪である（一部は有罪とされた）二〇年近い裁判闘争の重荷を背負わされるとは思いもよらなかった。（一九八頁参照）

このことは筆者五〇数年の消えない記憶であり、本書を書く強い動機の一つである。

（３）学生会選挙で秋田委員長と執行部員を選出

一九六七年一二月九日、多くの仲間と知り合った私たちは、以上の活動を経て秋田明大（社会科学研究会部長、木村ゼミ）を委員長とする「秋田執行部」を選出した。

この半年間私たちは学生委員及び研究会員、学友を中心に結束して意志を統一し、諸々の誘惑、分断工作、脅迫、三崎祭開催の断念を乗り越え、入念に準備して秋田執行部を選出し、成立させた。

（イ）秋田執行部の誕生と活動方針

秋田委員長は、前二代の執行部の闘いによる総括を踏まえ、この「大学の現状」を学友達に明確に訴えて「今、闘いが必要であり、闘っていること」を、「闘いが自分たちの大学のためであり、自分のためである」ことを具体化し、提起した。

一九六八年学生会秋田執行部

委員長　秋田明大　副委員長　石田弘二郎　事務局長　石垣鉄平　財務部長　田中良彦

情宣部長　天野　章　編集部長　楠木哲雄　研究調査部長　新田勇耕　文化部長　鳥越敏郎

厚生部長　水登正輝　体育部長　加治　剛　庶務部長　鈴木一雄　渉外部長　寺沢　敦

女子部長　坂井春予　連合会派遣委員　黒川裕之　無任所　南保賢二　小金井幹夫　大槻利博

短大担当部長　池内博人

秋田執行部の活動方針――「建学の基」挨拶（配布を禁止された学生会機関紙）

「新入生諸君の純粋な情熱を、欺瞞に満ちた社会、大学内の矛盾に押しつぶされること無く、学問的態度を確立し……学生としての任務と権利を……そして学生会の使命は、よりよき社会・自由な学問の場を獲得していくために存在する。……諸君のこの巨大な建物（校舎）への誇りと驚きが……。やがて学問不在への怒りと学部の現状を知り……把握した時、真の学園を築くため共に闘おう。諸君の学友は、学問の自由と学生の権利獲得のため、日夜闘っています。……自分の学校を愛していれば

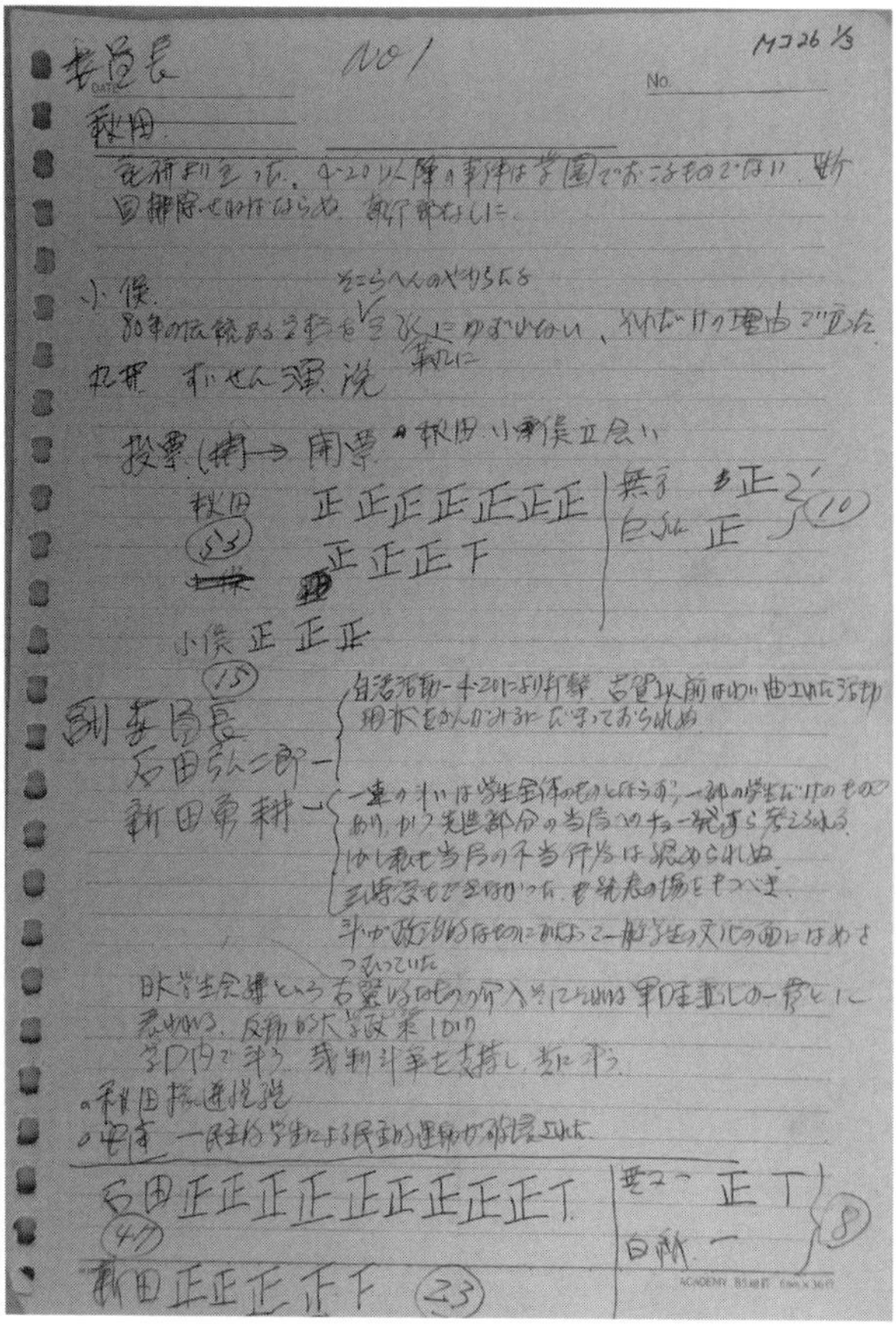
委員長　No1
秋田
小俣
投票→開票
秋田 正正正正正正正 正正正下 (53)
小俣 正正正 (15)
副委員長
石田弘二郎
石田 正正正正正正正正正丁 (43)
新田 正正正正正下 (23)

秋田委員長選出票読みメモの一部

こそ批判し批評し……もし営利第一主義にゆがめられ……学問の自由が保障されていないなら……あるべき姿の大学に正す為、我々は断固とした闘いを組まなければならない。それが真の母校愛なのである。

社会の一員として、責任を転嫁せず、閉鎖的にならず、社会の矛盾を科学的に分析して解決策を見出し、学問的態度を以て行うことが、我々学生としての任務である。

我々の前に考えるべき問題が山積みされている。白昼に社会で堂々と行われている欺瞞、平和の破壊、虐殺、そしてわが大学における未解決の四月二〇日の暴力事件……諸君の正義感と情熱で問題に真正面から取り組んで行こう。困難を恐れず闘い、民主化闘争に必ず勝利する。この大学の学生として真の誇りを持つ為に。」

（ロ）厳しい当局規制と執行部中傷ビラ・ハガキ、襲撃部隊の集結

秋田執行部は闘いの方針を掲げて行動を開始した。しかし執行部は活動当初から当局より執行部予算凍結（使わせない）、立看禁止・掲示物撤去、ビラ配布禁止、集会禁止、下宿斡旋業務禁止等の規制を受けた。更には一般学生の自宅へ発行者不明の執行部非難・中傷ビラ、ハガキが大量に送付された上、校内では絶えず応援団員等による脅迫や学生会包囲などの威圧を受け、正にいつ暴力的襲撃を受けるか予測もつかない状況になった。（一〇〇頁の襲撃部隊集結メモ参照）

一二月九日　秋田執行部は、当局より学生会費（執行部予算）を凍結される。

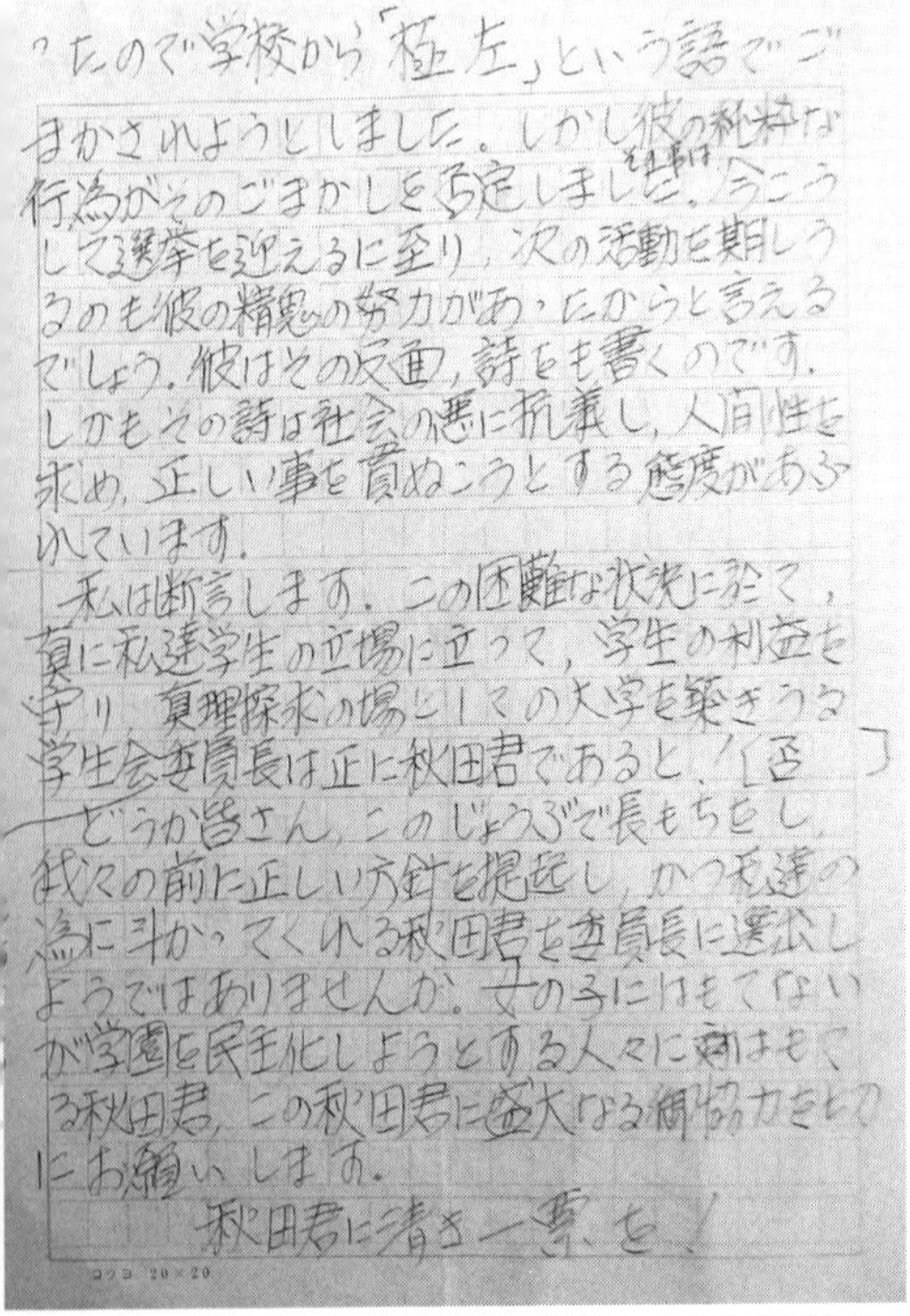
…たので学校から「極左」という語でごまかされようとしました。しかし彼の純粋な行為がそのごまかしを全て否定しました。今こうして選挙を迎えるに至り、次の活動を期しうるのも彼の精魂の努力があったからと言えるでしょう。彼はその反面、詩をも書くのです。しかもその詩は社会の悪に抗議し、人間性を求め、正しい事を貫ぬこうとする態度があふれています。

私は断言します。この困難な状況に於て、真に私達学生の立場に立って、学生の利益を守り、真理探求の場としての大学を築きうる学生会委員長は正に秋田君であると。〔拍〕

どうか皆さん、このじょうぶで長もちをし、我々の前に正しい方針を提起し、かつそれ達成の為に斗かってくれる秋田君を委員長に選出しようではありませんか。女の子にはもてないが学園を民主化しようとする人々にはもてる秋田君、この秋田君に盛大なる御協力をとくにお願いします。

秋田君に清き一票を！

理論持つ秋田君！」を委員長に推薦した筆者演説原稿

一二月一八～一九日　秋田執行部は「セクトだ」と中傷ビラ、ハガキが一般学生へ大量に郵送される。

一二月二〇日　応援団系学生約七〇人程に学生会室を包囲され脅迫を受ける。

一二月二六日　当局は「秋田執行部（誹謗・中傷への）声明文」の掲示、

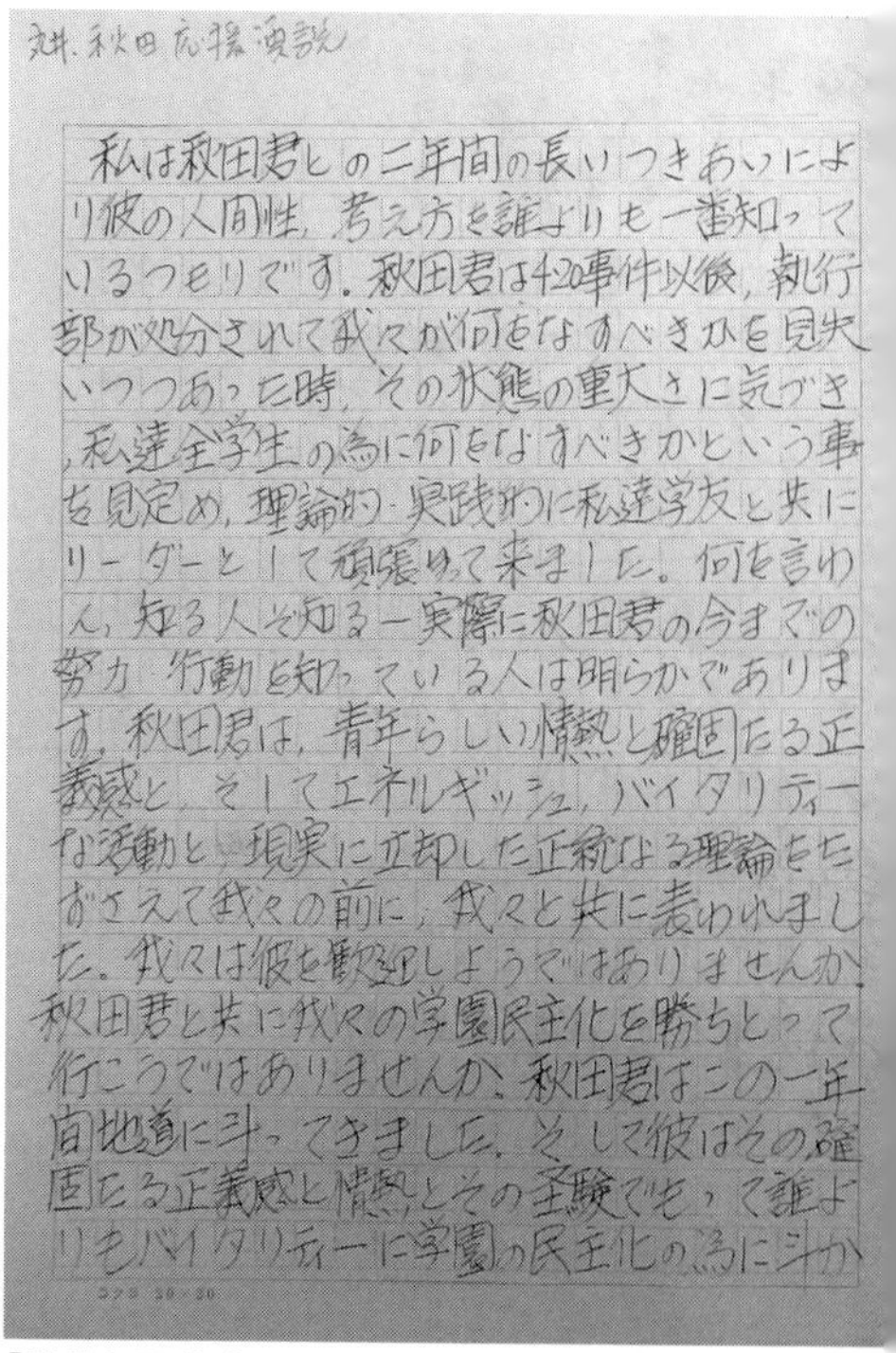

文丼、秋田応援演説

私は秋田君との二年間の長いつきあいにより彼の人間性，考え方を誰よりも一番知っているつもりです．秋田君は420事件以後，執行部が処分されて我々が何をなすべきかを見失いつつあった時，その状態の重大さに気づき，私達全学生の為に何をなすべきかという事を見定め，理論的・実践的に私達学友と共にリーダーとして頑張って来ました。何を言わん，知る人ぞ知る―実際に秋田君の今までの努力 行動を知っている人は明らかであります．秋田君は，青年らしい情熱と確固たる正義感と そしてエネルギッシュ，バイタリティーな活動と，現実に立脚した正統なる理論をたずさえて我々の前に，我々と共に表われました。我々は彼を歓迎しようではありませんか．秋田君と共に我々の学園民主化を勝ちとって行こうではありませんか．秋田君はこの一年自地道に斗ってきました．そして彼はその確固たる正義感と情熱とその経験でもって誰よりもバイタリティーに学園の民主化の為に斗か

「情熱と正義感、エネルギッシュな活動力と正当な

ビラ配布を不許可。

一九六八年一月二九日～二月　当局より、執行部による下宿斡旋業務の中止命令、妨害を受ける。

二月五日「建学の基原稿募集立て看板、ビラ等を当局により強制撤去される。

緊迫の一二月、秋田執行部襲撃部隊を私が〝話し合い（?）〟で解散させたメモが残っている。

本部強硬派（鈴木、加藤）理事の指示（?）により、一二月二〇日、秋田執行部を襲撃する応援団、日学同等の部隊が靖国神社に一〇〇〇名ほど集結しているとの情報を入手し、応援団監督のO氏、校友会本部役員O氏（桜士会・経済学部職員）、N本部応援団長、N氏（経済学部応援団長で、藤原執行部襲撃の暴漢者）、日学同幹部らと話し合いをして、「襲撃は中止され、撤退」したとある。襲撃部隊の規模や私の他に誰がいたのかの記憶は全くないが、秋田執行部への襲撃が準備され、交渉をして襲撃が中止されたのは間違いがないと思われる（メモの「解散」は襲撃部隊のこと）。話し合いは執行部員抜きで、二階の校友会室で行ったと記憶するが、定かでない。

それにしても、凄まじい当時の状況であったことをご理解いただけると思う。

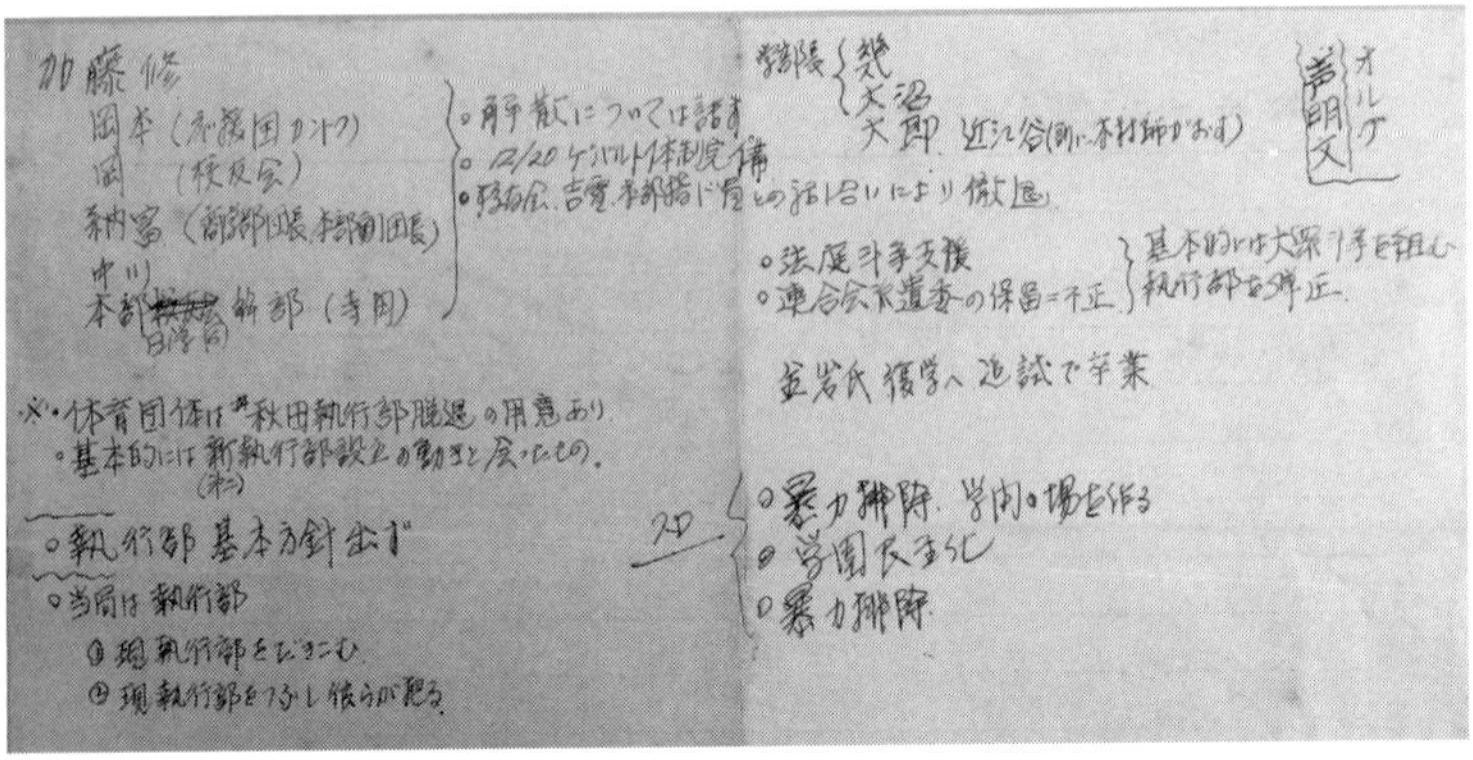

秋田執行部襲撃部隊を応援団幹部らと話して解散させたメモ

日高講演会不許可

秋田執行部は活動を自制しながら四月を迎えた。しかし早速、執行部が企画した新入生歓迎会である「日高六郎講演会」は、「講演者は東大ではいい先生だが日大の校風に合わない」との理由で当局の不許可になった。更に当局よりこの不許可に加えて前文の学生会機関紙「建学の基」配布禁止、教室使用禁止、学生委員会開催禁止等の規制を受けた。このため秋田執行部は、学友達の結集ができていなく弾圧部隊と当局処分が待ち構えている中で、〝当局指導に従った活動〟をせざるを得ず、即暴力弾圧と処分に至る抗議的な行動は全くできない状態になった。

（4）別動隊の地下活動開始――学内騒乱から「二〇〇mデモ」へ

執行部のこの厳しい状況に対して、別動隊は行動を開始した。別動隊は執行部と連携しながらも、自らの意思で執行部にはできない行動をフリーにできることになった。

別動隊は、日高六郎講演会不許可への抗議活動では団交の先頭に立って当局の不許可を追及し、連日一般学生の結集を呼び掛けて集会を行った。その抗議集会最中の四月一五日、

「二〇億円使途不明金問題」が新聞報道により発覚した。これを受け別動隊はその追及を呼びかけ、〃地下ホールでの不法集会〃を開始した。更に学内騒乱ムードと闘う意識の醸成を目指して校内を走り回り、教室へ飛び込んではビラをばら撒いて学友たちに大声でアジテーションし、廊下、トイレ、壁へ落書きをするなどの「地下活動」を行って学友たちの結集を図った。また右翼暴力の攻撃に対抗して執行部を防御し、暴力攻撃があったときはそれを乗り越えて闘いに立ち上がるべく行動をした。当時校舎への入校には守衛による学生証検査が行われていた。しかし、校内に入ると広い一階学生課ロビーと二階の教授室・校友会室等の周辺には応援団員等が徘徊してはいたが、三～八階は自由に〃行動〃できた。

その行動は、時折は守衛との遭遇により踵を返して逃げ回る逃走劇となったが、右翼系学生にさえ捕まらなければ、教室、研究会、廊下、階段、トイレ等学友たちの目に着く場所はいくらでもあり、教室、壁への落書き、ビラのばら撒き、集会への呼びかけやアジテーション活動は十分にできた。

別動隊の地下活動の呼びかけと連日の「不法集会」により、五月に入り多くの学友たちが結集してきた。そして「不法集会」への連日の応援団員等の襲撃を受けて怒りがたまった五月二三日、私たちの地下集会を当局が「不法集会は直ちに止めなさい」と全館放送をしてくれた。この放送により集会を知った校内の学友たちが一挙に集結して来た。その集会を襲ってきた応援団員等の暴行を撃退した、その勢いに乗って私たちは日大闘争で初めての「二〇〇ｍデモ」を敢行した。

先進学友五〇〇人ほどの経験のないデモ隊列に、二〇〇〇人ほどの学友たちがデモ隊形で続々と続き、校舎地下ホールから階段を昇って学生課前の大ホールを通り、玄関正面の道路までデモって出て、路上で抗議集会を行った。たかだか二〇〇メートルほどのデモであった。

そして翌日は校舎前集会をして金華公園までデモをし、全学部からの学友たちの結集は瞬く間に五〇〇〇人、一万人になっていった。そしてこの日より、校舎前集会が〝自由に〟できることになった。

これに対し五月二五日、別働隊二人（筆者と戸部源房）は秋田執行部員と共に当局より「自宅待機処分」を受けた。しかしこの処分により、経済学部のみならず全学部の学友が一気に結集してくることになった。

別動隊の地下活動＝他大学生の騒乱？と当局処分～別動隊の〝不法〟行動は独自行動だったが、結局執行部と別動隊は一緒に処分される。

私としては別動隊を組成した目的を、秋田執行部が元気に活発な活動を行って襲われ、或は当局処分を受けた時の緊急行動隊として考えていた。従ってそこに至るまでは〝秋田執行部よ、頑張ってくれ！〟の気分でいた。しかしその執行部は活動当初から諸々の禁止措置を受けて当局批判的な行動が全くできなくなり、別動隊は〝予定外〟に行動をせざるを得なくなった。そして日高闘争は執行部への当局処分を避けるため別動隊が「抗議行動」の表に立った。

当局との団交には役割分担を決め、抗議役は別動隊が行い、段取りや拠点レポ、連絡体制は執行部員が担当した。

また別動隊は「非合法」の地下活動を始めた。別動隊は「影の部隊」だったため名称は無かった。その学内の行動は五～六グループの二～三人単位で行い、私はいつも戸部と行動をした。

当時の戸部はいつも着っぱなしの濃紺のコートを着ていた。私と戸部はそれぞれ教室に飛び込んで大声でアジテーションしビラをばら撒き、戸部が濃紺のコートを翻して筆者と反対方向に走り去る姿は、今も私の目に焼き付いている。この頃私は毎晩ガリ版切りをし、そのビラを服の下に隠して四～五組の皆で分け合い校舎に散っていった。綜研の米丸、加藤、社研、児研の後輩たちがビラを持って散っていく後姿が今でも思い出される。

執行部メモによると、私は一度捕まり校友会室に連れ込まれたようだが、その記憶は失念。教室の使用は禁止されたため、「不法集会」は食堂があった地下ホールで別動隊がゲリラ的に行い、ある程度学友たちが結集した時点で〝気づいた執行部員が駆けつけた〟として「非合法」と「合法」行動により、執行部責任外の〝自然発生不法集会〟を連日行った。

この集会で学友たちが集まった後に駆け付けた秋田君が応援団生の暴力を受けて制服を引きちぎられた場面や、当局に校友会室に連れ込まれて「きさま、他大学生の力を借りてこんなことをしやがって」と脅かされていたのを、押しかけて行って救出したことを覚えている。当局は当初、この学内騒乱を「日大生ができるはずはない、執行部が他大学生の力を借りてやった」と認識していたようである。

また別動隊の活動とばら撒かれたビラを知らなかった執行部の学友が当局に度々呼び出されて査問され、顛末書を要求されていたことを後日私への〝恨みを込め〟て笑いながら述懐している。

しかし結果は、五月二五日、執行部と別動隊二名が「一緒に処分」されることになった。

日高闘争メモ

団交抗議役は私が担当したようである（団交＝丸井）、集会理論指導＝戸部、川上と別働隊メンバーが抗議の表に立ち、秋田はフリー、他学部との連絡、レポ、中継役は執行部。当時、執行部への処分を避けて別働隊と執行部は組織的に役割を分担し、一体で行動していたことが読み取れる。拠点＝某喫茶店、日高氏との連絡、他学部学友への状況説明、団交交渉への襲撃を予想して情報中継役、立看づくり、教室の見回り、放送、議長、書記などの他にレポ隊を用意、大学本部前、二号館、校友会室（右翼拠点）、学生指導委員長室、校舎入口講演会場、三階トイレ等を見張り、情報中継拠点を設けて進めていたことがわかる。

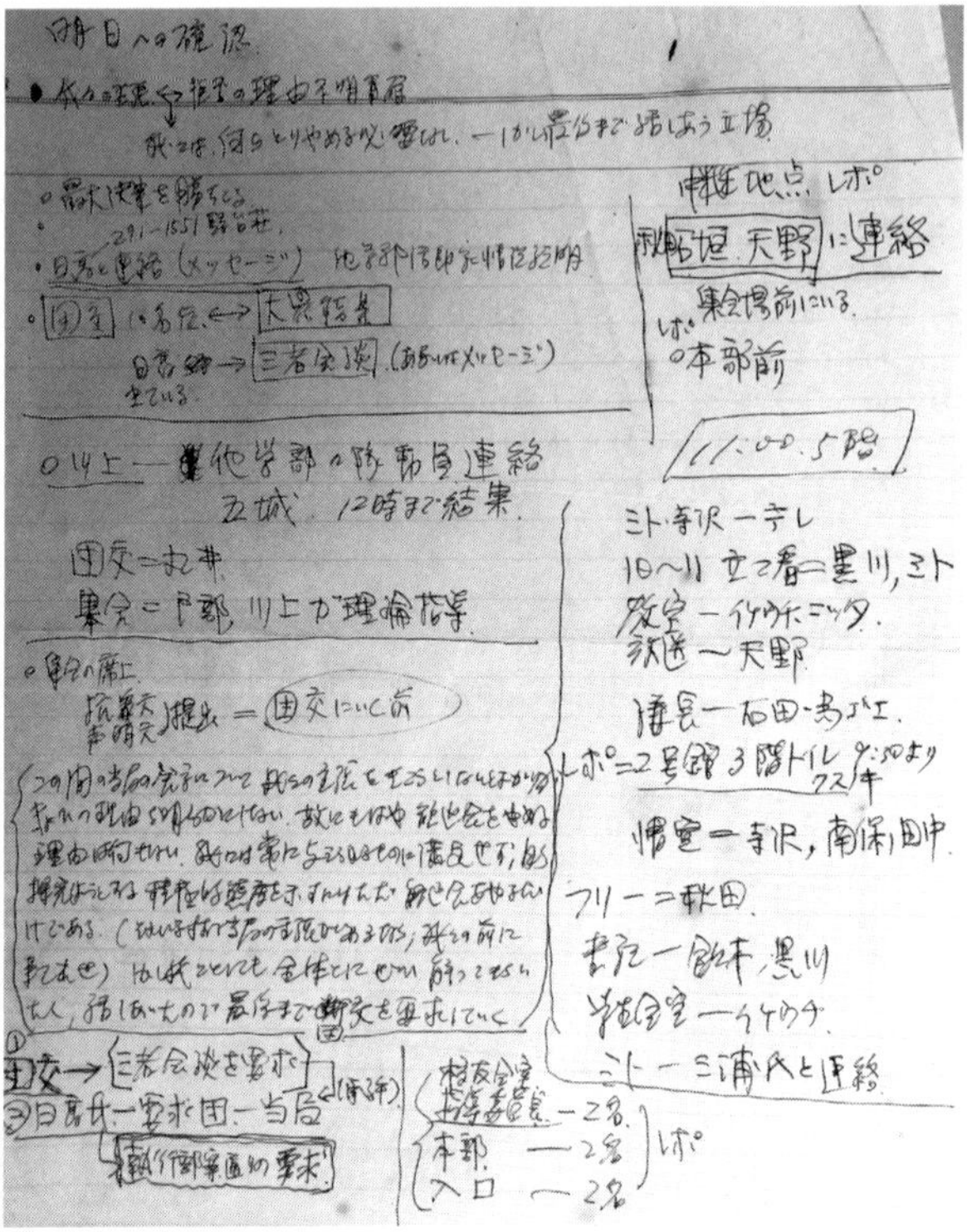

執行部員、別動隊20数名の名前が書かれたメモ

また、この時既に執行部員たちは他学部の学友たちとも連絡を取りながら進めていたことも分かった。（メモの左欄は別動隊員の氏名、右欄は執行部員の氏名である。）

（5）「巨額使途不明金問題」発覚

一九六八年四月、日大への国税調査から始まったこの問題は、四月中旬に大手メディアで報じられて公となった。当初は、二〇億円の使途不明金だったものが調査により拡大し、三五億～三八億円規模になったとも言われた。これに係わり、日大女子職員の自殺、会計担当課長の行方不明（後、発見）などが発生した。当時の大学年間予算の一割にも達する巨額な使途不明金問題は、古田以下理事等の八億円以上の公金乱用と、教職員への慰労金等支払いの源泉税未徴収という国税判断の追徴課税に終わり、「高級料亭遊びの慣行、芸者との遠出費用へ公金使用等」は〝公務〟、「山梨土地購入背任容疑、校舎建築工事費

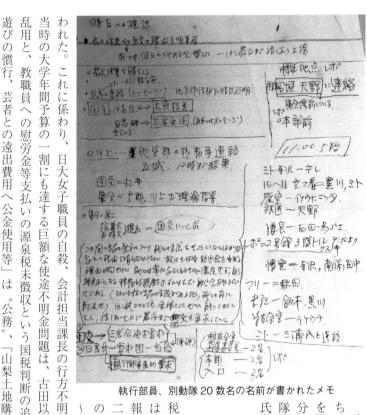

水増し横領容疑、千葉県別荘購入背任容疑」等の東京地検特捜部の調査は〝証拠不十分〟として不起訴になり、古田以下は何らの法的処置を受けず、古田居直りを招くもとにもなった。これは、日大内部の勢力争いから始まったとか、古田無罪には大きな政治的関与があったと言われた。

独裁体制による大学私物化とその弊害は正に、現在の日大にも通じていると言える。

日大闘争の象徴「二〇〇ｍデモ」のエピソード

経済学部の「二〇〇ｍデモ」は、日大闘争の始まりとして象徴されている。このデモには今や色々な意見があり、校舎前の集会時に校舎のシャッターを下され応援団等との乱闘から始まったとか、校舎を追い出されて錦華公園に結集して始まったとかの意見がある。

当時別働隊としてこの集会でデモを組織した私の記憶では、この日の地下ホール集会を当局が館内全館放送で「不法集会は直ちに解散しなさい」と放送をしてくれて、集会を知った多くの学友たちが結集して来た。その集会の場へ「赤を殺せ」と叫ぶ応援団員等の襲撃を受けて乱闘し、私たちはこれを撃退した。

そしてはじめに肩を組んで〝校歌〟を歌い、その後にインターナショナルをたどたどしく歌って、先進学友たち五〇〇人ほどの〝先頭部隊〟を形成してデモ隊列を組み、その隊列に二〇〇〇人ほどの一般学友達が続いて、地下ホールから階段を上り一階ホール（学生課等）の前を通り、校舎正門前までデモって出て集会を行った――たかだか二〇〇メートル程度のデモであったと記憶する。しかしこの時、筆者はデモを指揮しながらシュプレヒコールに何を叫んでいたかの記憶は全く残っていない。

先日偶然に発見した当時のあるセクトの新聞記事に、「五月二三日を期して経済学部にて、大衆の中に、忽然と数百名の部隊が登場した……〝この部隊〟は、闘争全体の端緒を切り開いた」とあった。（セクトも、部隊が忽然と現れることは当然予想できていなかった。）

当時、この記事の通りこの時点でクラス、研究会員を中心に「四～五〇〇人の部隊（集結する学友）」が学内に結集していたことは記憶している。（私の学友の絡先先メモでもそのことがわかる。）

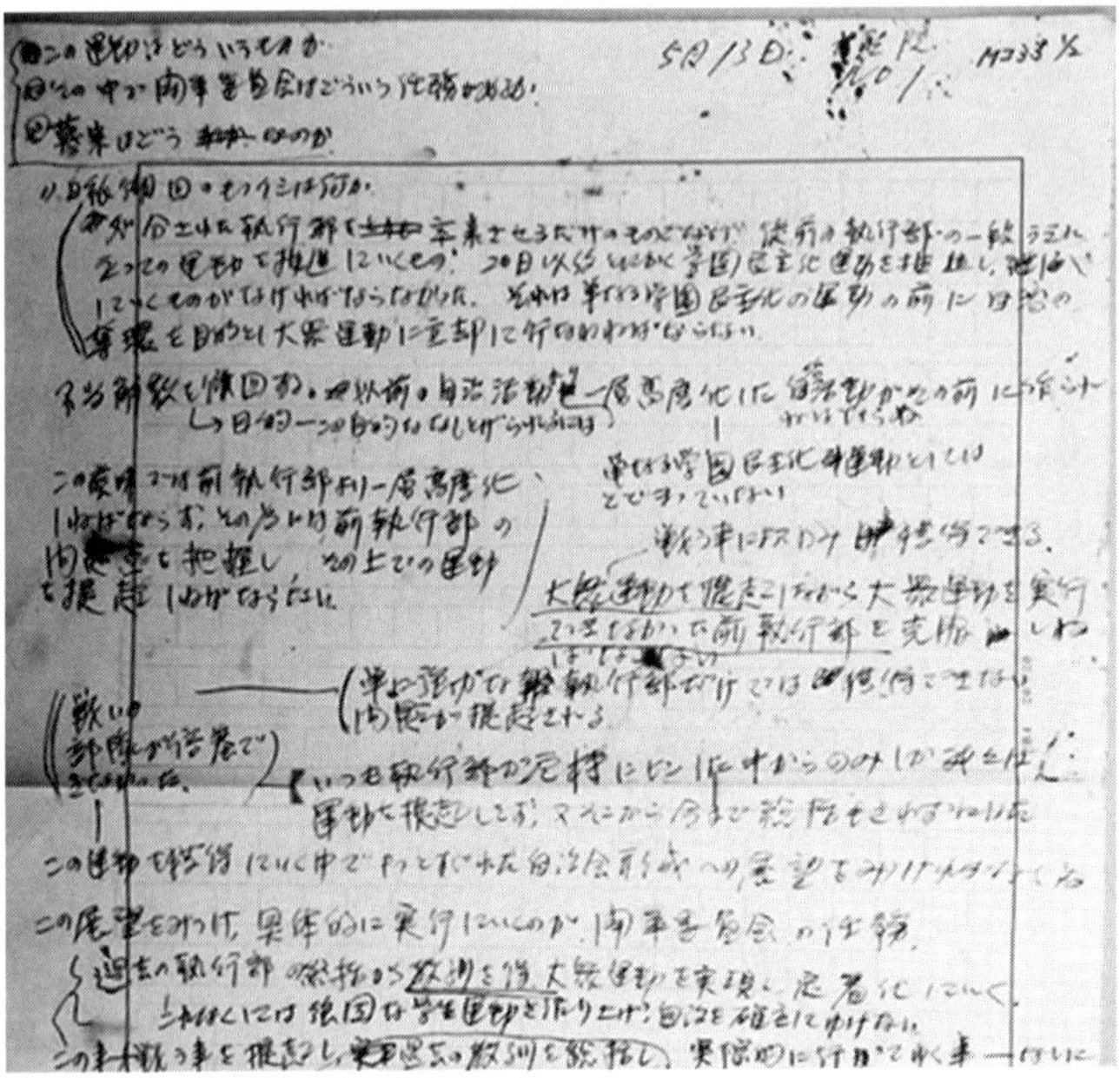

某寺院において、過去の「大衆運動を提起しながら運動を展開できなかった」ことを総括する

また私は、二〇数年後木村隆俊先生を囲むゼミ生の会に出席した時、先生から「君たちが校舎から出るデモの先頭に君がいた。これで大学も変わると、見ていた僕たちも興奮した。」と〝元学生指導委員長〟に言われ、後輩のゼミ生に紹介されたことがある。

いつ立ち上がるか、そして経済学部「水色のヘルメット」

一九六八年五月、連日の別動隊の抗議行動により学内は騒然となり、多くの学友が集まってきた。

そして私はいつ立ち上がるかを考えていた。連日の不法集会による状況は、「決起の日」が迫っていた。そして、五月二三日の「二〇〇mデモ」で、私たちは立ち上がった。やがて私たちには、「ヘルメットが必要である。皆がヘル

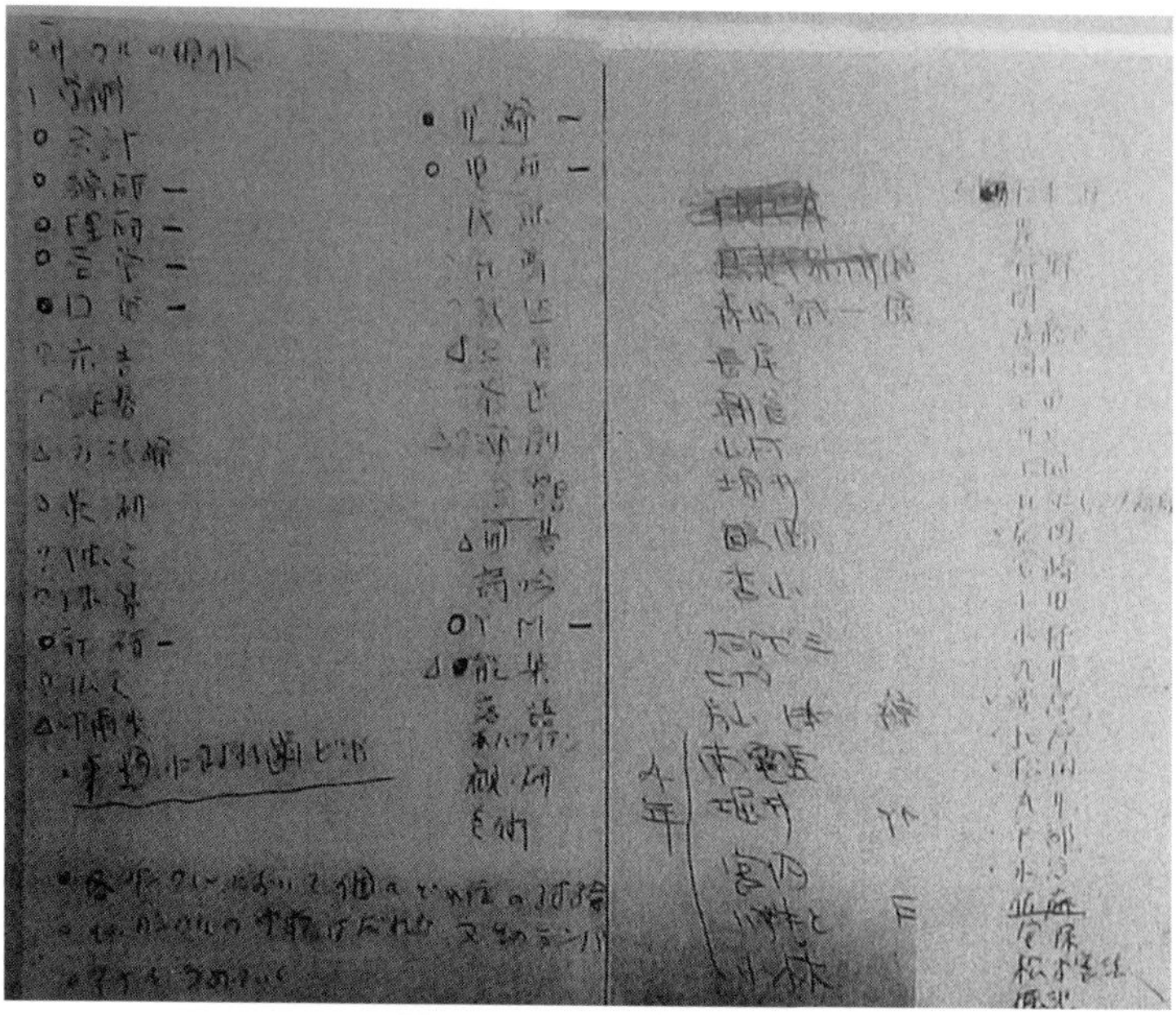

連絡・オルグの筆者メモの一部

メット着用に抵抗の無いタイミングはいつか」を想った。

　私の記憶では、「二〇〇ｍデモ」の翌日か翌々日に、経済学部によく来て筆者らと行動を共にしていた法学部？の水谷君がよく早稲田大学に出入りしていたので、水谷君に相談をして前日の夕刻に早稲田大学の某左翼党派の好意を取り付けてくれた。そして学友の中で唯一車を持っていた石垣君の車で、〝借りて〟きた。確か五〇～六〇個以上はあったと思う。

　しかしそのヘルメットは、機動隊の濃紺色ヘルメットと同色であったのでいろいろと思案の結果、夜間にその濃紺色をスプレーで同系の水色に薄めて塗り替え、翌日に向けて準備して皆が抵抗なく着用した記憶がある。結果、水色が経済学部のヘルメットになった。

　学友、学級委員、研究会部員達との連絡・オルグの筆者メモの一部

四月六日　当局により「研究会顧問教授再編成」が行われる（執行部は研修中）

四月八日　当局より「建学の基」配布拒否される、下宿斡旋に対し、謝罪文を要求さる。

「経済学部自治委員会」名で秋田執行部中傷ビラが大量に一般学生に郵送される。（三派・民青の連合政権秋田執行部を打倒しよう！）（学生会費不払い運動に結集しよう！）。この手の陰謀ビラとハガキは、何度か大量に配布された。

四月一三日　新入生歓迎会「日高六郎」講演会が不許可となる。（理由）「日が悪い、講演者は左翼であり東大でよい教授でも日大でいいとは限らない、何かトラブルが起きかねない」

四月一五日　「二〇億円使途不明金」問題発覚。（全国紙にて一斉報道される）。

一五～一九日　「新入生歓迎会不許可、使途不明金問題」に対し、連日抗議・追及集会を始める。学部当局へ大衆団交を要求、五人とならば会ってよいとの回答。

二〇日　七〇〇〇人による「建学の基」配布、新入生歓迎会開催要求・二〇億円使途不明金追及集会。

二一日　執行部は、度々当局より呼び出されて無届集会への謝罪文を要求される。

二二日　「建学の基」配布を禁止され、女子部「機関紙」も文章削除を命令される。また学生委員会、拡大部会への教室使用を禁止される。

五月六日　当局よりクラス委員選挙の中止命令。更に一〇億円の使途不明金問題発覚。

五月一三日　某寺院にて闘いの総括と闘争委員会設立の会議を行う。

五月二〇日　当局により「学生委員会」の開催を禁止される。約七〇〇〇人抗議集会。

二一日　地下ホール「無届集会」に、約五〇人程の右翼系学生が「赤狩り」と称して乱入

二二日　執行部員の背広を破き乱暴する。（暴力指揮は元応援団長・日大高校職員等）集会への教室使用禁止命令～地下ホールでの抗議集会。この日、筆者は二階の校友会室に連れ込まれたとの執行部メモがあるが、その時の状況は失念。

二三日　地下ホール抗議集会、当局の「解散命令」が館内放送され、全学生が集会を知る。法学部より五〇数人の学友が集会に参加、他学部と連帯の動きが始まる。右翼系学生乱入乱闘、約二五〇〇人結集により日大で初めての「二〇〇ｍデモ」となる。

この後秋田委員長他は本部系学生課職員、校友会員、右翼学生により呼び出され校友会室に連れ込まれて「きさまの責任だ、他大学生の力を借りて」と脅迫されたが、奪還。

五月二四日　学生指導委員長「デモは道交法、都条例違反だ！」。執行部員の両親に電報打たる。地下ホール集会。右翼系学生が押しかけ暴力、校舎シャッター閉鎖の締出しに抗議、錦華公園に集結しデモ、経済学部校舎は右翼系学生によりガードされていて、法学部にて抗議集会。他学部学友が続々と結集する。（六月一一日まで、各学部闘争委員会設立、各学部にて連日抗議集会、街頭デモが始まる。）

五月二五日　執行部員と別働隊二人（丸井雄一／筆者、戸部源房、綜研・木村ゼミ）「自宅謹慎」処分を受ける。処分理由「連日の無届集会、無届デモを指導し、学内の秩序を乱した。」

＊処分への抗議集会に文理学部学友も加わり五〇〇〇人結集、錦華公園～法学部～本部へデモそして「全学部総決起集会」を呼びかける～各学部は続々闘争委員会を設立。「二〇億円使途

不明金糾弾、処分撤回、大衆団交」要求、右翼と警官の暴力を受ける。

五月二七日　法学部、文理学部、芸術学部集会～経済学部前で五〇〇〇人の「全学部総決起集会」を行う。日大本部～お茶の水理工学部へ六〇〇〇人でデモ。各学部闘争委員会結集により「日大全学部共闘委員会」結成～秋田明大議長となる。

五月二八～三〇日　経済学部で五〇〇〇人の抗議集会・大衆団交を要求。各学部で総決起集会。

五月三一日　文理学部集会で一万人集会・大衆団交要求。体育会系右翼の襲撃を受け乱となる。

六月四日　法・経済・芸術より六〇〇〇人の応援部隊を派遣。

全学統一集会。経済学部決起集会に各学部の学友も結集し、一万人の抗議集会となる。靖国神社に約一〇〇人の右翼暴力部隊結集、解散するも一部は本部を防衛する。

六月～一〇日　連日の抗議集会。学部長、学生指導委員長との「話し合い」を当局は途中逃走。

六月一一日　経済学部前総決起集会五〇〇〇人→一万人。右翼学生四〇〇人による経済学部校舎占拠・無差別暴力事件起こる。法学部三号館を占拠し、バリケードを構築。

第6章　日大全共闘結成から全学部バリケード・ストライキへ

（1）日大全共闘結成と五大スローガン

「二〇〇mデモ」の翌日から、経済学部校舎前に全学部の学友たちが結集して来た。そして連日の抗議集会は瞬く間に五〇〇〇人、一万人規模の集会になっていった。

これにより私たちはすぐさま秋田執行部員を中心に経済学部闘争委員会を設立し、各学部へ呼びかけを行った。この状況を受けて各学部に次々と闘争委員会が設立され、五月二七日には日大全共闘（全学部共闘会議）を結成した。

私たちは直ちに五大スローガンを掲げて、古田以下の全理事に対して大衆団交を要求した。この事態に危機感を抱いた古田当局により行われたのが、六日一一日の経済学部校舎占拠・無差別殺人的暴力事件である。

この暴挙を許せなかった私たちは即日決起し、法学部・経済学部校舎を奪還し、占拠してバリケードストライキに突入した。そして各学部はこれに続いて続々と立ち上がり、日大全共闘の闘いは瞬く間に全学部に拡大していった。

日大全共闘の五大スローガンは、

一、全理事は総退陣せよ！

一、経理を全面公開せよ！
一、不当処分を白紙撤回せよ！
一、集会の自由を認めよ！
一、検閲制度を撤廃せよ！

日大全共闘一一学部の決起（一九六八年）

六月一一日　法学部バリスト突入
六月一二日　経済学部バリスト突入
六月一五日　文理学部バリスト突入
六月一八日　商学部バリスト突入
六月一九日　芸術学部バリスト突入
六月二二日　農獣医学部バリスト突入
六月二四日　三島文理学部バリスト突入
七月五日　習志野理工学部バリスト突入
七月五日　生産工学部バリスト突入
七月八日　理工学部バリスト突入
九月一九日　医学部バリスト突入

瞬く間に全一一学部は決起した。

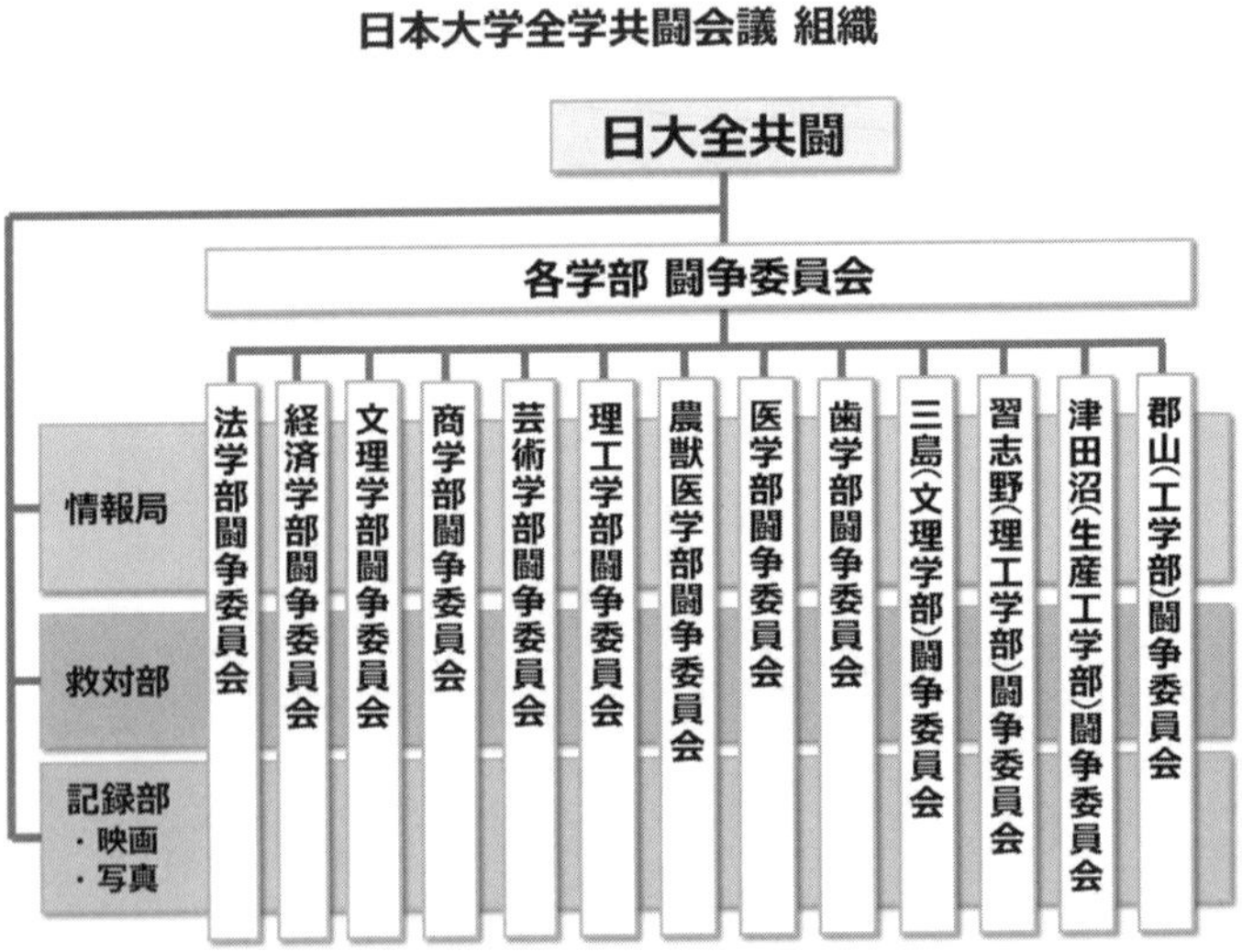

日大全共闘各学部の構成

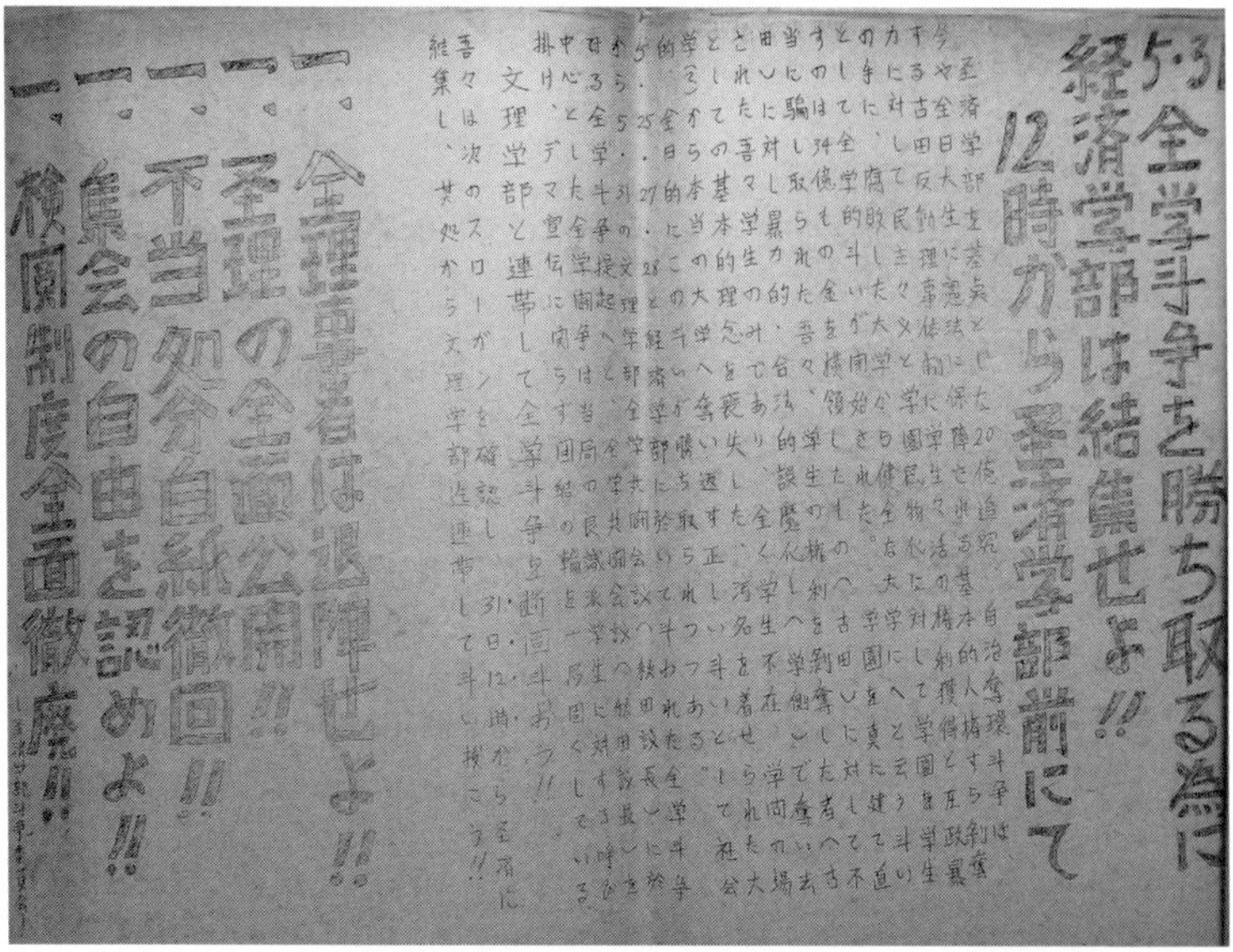

経済学部が全学部に結集を呼びかけたビラ

（2）六・一一、経済学部長訓示と校舎占拠、無差別殺人的暴力事件

経済学部ではこの日朝から校舎正門で、「他学部・他大学生入館チェック」名目の学生証検査が行われていた。私たちはこの日昼より校舎前の路上で大衆団交を求めて五〇〇〇人の学友による「決起集会」を行っていた。その昼過ぎ、私たちの目の前の校舎正門シャッターが突然下ろされ始めると同時に、集会頭上の校舎四階、五階の窓からガラス瓶、砲丸球、鉄製スタンド灰皿、重さ一〇キロの鉄製ごみ箱、机などが投げつけられた。

そしてこの落下物に直撃された学友たちが路上に血を流して倒れた。〝一体これはなんだ〟と驚いた私たちは、降りたシャッターを押し上げて校内に入ると、一階学生課前の広いロビーは消火栓の白い煙が立ち込めてほとんど前が見えない。その煙の奥から消火栓の放水と缶詰、コーラ瓶や割れたガラスの破片が手裏剣のように飛んできた。私たちは背を

経済学部前の決起集会

低め、かがむようにして前に進むと煙の奥から木刀、鉄パイプ、スキーストック等を持った暴力集団が奇声を挙げて襲い掛かってきた。

校舎上階から重量物を投げつける者たちのおぞましい光景

校舎入口には階段が五段ほどあり、私たちはいつもこの〝壇上〟に立って演説していた。また、この部分はちょうど校舎建物の下でもあり、落下物の直撃を受けなかった。その壇上の目の前で、路上に立つ学友たちが突然の落下物を受けて次々と倒れた。私たちはこの出来事を一瞬理解ができなかった。

しかし振り返ると入口のシャッターは下ろされ、路上におりて上を見あげると、四階、五階の窓に叫び声をあげて机や椅子などを持ち上げ、窓から投げ落とす暴漢たちの引きつった顔が見えた。

それはなんともすさまじく、おぞましい光景であった。私たちは怒りに燃えて校舎に突入した。この時私も校内に突入したが、先が全く見えない煙の奥から鉄パイプを振り回して叫び声を上げ、飛び出して襲い掛かってくる。頭上には瓶が飛んでいき、耳の脇をガラスの破片がヒュッーとかすめて飛んでいく。そのガラスの破片の音は今も忘れられない。筆者は襲ってくる者たちをよけてロビーの奥まで行ったが、危険に気づき退去した。この時の私たちは、まったく無防備であった。

校舎前には頭上からの落下物に直撃されて頭蓋骨を骨折した者、肩骨を損傷し倒れて血が滴っている者、路上に倒れ、うずくまる者たちが大勢いる惨状となり、また校舎に突入した者も襲われて怪我を負って引き返す者、更に突入する者により校内は大乱闘の現場となった。

路上は救急車がサイレンを鳴らして行き交かい、周辺住民や通行人も加わって怒りの声を上げ、校舎周辺は大惨状の騒乱状態になった。（分っている負傷者は約一三〇人、そのうち約四〇人は重傷で入院）

私たちは校内に突入して暴漢者を徐々に追い詰めていった。しかし二階に上がると、そこには日本刀を抜刀して待ち構え、切りつける学生がいた。そして数人が日本刀で切られた。

吉田経済学部長の暴力集団への訓示と指揮者

後日判明したが、この日朝の学生証検査体制下、応援団、桜士会系学生、体育会系学生、校友会系本部職員等約四〇〇人がフリーパスで隊列を組み、校舎裏口から入校していた。そしてこの日朝、古田派になった吉田経済学部長は地下ホールに暴漢者たちを集めて、「不逞の輩から経済学部を守ってくれ」と訓示をしていた。この暴漢者たちの指揮は戦闘服を着用して軍手をはめ、木刀にタオルを巻いた三人の本部直結の経済学部職員が行った。その一人のOは元応援団員・経済学部校友会役員、桜士会幹部、学生課職員で（二三頁参照）、その後、一九七八年五月に法学部の「自由討論会」会場に暴力集団を率いて乱入し、学部長を〝救出〟した者である。

夕刻四時頃に機動隊が登場した。そして校舎の窓からの投下と放水がやんだ。私たちは機動隊が暴漢者を捕まえてくれると思い一斉に拍手をした。しかし機動隊に排除され、逮捕されたのは私たちだった。これに抗議した者はジュラルミンの盾で押し付けられ、座り込んだ学友たちは足蹴にされ、ごぼう抜きにされて六人が逮捕された。この日、私たちは校舎周辺から排除され、機動隊に取り囲まれて校舎を暴漢者たちに占拠された。

校舎を占拠された私たちは怒りのデモを組んで法学部に押しかけて法学部校舎を占拠し、バリケードを築いた。

機動隊が〝暴力集団〟のいる校舎を守った風景

夕刻、攻撃が止まった校舎を、約八〇〇人の機動隊が取り囲んだ。私たちはこの日、初めて機動隊と出会った。そして校舎周辺から排除された私たちは、機動隊が守る校舎を離れて見守ることしかできなかった。そして深夜、道路を封鎖し機動隊が守るなか、暴力集団は校舎を出て用意されたバスに乗り込み闇に消えて行った。暴力集団が占拠して機動隊に守られた経済学部校舎の夕刻の異様な風景は、今も忘れられない記憶である。

翌日、誰もいなくなった校舎に入って私たちが見たものは、荒れ果てた学生課の広い事務室に残った大量の食器や弁当箱、飲食の残骸、空瓶と水浸しで散らかった書類、投げ捨てられたたくさんの木刀、鉄パイプ、ストック、ナイフなど、そして本部系職員の机からは日当を払った大量の封筒と、約四〇〇人分の弁当代を支払った領収書などであった。

私たちはこの日（一九六八年六月一二日）、経済学部校舎を占拠し、頑丈なバリケードを築いた。

＊「乱闘で多くのけが人が出たことは遺憾だが、反代々木系（全共闘のこと？）の暴力から大学を守ろうとした者の〝純粋な母校愛は本学の精神に沿うもの〟である」（日大本部・鈴木理事（当時の

強硬派理事、後の総長）の談話、朝日新聞、一九六八年六月一二日）
＊吉田学部長談「あいつら、泥棒よりわるい。ひねりつぶせ。」（この言葉に朝日新聞の記者が怒って学生に報告をしてくれた）。この日の朝、暴力集団へ「不逞の輩から校舎を守れ」と訓示していた吉田学部長の取材記者への談話です。
＊「騒いでいるのは一部の学生で、もうすぐ収まりますよ」（朝日新聞記者へ）「学生たちが錦華公園に集まっています（報告）↓じゃ、すぐ機動隊に連絡しろ」佐藤事務局長（満州帰り。古田の元に出入りして職員になった課長）
＊一九六八年六月一一日、経済学部一号館前の全共闘集会に対し、学内に潜んでいた右翼・体育会学生がシャッターを下し校舎を占拠～抗議に入校した学生を襲撃し大乱闘となる。（「ついに噴火したマンモス日大」週刊朝日、一九六八年六月二八日号）
＊「まるでヤクザ映画を見てるみたいだった。世間でいう学園紛争とは、およそ程遠い感じね。見ていてほんとに怖かった。」（女子学生の談、週刊朝日、一九六八年六月二八日号）
＊「俺は見たぞ。あの中（一号館ロビー）にいるのは学生ばかりじゃない。ＯＢもいる、本部の学生課職員も交じっている、右翼系学生（当時は襟の高い〝学ラン〟ですぐわかる）だけで四～五〇〇人が建物内にいた。」（多数の男子学生の談）
＊「木刀、こん棒、鉄パイプで武装した体育会系、右翼系学生、職員は消化液を投げつけ放水、三～五階の窓から机、椅子、鉄製のゴミ箱、酒ビン、スタンド灰皿、砲丸が降ってきて、ガラスのかけらが手裏剣のように舞い落ちて……百人を超す重軽症者が続出……。」（前記の「週刊朝日」記事）
＊「一階ロビーは、濛々たる消火器の煙の中から飛んでくるガラス片、缶詰、酒ビン、そして奇声をあげて〝切りかかってくる〟右翼学生らと乱闘状態となった。そして階段を二階に上がると、そこ

には日本刀を抜刀した右翼学生が待ち構えていた。」（多数の学生談）

＊「彼（本部直結学生課職員O）は戦闘服を着用し（右翼学生を）誘導して……もう角材に滑り止めのタオルを巻いて戦闘態勢の恰好をしてました。それと、学生課の某職員も同じく……」（一九六八年六月一一日、校内での草原先生目撃談）

殺人的暴力弾圧へ不退転の闘いを決意、バリケードを構築

私たちは、古田当局の如何なる理念にせよ、多数の死亡者が出かねないこの学生を使った無差別暴力を絶対に許せなかった。多くの学友たちがこの暴力により重傷を負って倒れた上、校舎を占拠された私たちはこの日、古田当局に対して限りなき怒りを持ち、不退転の闘いを決意した。

翌日、私たちは校舎を奪還した。そして中に入って見たものは、前述の通りに荒れ果てて惨憺たる学生課事務室に捨てられた武器と〝愛校生〟たちに供された日当払いの封筒、昼・夜の弁当箱と飲食の残骸、酒瓶等だった。暴力との闘いを決意した私たちは、直ちに堅固なバリケードを築いた。

前記の鈴木理事、吉田学部長談話に激しい怒りを感じると共に、私たちに対する暴力行使を公然と正当化する古田当局の弾圧姿勢を見て頂きたい。（鈴木理事は古田後の総長である）

（3）全共闘執行部へ入らなかった筆者の経緯

五月某日、秋田執行部員を中心に経済学部闘争委員会を設立したあと、執行部員は各学部の学友たちと連絡を取りながら全学部共闘会議の設立に向けた動きをするなかで、二〇日過ぎと思われるが、秋田君が突然私のところに法学部同学年の矢崎君を連れてきた。そして、彼を全共闘の副議長にしたいと言って私に同意を求めた。

思うにこの時期の私は、秋田執行部の設立と四月からの闘争過程でいつしか経済学部闘争部隊のリーダー的立場になっていたのであろう。しかし私は、彼の提案は、彼らが時折闘争のアドバイスを受けたであろうあるセクトの日大ＯＢの意向だと理解した。

私は矢崎君とはこの日初めて会ったが、信頼できる人柄に触れ、秋田君を中心にして組織を強化するためには、全学部で構成されるべき「全共闘執行部」の上席を経済学部の者で占めるのは良くないとの思いもあり、矢崎君が法学部生であったので、私は秋田君に同意をした。（この時のメモは、歴史博物館に資料を送付した過程で紛失した。）

この時期、執行部の者のなかには全学部との連携を図るため、他学部の闘争を志す学友やセクトの学友、ＯＢたちと接触をし、アドバイスを受けたり情報交換を行っていることは私も知っていた。しかし私は、闘いにはセクト的意識と行動力が必要であるとは思いながらも、全学部の学友を結集させるには多くの日大生が抱えている大学生としての日々の現実の思いと悩みを共有しなければならないとの想いと、セクト的論理と行動では日大で闘いを構築できないと考えて、セクトとの接触を避けていた。

そして私はそれまでの自らの活動の経過と方針に従い、全共闘執行部に入ることを止めた。その私もセクトには共鳴をしていたので、闘いの中では時折セクト的言辞を弄していたことがある。

六月一二日　経済学部校舎を占拠し、強固なバリケードを構築する。

六月一三日　経済学部、法学部スト突入、六・一五文理学部スト突入以降、商学部、農獣医、習志野生産工学部、芸術学部等各学部～日大全一一学部においてストに突入する。

六月一四日　経済バリケードに黒ヘル集団来襲、一名負傷。バリ内にスパイ潜入。

六月一六日　経済バリに右翼襲撃、戸部他二名が襲われ二か月入院の重傷を負う。

六月一七日　古田及び理事会より全共闘に予備折衝の申し入れあり。礫川公園にて五〇〇〇人集会、夕刻、経済学部校舎にて全学集会二五〇〇人。
六月一九日　大衆団交・予備折衝決裂。当局は「大衆団交」を拒否。文理学部に黒ヘル七〇人襲撃。
六月二〇日　経済学部バリケード内で討論会、講演会、自主講座等開始。昭和三〇年の日大改善方策案闘争報告。
六月二一日　経済学部自主講座、国分一太郎「教育問題」、全学集会。
六月二二日　経済学部前集会～デモ。法学部で小川紳介監督の「圧殺の森―高崎経済大学闘争の記録」上映。
六月二五日　団交拒否に対する各学部決起集会～経済学部前総決起集会。大学本部包囲デモ～水道橋～神保町をフランスデモ。
六月二九日　決起集会、ジグザグ・フランスデモ。拡大総合部会、全共闘八学部会議。
六月三〇日　古田発言「今の時点にあっては理屈ではない。勝つか負けるか、力の対決しかない。話し合いで解決しようとしてもダメだ。結局は力である」
七月一日　文理学部教授会「全理事即時退陣決議」、理系三学部決起集会、三五〇〇人のジグザグデモ。
七月四日　経済学部前全学部総決起集会約一万五〇〇〇人、以降連日各学部で決起集会が行われる。
七月一六日　本部鈴木理事より「団交予備折衝に応ずる」文書が来る。
七月一八日　団交に古田来ず、理事達一九人と折衝し「八・四大衆団交・全学集会」に合意し、確認書締結。しかし夕刻七時ころ交渉引き上げのデモ隊に機動隊が襲撃、九五人

七月二〇日　逮捕される。
七月二一日　経済学部前集会～法学部にて全学集会。神田署へ抗議行動、八六人 逮捕さる。
七月二四日　団交予備折衝、古田来ず。神田署への抗議デモに機動隊が襲撃、六八人逮捕さる。
七月二九日　古田より「大衆団交無期延期」の申し入れ書が来る。
八月一日　団交延期への抗議に対し、古田より「身体の保証無き団交を無期延期」の回答来る。
八月二日　経済学部大講堂で全学集会一二〇〇人。慶応、法政などの大学より連帯の挨拶。
八月四日　経済学部大講堂で団交拒否抗議集会。デモで機動隊と衝突し、八人逮捕さる。
八月二三日　団交の場に古田以下理事たちは来ず。抗議集会四〇〇〇人。八月二五日団交要求。
八月二五日　経済学部総決起集会、討論会。
　法学部大講堂三〇〇〇人で全学集会、経済前総決起集会、デモで機動隊と衝突し、八人逮捕さる。

六月一九日、二五日に行う大衆団交に対する予備折衝を、法・経・文理代表二五人で法学部細谷学生部長、杉山教授と交渉を行い、決裂。その後杉山教授が私を訪ねて来て「二〇人ほどの人数での代表者団交を飲まなかったから」と説明した。その後全共闘執行部委員たちと経緯を確認し、相談した。
（次頁、筆者メモ）

(4) 経済学部バリケード構築時の状況とその生活

(イ) 自主的な手際のよい作業

六月一二日、私たちは経済学部校舎を占拠し直ちにバリケードを築いた。あの時、学友、後輩たちの自主的な手際のよい作業は見事だった。校舎一階の全ての窓と出入り口は、皆の議論による連携作業で大量の机が降ろされ、アッという間に二重三重に積み重ねられ、番線で縛られ足元にコンクリートが流されて頑丈に塞がれ、校舎への出入りは裏口の通用口ドア一枚だけになった。そして各自が得

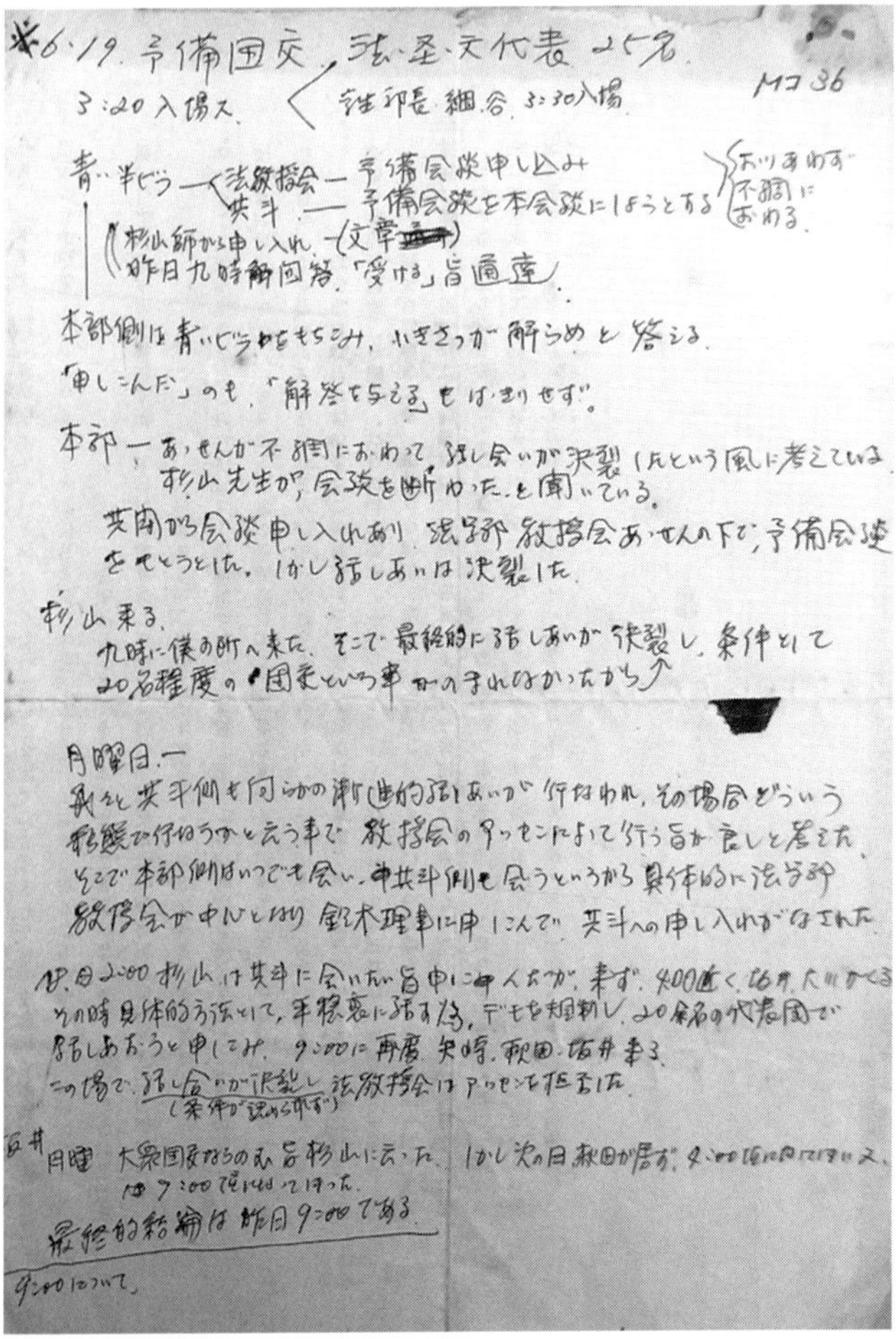

大衆団交に対する予備折衝メモ

意な技などの提案を持ち寄り、校内設備の点検、施設・書類・図書館の保全、入り口、各階への連絡回線の配線、守備体制、各自の居場所等が自主的に決められ作業されていった。この時私は、後の「日大全共闘の行動隊列」をほうふつとさせる皆の自主作業に手を出す間もなく、次々とくる提案と報告にうなずき、指示をすることもなく唖然として眺めていたことを覚えている。また執行部も「バリケード内生活ルール」の張り紙を出したことと、各自の居場所を決める調整をしたくらいのものだったかもしれない。

私は自らの居場所を二階の学部長室（のはずが誰かに先を越されてその隣）にして、バリケード内生活を始めた。その私は、全共闘組織の執行委員ではなかった。そしてバリ内の生活は日々が生き生きと躍動しながらも、毎日が厳しい日々の連続であった。（バリケード筆者日記、二一八頁以降参照）

秋田執行部と私との〝二重権力〟とばら撒かれた不明ビラ、〝統制の取れた〟経済学部の部隊

後日談になるが、私の学友である秋田執行部員から、「あの時の経済学部は、お前（私）と執行部の二重権力状態だったよね」と笑われた。また「俺たち（執行部）の知らないビラが大量にバラ撒かれて毎日不法集会が行われ、俺たち執行部は当局に随分と呼び出されて訳のわからない査問を受けて、参ったよ」と言った。

振り返ると、あの時バリケードに結集した学友たちは、〝学部長室〟の私に報告をし提案をして、私の指示の下に行動をしていた。しかし、当時の学友や後輩たちは決起の昂揚の中で皆それぞれがとても明るく生き生きとして主体的であり、特段の指示や命令を必要とする状況になかった。私たちは、掲げた五大スローガンの下で、全員参加的に議論をして運動体を形成し行動をする、互いに信頼できる〝仲間〟だった。

ただ他学部の学友たちからは、今でも経済学部は学年ごとの序列・役割がはっきりと統制されていて、私たちの学部とは違うとよく言われる。恐らくこれは、経済学部の数年にわたる学生会活動と、研究会員を中心に運動を形つくってきたことにより、自然に先輩・後輩の関係が作用した結果かもしれない。これは、五〇年後の今でも後輩たちに感じることではある。

そして私は前文の通り全共闘の執行部に入らず、〝経済学部の二重権力〟状態はスムーズに解消した。やがて日大全共闘執行部は各学部の学生により構成され、全学部の闘争が組み立てられていった。そして私は、全共闘部隊の一員になった。

経済学部二階バルコニー、数万人の学友結集の〝凄い光景〟

当時、白山通りの交差点に面した経済学部校舎二階の角に、バルコニーがあった。ここに立つと、水道橋駅から神保町方向にかけての街路が見渡せた。私たちは校舎占拠後の決起集会時はこのバルコニーに立ちアジテーションを行った。見渡す限りの白山通りや街路の至るところに学友たちが密集して埋め尽くし、数万人が校舎を取り囲んで集結したあの日大的光景は、正に〝凄い光景〟であった。何を叫んだかは忘れたが、あの光景は忘れない。

(ロ) バリケード闘争とその生活

バリケードは当初、自己の身の安全確保のためであり、反大学=大学の否定と自己確認(自己否定ではない)の証しであった。やがてバリケードは、自主講座、自己学習の場となり、自己肯定と自立の固い連帯の砦となった。

「闘いの相手は、独裁権力者・古田日大である」。私たちの、反歴史・反権力との闘いは古田の背景にある強い政治的状況を有していた。しかし日大全共闘は学園民主化要求に併せ、全学部生にこの闘争方針を提起し、堅持した。当初民主化運動に批判的であった体育会系学友の多くも、一方的な当局の言動と右翼の暴力を目にしてこの大学の実態に目覚め、戦闘的に結集してきた。

私たちのバリケードの中は主体的に秩序が保たれていた。学友たちは、自らが自らの役割を見つけて自主的に行動した。校舎の破壊は禁止され、図書室は気づいた者たちが封印（図書の盗難防止）し、就寝場所は学年や闘争委員会ごとに自主的に管理され、学内は絶えず清掃が行き届いていた。電話設備は点検されて各階詰所（一階入口詰所とか）、各年闘争委員会、執行部室等に配線され、緊急連絡体制が整備された。

当時、経済学部バリケード内に掲示された「規律」（執行部員の水登君により、経済学部・短期学部学生会名で張り出された）

一、全学友は身の回りの整理整頓を自主的に行う。
二、全学友は理論武装を徹底化し討論を義務とする。
三、全学友は破壊・掠奪を厳禁する。
四、全学友は常に衛生に気を配り進んで掃除をする。
五、全学友は闘争勝利のため自己犠牲をしのび固い連帯を守れ。

また、校舎周辺で外食者が路上で頻繁に暴力的襲撃を受けたため、三年生闘争委員の米丸君たちにより食事対策が組織されて五〇席規模以上の食堂（教授会の二階大会議室）が用意され、食券の発行から調理まで自主的に運営されて、多くの学友が寝食を共にすることとなった。そしてこれにより、出動部隊の隊列は欠けることなく整い、組織的命令によらずとも強力なる「隊列」を形成する基になった。

やがて、逮捕者、負傷者が多数出てきたので情報部隊が組織され、デモ・機動隊周辺でのレポや通信傍受等を行って機動隊、右翼部隊の動向把握、他学部との連絡など、情報の一元化により日々の闘いの情勢判断ができるようになった。

また、闘争初期より先輩たちと弁護士、学友により弁護団と救対が組織され、逮捕者、負傷者に対して組織的に素早い対応が行われていった。

最強のバリケード——日大全共闘のバリケードは、大学闘争史上最強のバリケードと言われた

これは武闘のプロ的右翼学生集団との闘いの防御拠点として、そして闘う精神の象徴として学友たちにより構築された。後に、東大、京大はじめ、他の大学の学友たちより〝技術指導〟を依頼され、何度か出張指導した〝実績〟がある。(一六二頁、「機動隊に破られなかったバリケード参照」)

闘争方針会議、多数の闘争委員会発行の〝機関紙、総括文書〟

バリケード内では、経闘委主催により誰もが参加できる会議が毎晩行われた。時折は他学部の闘争委員会のメンバーが加わって各学部の状況報告や全学の行動方針が議論され、各自は自らの意見を述べて明日に向けての方針が議論された。そして各闘争委員会はそれを持ち帰り、翌日に向けた行動が組まれていった。またバリ内では、各闘争委員会や有志達が各々の想いで書いた〝機関紙やビラ、総括文書〟が発行され、実に楽しくにぎやかな生活が行われた。

二年生闘争委員の「太陽」「スパルタコス」、三年生闘争委員の「楔」「天地」、四年生闘争委員の「造反」、経短二部の「創造」などの他、「ゼミ闘通信」、文連の「文化戦線」、サークル闘委、合唱団の「団結」、児童研の「レジスタンス」そして経闘委情宣部の「勝利」、経闘委の「事務局新聞」など、実に多彩な情報伝達と意見発表が行われた。

その一例である「勝利」の記事より(毎日の出来事、行動予定、生活雑記等の記事が書かれた)

七月一五日

我々は、校舎を自主管理し生活している。我々の目的は、闘いにより学園の民主化を勝ち取ると同時に、我々自身が民主的な生き方を身につけなければならない。

精神的、肉体的に耐えること、現状を冷静に判断し、批判し、一人ひとりが主体的に考えて論じ合う中から真の理性を、大学の自治を確立しよう。

「自主講座・資本主義の分析」下級生の一人が「資本主義のどこがいけないのか」、上級生が丁寧に答える。それでも納得がいかない。それに対して上級生は根気よくかみ砕いて説明し、納得したようだ。

七月一七日

「本日の自主講座は、都合により中止になりました」

七月一八日

「昨日の路上で」我々の抗議デモは、突如機動隊が阻止線、身は引きしまった。我々は今日の予備折衝を勝ち取る、闘いなれた機動隊に突っ込み、一回目は殴られ、蹴られて敗退、しかし隊列を組み直し怒りをもって突撃した。機動隊はひとたまりもなく逃げ去った。

七月一九日

チラシ裏面記事

「あなたはなぜここにいるの？　バリの外は七月の太陽が、そうもう夏……そうあなたは怠惰な午後を過ごせるのに。薄汚れたシャツとズック靴で。不眠と疲労と……あなたはなぜ闘争をやるの？」

「ここに来る以前の問題〜私がここにきて、その理由をどのように把握してよいのか」「闘争の過程で〜私は、新しい創造をなし得るのか」「自己と自我意識〜主体性なくして自我の目覚めは無しえない」

「愛と思想のリエゾン〜一個の人間に惹かれる。その人間性に惹かれる。だけど真の愛は思想と共に」

「青春の謳歌〜学友諸君、真の友情を見つけ、青春を謳歌しよう」

「闘いの中の自己変革〜自己形成のために自由なる真理探究と社会科学的思考を」

その日々の生活？　実態は……

しかし皆が生き生きとしたこの泊まり込み日々の実態は、食堂は用意できたもののお互いが生活

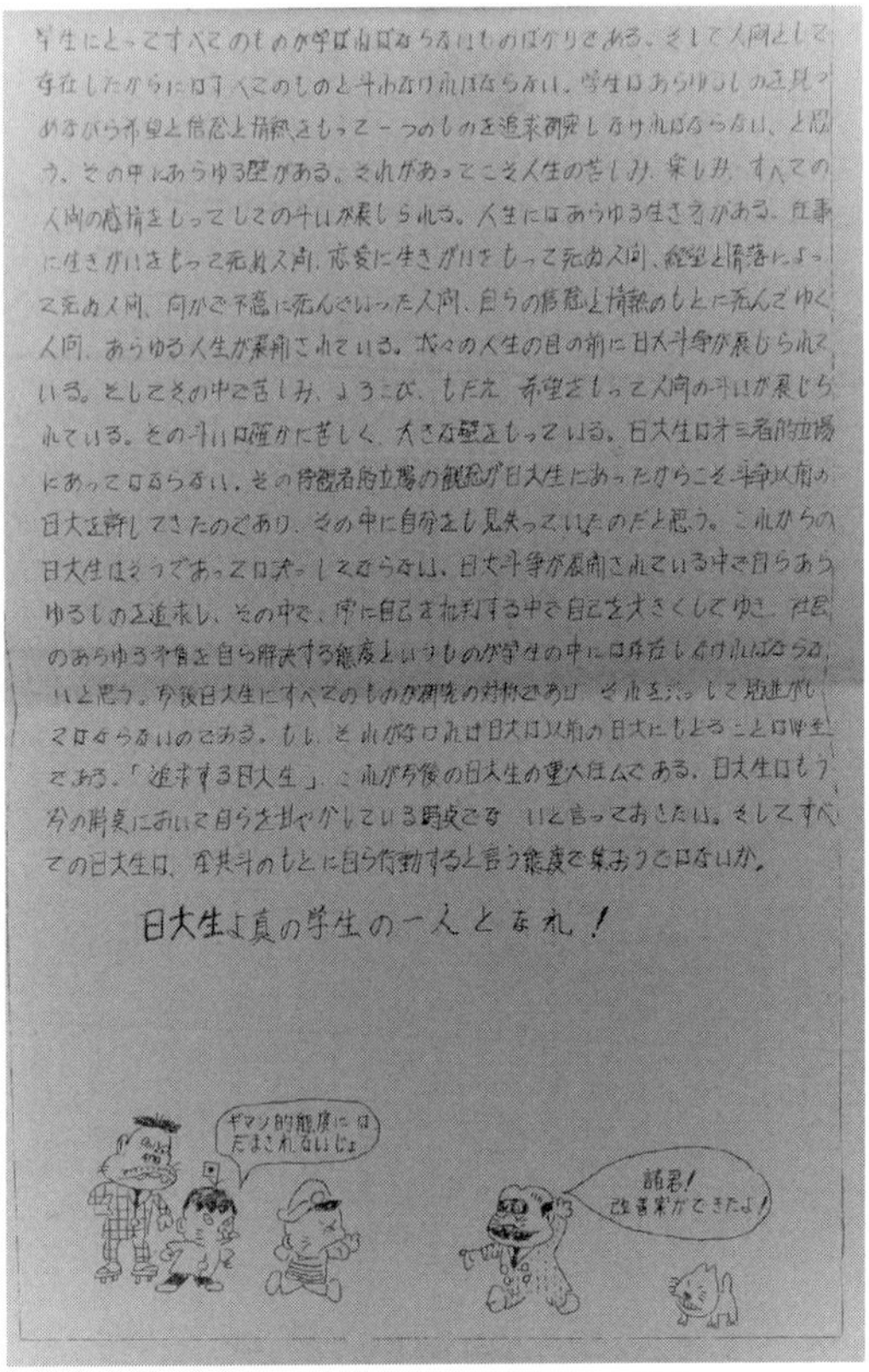

学生にとってすべてのものが学ばねばならないものばかりである。そして人間として存在したからにはすべてのものと斗わなければならない。学生はあらゆるものを見つめながら希望と信念と情熱をもって一つのものを追求研究しなければならない、と思う。その中にあらゆる壁がある。それがあってこそ人生の苦しみ、楽しみ、すべての人間の感情をもってしての斗いが展じられる。人生にはあらゆる生き方がある。仕事に生きがいをもって死ぬ人間、恋愛に生きがいをもって死ぬ人間、絶望と堕落によって死ぬ人間、何かで不意に死んでいった人間、自らの信念と情熱のもとに死んでゆく人間、あらゆる人生が展開されている。我々の人生の目の前に日大斗争が展じられている。そしてその中で苦しみ、よろこび、もだえ、希望をもって人間の斗いが展じられている。その斗いは確かに苦しく、大きな壁をもっている。日大生は第三者的立場にあってはならない。その傍観者的立場の観念が日大生にあったからこそ斗争以前の日大を許してきたのであり、その中に自分をも見失っていたのだと思う。これからの日大生はそうであっては決してならない。日大斗争が展開されている中で自らあらゆるものを追求し、その中で、常に自己を批判する中で自己を大きくしてゆき、社会のあらゆる矛盾を自ら解決する態度というものが学生の中には存在しなければならないと思う。今後日大生にすべてのものが研究の対象であり、それを通して前進がなくてはならないのである。もし、それがなければ日大は以前の日大にもどることは必至である。「追求する日大生」、これが今後の日大生の重大な任務である。日大生はもう今の時点において自らを甘やかしている時ではないと言っておきたい。そしてすべての日大生は、全共斗のもとに自ら行動すると言う態度で集おうではないか。

日大生よ真の学生の一人となれ！

バリケード内発行の楽しいビラ

設備の全く無い着のみ着のままの集団生活であり、私も当時は一週間〜一〇日程度は風呂にも入らず着替えもしていない生活？だった。確か七月の中ころには貸し布団が手配されたものの、それまで皆は毎夜机の上か床の上に新聞紙を引いて横になり、私も机の上に新聞紙を引いた〝硬い布団〟で、しかも夜半は襲撃を警戒して起きていて、毎夜眠るのは朝方からであった。

幸い私は、個室（学部長室隣）だったからよかったものの、集団で教室を使用した学友たちの生活はどのようであったのであろうか。

集会やデモの後、バリケード内では討論会、講演会や自主講が頻繁に行われた。一九五八年の「日大改善方策案闘争」当時のＯＢによる講演・討論会などや、岩田宏「資本主義と大学問題」、薬師寺旦「仏五月革命と学生運動」、小中陽太郎「ハノイ報告」、リチャード・バルザ「黒人問題」、三上治「一

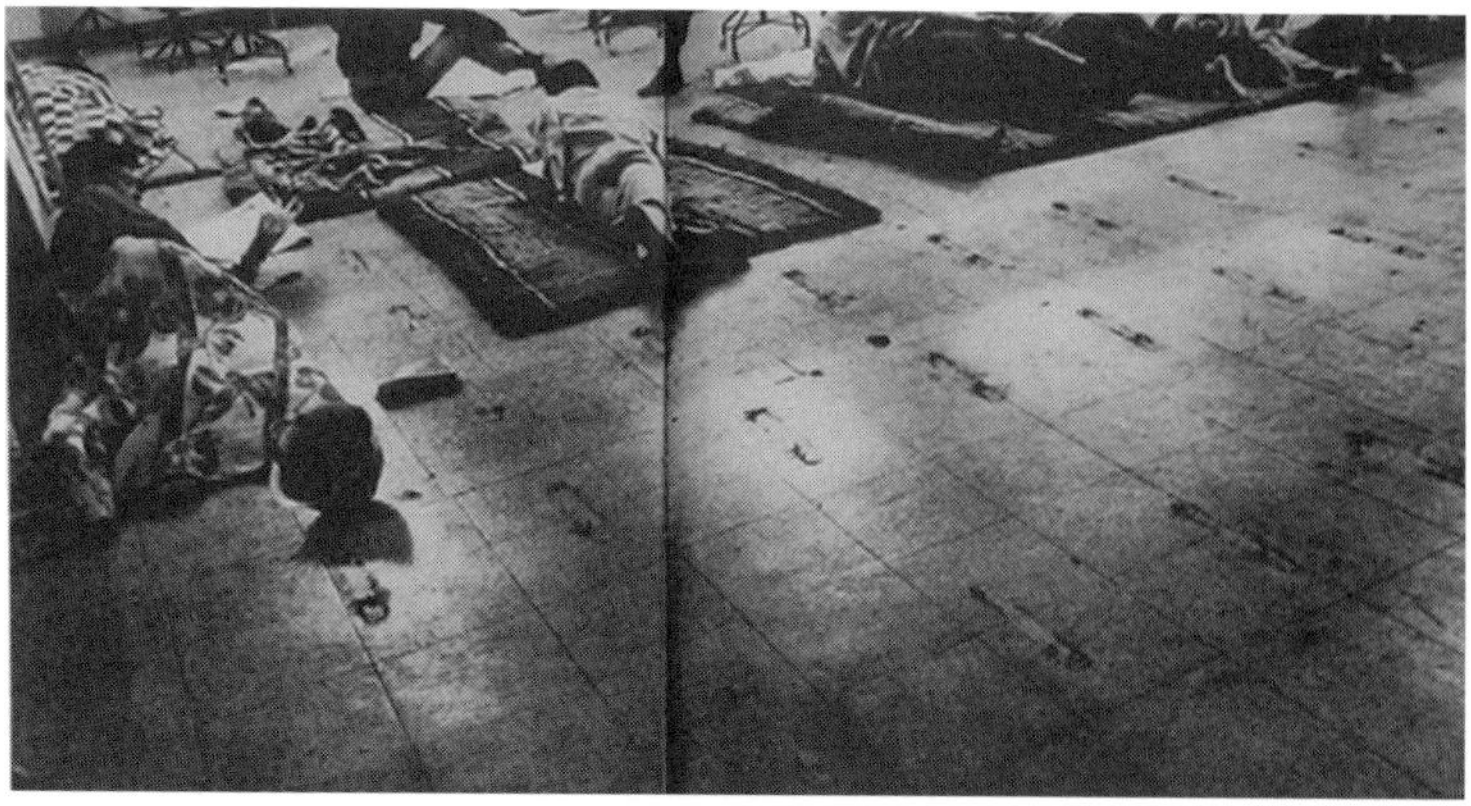

バリケード内に泊まり込み。これでも布団等が手配されたときの状況と思われる

国社会主義論の問題」などの他、羽仁五郎、国分一太郎、丸山邦男、日高六郎、小林良正氏等学識者、社会運動家の講演が行われた。またバリケード内では、月曜日から土曜日まで自主講座が組まれた。「経済学方法論」、「宗教哲学」、「資本主義分析論」や「戦後学生運動史」など、社会科学分野の講座が開かれた。

私の自主講座

私はレーニンの『何をなすべきか?』、エンゲルスの『空想から科学へ』、マルクスの『ドイツ・イデオロギー』等の講座をやっていた。今や記憶は定かではないが、資本主義の構造問題とレーニンの理論に自分たちの状況を重ね合わせて、自然発生の大衆運動には大量の意識＝認識をとか、従来の学生会活動は経済主義活動であり、その反面たる教条主義的＝セクト理論を避けて、全共闘の五大スローガンを方針として、「民主主義のための「前進闘士」としての主体的な役割を担おう」的なことではなかったかと思う。

果たして中身があったのかの記憶は定かではないが、学友、後輩たちとの議論をしながらの講義は、懐かしい思い出である。しかしこのとき皆に貸し出すために校内に持ち込んだ私の蔵書は、九月四日の機動隊導入にですべて失ってしまった。

後輩の池上君（当時情報部担当）から受取った膨大な資料集から偶然に筆者がバリケード内で書いたビラを発見した。秋田執行部設立当時から学内の活動に向けて闘いのビラを書き、ばら撒いてきた状況からバリ生活になって、自主講座を念頭に少し想いを変えた一枚のビラであった。（本人も全く失念していた。）

『夏季休暇断固乗り切ろう会』全学友は楽しく結集しよう！

古田反動体制を打破し、学園の民主化と学生権力構築の闘いとして展開されたこの闘いは、今や全学部に及ぶ闘争となり……他の学部も続々とストライキ体制に向いつつあり……古田の手先・右翼暴力学生を追い詰め、闘争の最終段階に向けてその一歩を踏み出しつつあり……教職員組合も約五〇〇人余の結集の下、古田支配機構を打破し、打倒デモを勝ち取った。しかし我々の闘いは決定的打撃を反動権力者に与えつつも夏季休暇を迎え、この二か月の期間を乗り越えることにより勝利は我々の手に現実のものになる……。

我々は当局の反撃も如何なる困難をも乗り越え打破して断固バリケードを守り、九月決戦を我々の主権の下に闘うべく決意しなければならない。……この休暇を我々の断固たる闘いの蓄積期間となすべくかつ自由な自治活動の場となすべく、決意を新たに強固な団結を勝ち取ろう。

七月二日五時から二階「闘争食堂」に全ての経済学部男女は必ず結集しよう。

研究会、ゼミ、クラスの合宿は食堂完備の校舎でやろう。

主催　経済学部闘争委員会

「闘争用語集」から

戦死せる教え児よ

竹本源治

逝《ゆ》いて還《かえ》らぬ教え児よ
私の手は血まみれだ
君を縊《くび》ったその綱の
端を私も持っていたのだ
しかも人の子の師の名において
嗚呼《ああ》！
「お互いに騙されていた」の言訳が
なんでできよう
慙愧《ざんぎ》　悔恨《かいこん》　懺悔《ざんげ》を重ねても
それがなんの償いになろう
逝った君はもう還らない
今ぞ私は汚濁の手をすすぎ
涙をはらって君の墓標に誓う
「繰り返さぬぞ絶対に！」　（一九五二年）

この詩は第二次大戦において教師の無抵抗・体制服従の結果、自分の教え時を戦場に駆り出され、アジアの人民を抑圧するファシストのために戦死させていったことに対して時代が過ぎてから悔恨し苦しみ、これからは絶対に許さないぞという決意に燃えて作ったものと思われます。

私たちの日大においても少なからず学者としての良心を保っている人は、社会の平和と発展に寄与すべき学問の場を、腐敗と反動的弾圧の場に流して幾多の学友に犠牲を強いたことに深く反省しているかもしれません。しかし本当に正しく反省するのなら事が終わってから云ぬんするのではなく、今敢然と立ちあがり、共に苦しみ改革するのが本当の姿ではないでしょうか。

私たちは学生のみならず教授をも抑圧する古田反動権力に対して激しい怒りを持ち……打ち破らねばならないし、また本当に打ち破ることができます。これが私たちの真の歴史なのです。

「階級社会では、革命と革命戦争が不可避であり、それなしには社会発展の飛躍を達成することもできなければ、反動的支配階級を打ち倒して人民に政権を獲得させることもできない。」（毛沢東『実践論・矛盾論』）

闘争は決して一部の精鋭だけでできるものではなく、第一に何万人の大衆がやるものであり、第二に「下層」が古いものを望まず、「上層」（権力者）がこれまで通りやってゆけなくなっているときにはじめて成功する。

世界は進歩しつつあり、前途は明るい。この歴史の全般的な趨勢は、何人と言えども変えることはできない。

我々は世界の進歩の状況と明るい前途を常に学友に伝え、勝利の確信を持たせなければならない。闘いの展望は夏休み中にある。我々は以前に知らなかったことを身に着けることができる。

我々は古い世界を破壊することができるだけでなく、新しい世界を建設することができる。

私たちはついこの前までの完璧なマスプロ教育と暴力弾圧の中で、自己を自由に表現できず、学友と話すことも肩を組むこともできず、動物的な利己主義と頽廃の中に自分を見失わざるを得なかったはずだ。

自分の心のウサを晴らすにはマージャン、パチンコ、バー通いしかなかった。これが古田の教育方針から出てくる〝教育〟の一面であった。しかし我々は今、どういう風に変わったか。

集会においてはすべての学友が友人であり、安心して肩を組み、自由を取り戻すためには、どんなに苦しくても頑張ろうと誓えるはずだ。全てのものが正しく自由に、全てのものが　生き生きとし、全てのものが生きている。

私たちは社会の〝悪〟がいかなるものであるかを知ったし、それに怒りを持つことを知った。そしてそこには心からの連帯があることを知った。これこそが、私たちの学ぼうとしていた本当の生きた学問でなくてなんであろう。

私たちは本当の学問を知り、古田反動権力とその支配機構を残しておくことはできない。箒が届かないならゴミを掃き捨てることができないように、もっと強く最後まで闘わないなら支配者を倒すことはできない。

いつの時にも支配者は自ら歴史の舞台を去ることがないからだ。我々の歴史は明るい。歴史が発展していくことは誰にも止めることはできない。しかし我々の歴史が明るいというのは、夏休みを本当に乗り切ったときの話なのだ。我々は歴史を変えていく中で、我々自身を新しくしよう。

無気力と利己主義を打ち破ろう。


以上が筆者のビラの文章でした。決起をしたバリケードの中で当時の時代の影響を受け、自主講座を始めた想いを感じる、自らの記憶に残っていない長文のビラでした。

バリケード内は、皆が実に生き生きと自分の持ち場を探し、作業をしていた

「オッス、料理は俺がしまっす……」　私に食対の料理人を率先して名乗った三年生の彼は頭がツッパリ、両足には一本歯の下駄を履いていた。その彼の腰のベルトには包丁がさしてあった。日大には、異能のある学生がいたわけだ。私は学部長室を占拠して(今だから言える、前述のように副学長室だったかも)遠慮がちにその大きな机に新聞紙を引いて寝ていた。しかしこの部屋は食堂＝教授会の大会議室に近かった。そのために、私は時折起こるもめごとのなだめ役になった。しかしあの激しい状況の中で、喧嘩に至るようなトラブルは全く無かった。学友は実に楽しげに生き生きと自主的に行動していた。料理はある時期、前述の米丸君のお母さんとご父兄の料理講習を受けて改善された。

七月はじめと思われる〝食堂〟の値上げ(物価の上昇によりやむを得ず～ビラより)

ラーメン　三〇円⇩四〇円

コーヒー　一〇円⇩三〇円　他は不明

「食対は赤字と人手不足による重労働、諸君、全面的に協力を乞う」

バリケード内は電気、水道、ガスが止められずに供給され、EVも利用できた。私たちはこれによりバリ内での平常的〝生活〟と、給食、清掃、勉学、議論をすることができた。これは、当局が社会的批判に対する人道的対応だったのか、単に気付かず供給されたものかは、今となってはわからない。

外食者への襲撃

六月一六日夕刻、校舎近くの売店に出かけた戸部君らを右翼学生が後ろから車で近寄り襲撃、タオルに包んだ石で滅多打ちの暴行をして逃げ去った。戸部君は、集中的に頭部を攻撃され激しい打撲を受けて、二か月入院の重傷であった。その戸部君は退院後、一層のパワーをつけて戻ってきた。これらの襲撃は、校舎の周辺で何度も繰り返された。

商店街の人々の温かい支援、駅前カンパへの熱い支援

バリケードの私たちに対して、三崎町商店街の人々から、多くの差し入や援助を頂いた。

〇〇食堂からの段ボール一箱の卵差し入れ、……店からの野菜類の差しれや△料理店は食事代無料、

闘争初期のまだ不慣れなデモ、先頭は筆者？と思われる

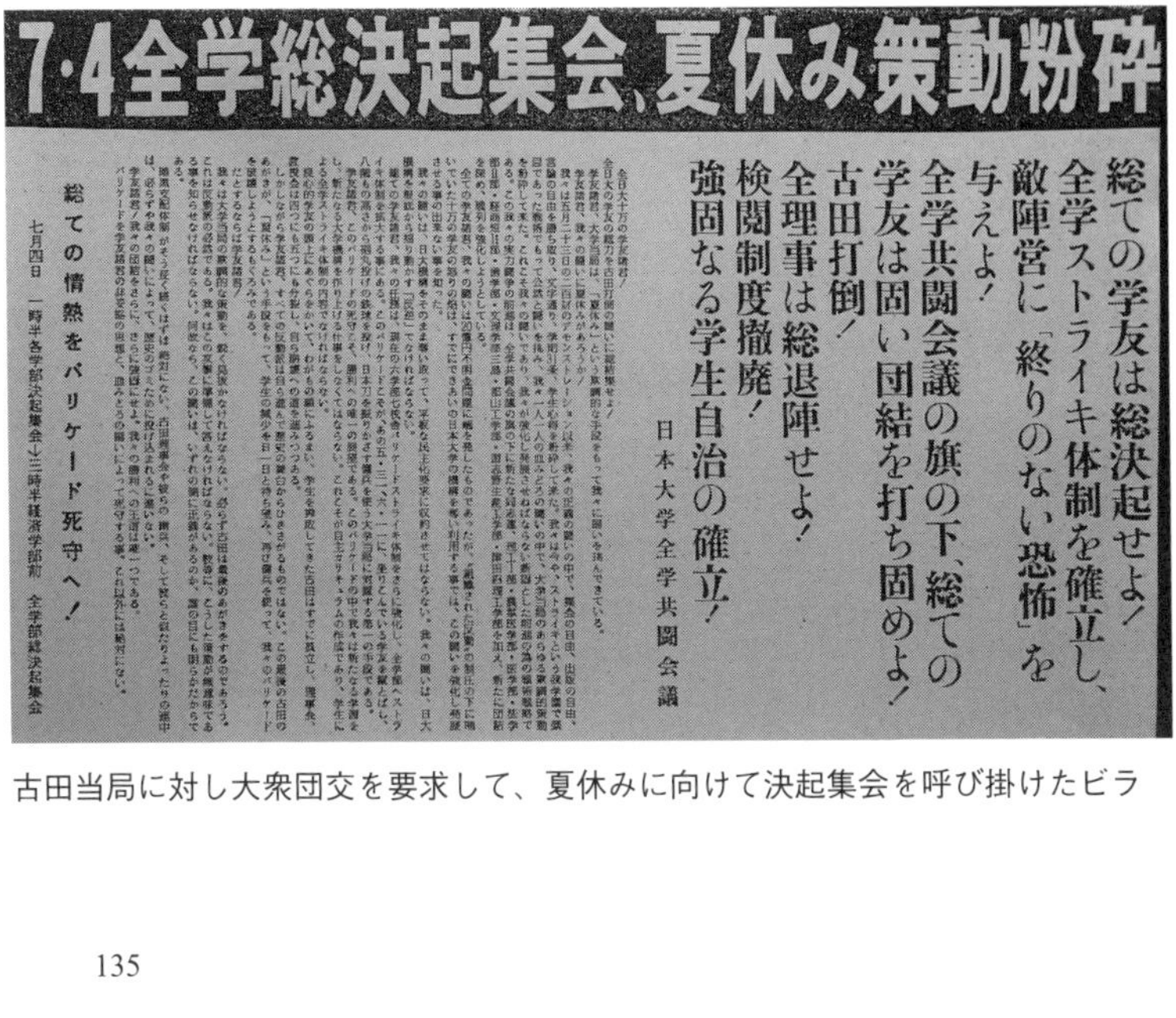

7・4全学総決起集会、夏休み策動粉砕

総ての学友は総決起せよ！

全学ストライキ体制を確立し、敵陣営に「終りのない恐怖」を与えよ！

全学共闘会議の旗の下、総ての学友は固い団結を打ち固めよ！

古田打倒！

全理事は総退陣せよ！

検閲制度撤廃！

強固なる学生自治の確立！

日本大学全学共闘会議

全日大十万の学友諸君！

全日大の学友の総力を古田打倒の闘いに総結集せよ！

学友諸君、大学当局は、「夏休み」という策謀的な手段をもって我々に闘いを挑んできている。

我々は五月二十三日の二百米のデモンストレーション以来、我々の正義の闘いの中で、集会の自由、出版の自由、言論の自由を勝ち取り、文字通り、学則引き、学生心得を粉砕して来た。我々は今や、ストライキという[illegible]回であった教術でもって公然と闘いを挑み、我々一人一人の血みどろの闘いの中で、大学当局のあらゆる策謀的策動を粉砕して来た。これこそ我々の闘いであり、我々が強化し発展させねばならない[illegible]闘争の為の戦術戦略である。この我々の実力闘争の前進は、全学共闘会議の旗の下に新たな同志達、理工学部・農獣医学部・医学部・法学部II部・経済学部II部・商学部・文理学部三島・郡山工学部・習志野生産工学部・津田沼理工学部を加え、新たに団結を深め、隊列を強化しようとしている。

全ての学友諸君、我々の闘いは20億円不明金問題に端を発したものであったが、抑圧された我々の怒りの下に眠っていた十万の学友の怒りの焔は、すでにできあいの日本大学の機構を奪い利用する事では、この闘いを強化し発展させる事の出来ない事を知った。

我々の闘いは、日大機構をそのまま奪い取って、平板な民主化要求に収約させてはならない。我々の闘いは、日大機構を根底から揺り動かす「反逆」でなければならない。

総ての学友諸君、我々の任務は、現在の六学部七校舎バリケードストライキ体制をさらに強化し、全学部へストライキ体制を拡大する事にある。このバリケードこそが、あの五・三一、六・一一に、八階もの高さから[illegible]投げの鉄球を投げ、日本刀を振りかざす暴兵を使う大学当局に対置する第一の手段である。

学友諸君、このバリケードの死守こそ、勝利への唯一の展望である。このバリケードの中で我々は新たなる学園を、新たなる大学機構を作り上げる仕事をしなくてはならない。これこそが自主カリキュラムの作成であり、学生による全学ストライキ体制の内容でなければならない。

良心的学友の頭上にあぐらをかいて、わがもの顔にふるまい、学生を弾圧してきた古田はすでに孤立し、理事会、教授会は四つにも五つにも分裂し、自ら崩壊への道を進みつつある。

しかしながら学友諸君、すべての反動派は自ら進んで歴史の舞台からひきさがるものではない。この最後の古田のあがきが、「夏休み」という手段をもって、学生の減少を一日一日と待ち望み、再び暴兵を使って、我々のバリケードを破壊しようとするもくろみである。

だとするならば学友諸君！

我々は大学当局の策謀的な策動を、鋭く見抜かなければならない。必らず古田は最後のあがきをするのであろう。これは反動派の必然である。我々はこの攻撃に準備して答えなければならない。[illegible]に、こうした策動が無意味である事を知らせなければならない。何故なら、この闘いは、いずれの側に正義があるのか、誰の目にも明らかだからである。

腐敗支配体制がそう長く続くはずは絶対にない。古田理事会や彼らの暴兵、そして彼らと似たりよったりの連中は、必らずや我々の闘いによって、歴史のゴミために投げ込まれるに違いない。

学友諸君！我々の団結をさらに、さらに強固にせよ。我々の勝利への王道は唯一つである。

バリケードを学友諸君の非妥協の団結と、血みどろの闘いによって死守する事。これ以外には絶対にない。


総ての情熱をバリケード死守へ！

七月四日　一時半各学部決起集会→三時半経済学部前　全学部総決起集会

古田当局に対し大衆団交を要求して、夏休みに向けて決起集会を呼び掛けたビラコーヒー代無料の喫茶店とか、当時お金の無い私たちは本当に有難かった。

三崎町商店街の方々は優しく私たちを励ましてくれ、私たちは暖かく見守られていた。

また新宿、錦糸町駅前等での度々のカンパでは、私たちの肩に手をかけ、或いは手を握って「学生さん、頑張れ」と声をかけて励まされ、ヘルメットに次々とお金を入れてカンパをしてくれた大勢のおじさん、おばさんそしてサラリーマンの方々に、本当に暖かいご支援を頂いた。

一回のカンパで集めたお金で二つの大きなリュックがいっぱいに膨らんで、そのリュックを銀行に持ち込んだ時、銀行員員は絶句していたということである。（執行部財務担当の言）

ツケの食事代は？

バリケードの泊まり込み常駐者は、食事の時に、学園食堂の入口におかれたノートに日付・名前・金額を記入・サインをし、いわゆる〃つけ〃で食べていた。これは（筆者も）適宜清算した記憶がないことから、九月四日のバリケードへの機動隊導入でこのノートは不明となって清算無しの、いわゆる「食い逃げ」をしたことになる。（筆者、前述米丸君の話）

第7章　鉄鎖を解き放った〝激動の闘い〟と佐藤首相の「指揮権発動」

(1)当局の授業再開方針によるバリケード撤去、仮執行と怒りの反撃

八月二五日　団交拒否抗議全学部総決起集会、デモで機動隊と衝突し八人逮捕。経済学部長より「九月一一日より授業を再開するので校舎を明け渡すように」催告の通知。

八月三一日　当局は法学部・経済学部の占拠解除仮処分を申請していた。

九月三日　当局は九月一一日より「授業開始」を新聞広告。抗議の者三人逮捕さる。自主講座。

私たちは八月の夏休み期間を乗り越えて、バリケード・スト体制を維持した。やがて強硬方針の古田当局により、校舎明け渡しの要求とバリケード撤去仮執行及び授業再開に向けた動きが始まった。八月二七日、経済学部長名で「校舎明け渡し」の催告通知があり、三一日に校舎占拠解除の仮処分が申請されて、九月三日に当局は「授業開始」の新聞広告をした。

内容証明で送られた校舎明け渡し「催告書」

「……建物内外の硝子、窓、壁……設備或いは付近商店街の窓ガラス等を破壊し、第三者に甚大な損害を蒙らしめ……九月一一日から後期授業を開始するため、右破壊、毀損を至急補修の必要があり……バリケードを撤収し……至急明け渡すように催告する。」

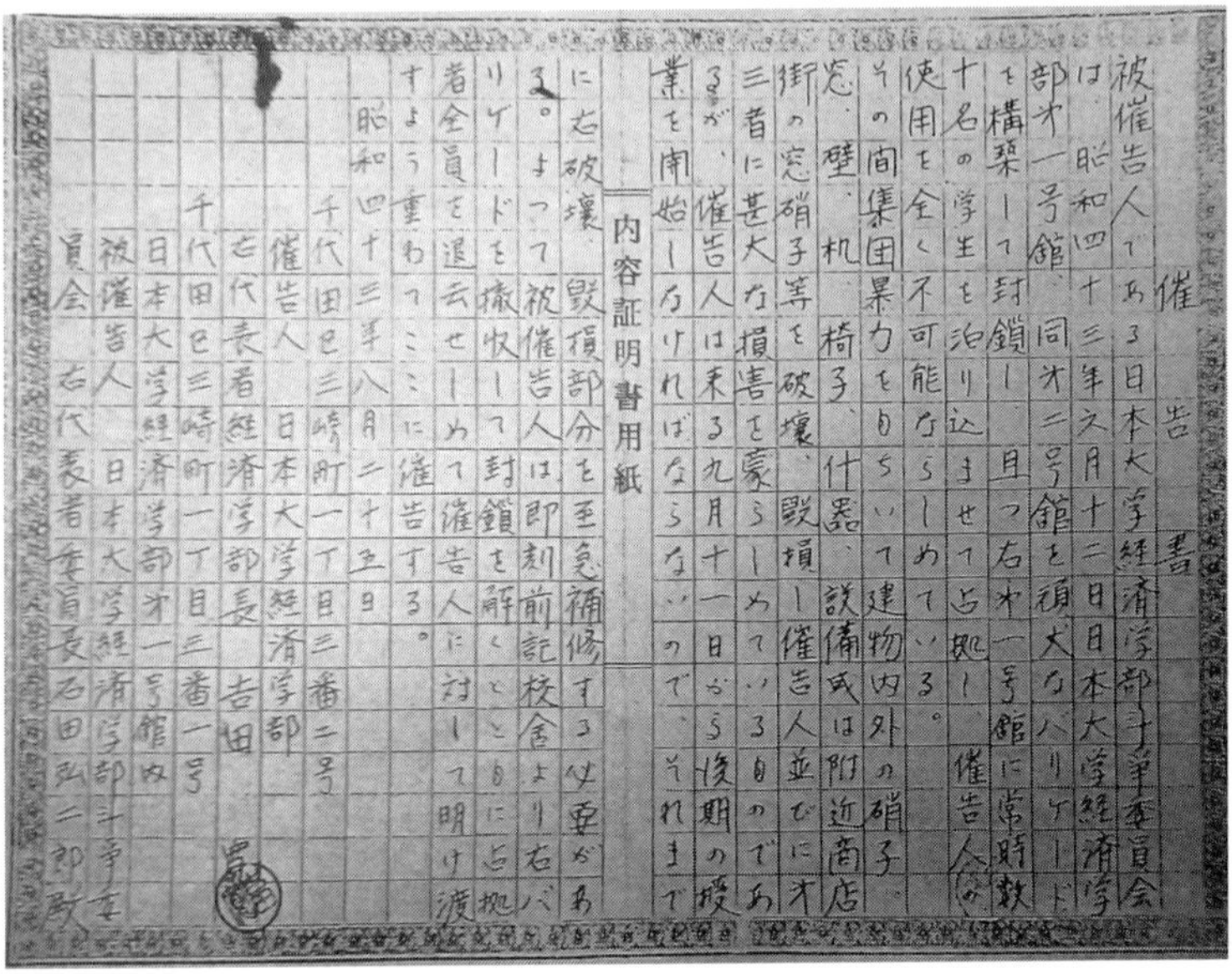

催告書

被催告人である日本大学経済学部斗争委員会は、昭和四十三年六月十二日日本大学経済学部第一号館、同第二号館を頑丈なバリケードを構築して封鎖し且つ右第一号館に常時数十名の学生を泊り込ませて占拠し、催告人の使用を全く不可能ならしめている。

その間集団暴力をもちいて建物内外の硝子、窓、壁、机、椅子、什器、設備或は附近商店街の窓硝子等を破壊、毀損し催告人並びに第三者に甚大な損害を蒙らしめているものであるが、催告人は来る九月十一日から後期の授業を開始しなければならないので、それまでに右破壊、毀損部分を至急補修する必要がある。よって被催告人は即刻前記校舎より右バリケードを撤収して封鎖を解くとともに占拠者全員を退去せしめて催告人に対して明け渡すよう重ねてここに催告する。

内容証明書用紙

昭和四十三年八月二十五日

千代田区三崎町一丁目三番二号

催告人　日本大学経済学部

右代表者　経済学部長　吉田

千代田区三崎町一丁目三番一号

日本大学経済学部第一号館内

被催告人　日本大学経済学部斗争委員会　右代表者　委員長　石田弘二郎殿

法学部教授会名の日大全共闘宛ての校舎明け渡しの「通告書」

九月四日未明、経済・法学部校舎へ、機動隊によるバリケード撤去仮処分が執行された。私たちは、大学の民主化を求めた大衆団交を何度も反故にされ、学部教授会、教職員組合、父兄会等の「理事総退陣決議・要求」等を無視する古田当局のこの強硬姿勢に対して、法学部・経済学部の一三二人の学友はバリケード死守の徹底抗戦を行った。（以下は「経済学部の闘い」）

この日午前三時、経済学部の守備隊六九人は機動隊の攻撃を予想し、三二三番教室で「決起集会」をして、「不退転の闘い」を確認した。そして未明、経済学部校舎は約七〇〇人の機動隊に取り囲まれた。この包囲攻撃に対して守備隊は各々の持ち場で投石等による攻撃を始めた。当初機動隊は、白山通り正面から突入を図ったが、その部隊は守備隊の激しい攻撃により執行不能状態となった。このため機動隊は正面からの突入を避けて北側隣地ビルとの狭い隙間にあった通路から地下に侵入し、更に南側二号館との渡り廊下から侵入した。やがて闘いは学内に侵入した機動隊との激しい攻防により徐々に追いつめられて行き、守備隊は屋上に集合して、多くの学友たちや市民が見守る中で肩を組み、インターナショナルを歌いながら全員が逮捕された。そして経済学部バリケードは陥落した。

強制執行によりバリケードは撤去され、逮捕・連行される守備隊の学友たち

　この闘いで機動隊員は一九人が負傷したが、五機の某指揮官の無謀な命令により経済学部校舎と北側隣地ビルとの隙間に侵入した機動隊員の内一八人が五階からの投石を受けて負傷し、一名は完治不能の負傷をし、更に一名は後に死亡した。この機動隊員の死亡により翌年四月、守備隊の内三年生闘争委員の九人は地検の再拘留を受け、「自己防御行為とは別件の現場共謀による傷害致死事件」として告訴され、二〇年近くの裁判闘争を強いられた。（裁判記録

は第9章を参照）

裁判は地検・地裁一体の強行公判が行われた挙句、地検の強硬方針により最高裁まで争われて、最高裁は、地裁の裁判は長期間の無益な裁判だと認定して、全員に無罪を判決した。この判例は最高裁による「無謀かつ無益な裁判事例」として「刑事訴訟法講義案」に掲載されている。

一〇万日大生への鉄鎖を解き放った全共闘・怒りの反撃の闘い

古田当局のバリケード解除強制執行に対して、全共闘は直ちに怒りの反撃を開始した。

この日午後、理工学部空地で約三〇〇〇人結集の抗議集会を行い、やがて一万人以上の学友たちの結集による闘いで三崎町一帯から機動隊を追い出し、白山通りを「解放区」にしてジグザグデモを行い、再び経済・法学部校舎を奪還した。

そして翌日の機動隊再導入に対しては事前に退去し、占拠を繰り返した。その攻防は五日、六日、七日～一二日にわたる激しい闘いとなった。そして、私たちは一二

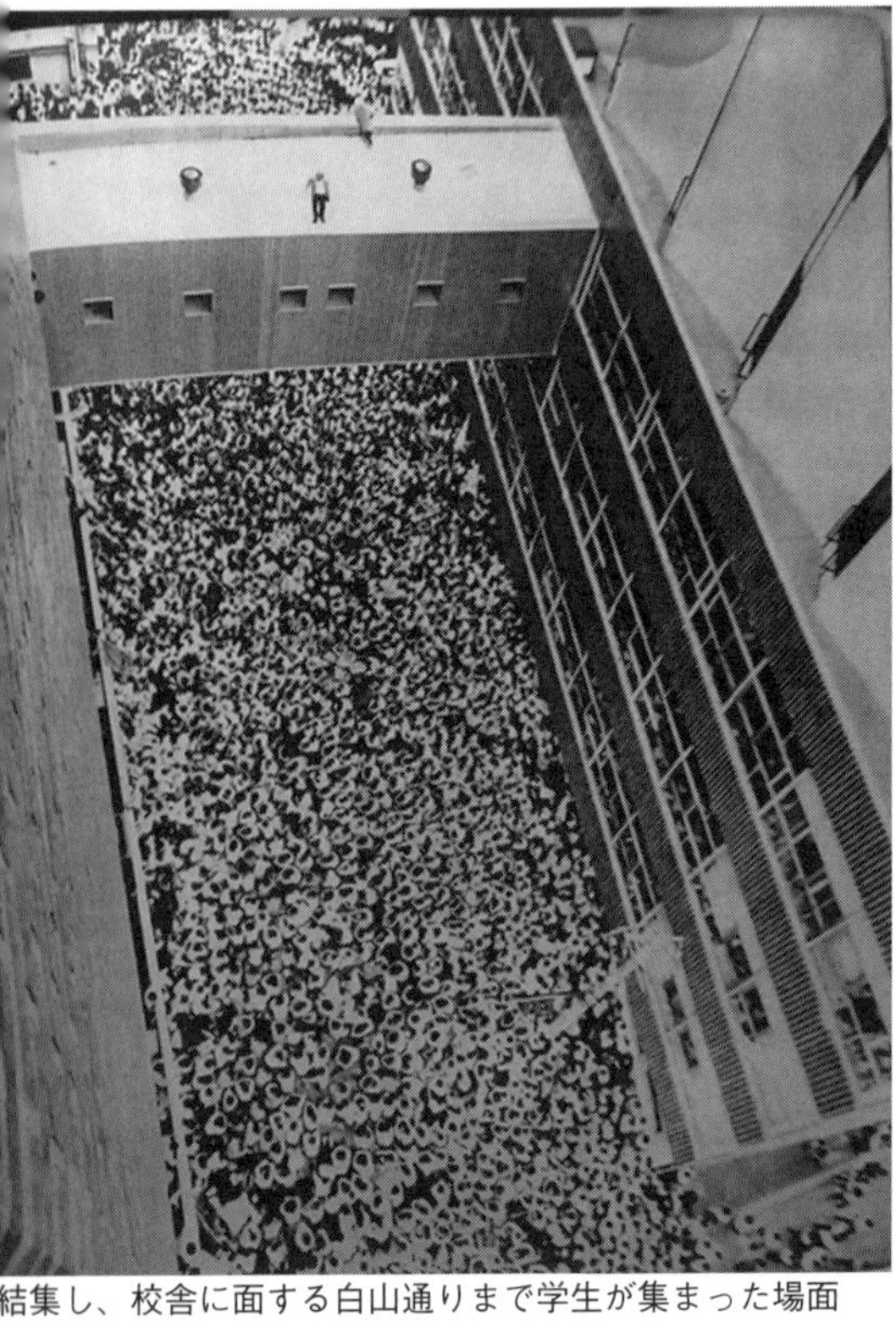

結集し、校舎に面する白山通りまで学生が集まった場面

経済学部一号館と二号館の間の路上に隙間もなく
である。（写真左は、秋田明大の演説）

日、再び経済、法学部の校舎を再占拠して、更に強力なバリケードを築いた。この時、日大生たちの怒りはすさまじく、闘いはあたかも一〇万日大生への古田による鉄鎖が解き放たれたかのように激しい闘いとなった。神田三崎町、神保町の街路、白山通りの一帯は連日数万の学友と市民たちが街路を埋め尽くして連帯し、地面を揺り動かすかの如くのデモ行動により、機動隊を追い散らして撃退した闘いとなった。

九月四日　機動隊八〇〇人により法・経済学部のバリ撤去仮処分を執行。全共闘は直ちに徹底抗戦。午後一時、理工学部にて約三〇〇〇人抗議集会、やがて一万人以上のデモとなり、経済・法校舎を奪還・占拠して白山通りをジグザグデモ。一三二人逮捕さる。

九月五日　早朝、機動隊導入、事前に退去した全共闘は約五〇〇〇人の抗議集会、更に結集した一万人により白山通りをデモ、機動隊二〇〇〇人の急襲を撃退して、三崎町〜神保町を解放区とし、校舎を再占拠する。

九月六日　経済前で五〇〇〇人全学集会。白山通りを解放区にして校舎占拠。三五人逮捕され

九日七日　仮処分抗議全学総決起集会後デモで機動隊と激突、機動隊を一ツ橋まで追い散らし、白山通り一帯を解放区にして経済・法学部校舎を占拠。一二九人逮捕される。
九月一〇日　法学部長以下五人辞任。理事会は、四項目の譲歩案を決定。
九月一二日　経済学部全学総決起集会、学友一万二〇〇〇人により二〇〇〇人の機動隊と激突。お茶の水～明治通り～靖国通り、駿台下～神保町～白山通りの機動隊阻止線を突破して激しい投石により規制できない機動隊を追い散らして解放区をつくり、経済・法学部校舎を再占拠し、より強固なバリケードを築いた。そして三崎町交差点路上に演壇をつくり、約二万人に上る日大生、市民が座り込み、集会を行った。この日、逮捕者一六四人。（九月二～一二日間の逮捕者は五〇〇人以上、全都の留置場は日大全共闘の学生で埋まる。）
九月一三日　九学部、八〇〇人の助教授・講師達により「理事総退陣」要求出る。
九月一四日　古田の朝日新聞単独会見「任期途中に辞任せぬ。団交拒否方針崩さず」
九月一六日　永田総長「理事退陣を表明」
九月一九日　経済学部前総決起集会、二四日の団交を要求、三崎町周辺は渦巻デモで埋まる。医学部スト突入～歯学部スト突入（全一一学部スト突入）、夜、経済学部にてティーチイン。

白山通りの水道橋駅から神保町交差点に至る街一帯が学友で埋まった。（次頁の写真は経済学部前交差点と思われる。）この時交差点のど真ん中に旗を立ててアジテーションの場を作り、叫んだ場面はすさまじい光景であった。またこの時多くの市民、地元の方々も加わって機動隊に対抗し、三崎町、

白山通りの水道橋駅から神保町交差点に至る街一帯が学友で埋まった集会

神保町一帯は抗議の人の波であふれた。

（2）「一九六八年九月　日大全共闘・激動の闘い」

九月四日、経済学部バリケードは機動隊により封鎖解除された。徹底抗戦を宣言した経闘委の主力部隊は、これにより全員逮捕された。しかし……「学部前に集合した部隊が出撃します。経闘委・法闘委を中心とした精鋭のゲバルト部隊です。国家権力機動隊による封鎖解除の際、学外に展開した比較的少数の行動隊です。他学部の応援部隊も駆けつけました。日大全学部生の総力を挙げた戦いが開始されました。ほとんどの者がパクられました。翌日別の新入り部隊がまた出撃します。またパクられます。その翌日別の新入り部隊が集まります。今度は留置場から帰った者が合流します。また出撃して……キリがありません。行動隊の周りには万を超す大衆が取り巻いています。

神保町一帯は人の群れで埋め尽くされていました。この時には路上の石ころまでが全共闘の味方でした。機動隊はことごとく敗走しました。警視庁機動隊は日大生に追い詰められて、悲鳴を上げてバラバラになって遁走し

て行きました。機動隊の犠牲者が出なかったのが不思議なほどです。」（「日大全共闘経済学部闘争委員会ホームページ」より）

「群衆が自己組織化する瞬間」

「……神保町交差点の辺りは……既に騒乱状態だった。……一度目の衝突が終わり路上は小康状態に入った。……機動隊は何人かの検挙者を投石防止用の盾の代わりに使い、少しづつ部隊を後方へ移動させていた。……衝突は一日停止し……一瞬静寂に包まれた。すると、歩道に佇んでいた学生が、一歩、また一歩と路上に足を踏み出し始めた……駿河台下の交差点から神保町の交差点にかけての白山通り、靖国通りのあちこちで、一歩また一歩と足を踏み出した……ゆっくりとしたその動きが人数を増えて行くにつれ、速さを増していった。……学生は路上に散乱している石の一つを拾った。そして、投げた。近くにいた学生が、背広姿の若いサラリーマンや野次馬が、一斉に路上になだれ込んだ……すべての群衆がそれぞれの手に石を持ち、機動隊に向かって投石を始めた……機動隊の何人かが焦って路上で転倒した……そしてじりじりと敗走を始めた。その時、投げられた石の量が最大に達した。見上げた空のおよそ四割ほどが、投石された石によって占められていた。空からの光が、投げられた石によってさえぎられた……投石防止用の網を自らの隊列の上に掛ける事になってしまった機動隊に……次から次へと学生達が突入して行った……もはや一般学生もノンポリも暴力学生も全共闘も全学連もサラリーマンも野次馬もなかった。日大全共闘の呼びかけに答えて結集した万余の日大生を始めとする群衆は……　隊列を組み、歓声を上げ……街路を走り……大地を蹴り……うねった。はっきりと、大きく、大地が上下に振動していた。」（三橋俊明著『路上の全共闘』）

九月の闘いの忘れない想い

九月四日の機動隊導入時、帰省していた私は直ちに上京し、九月の闘いに戻った。多くの学友たち

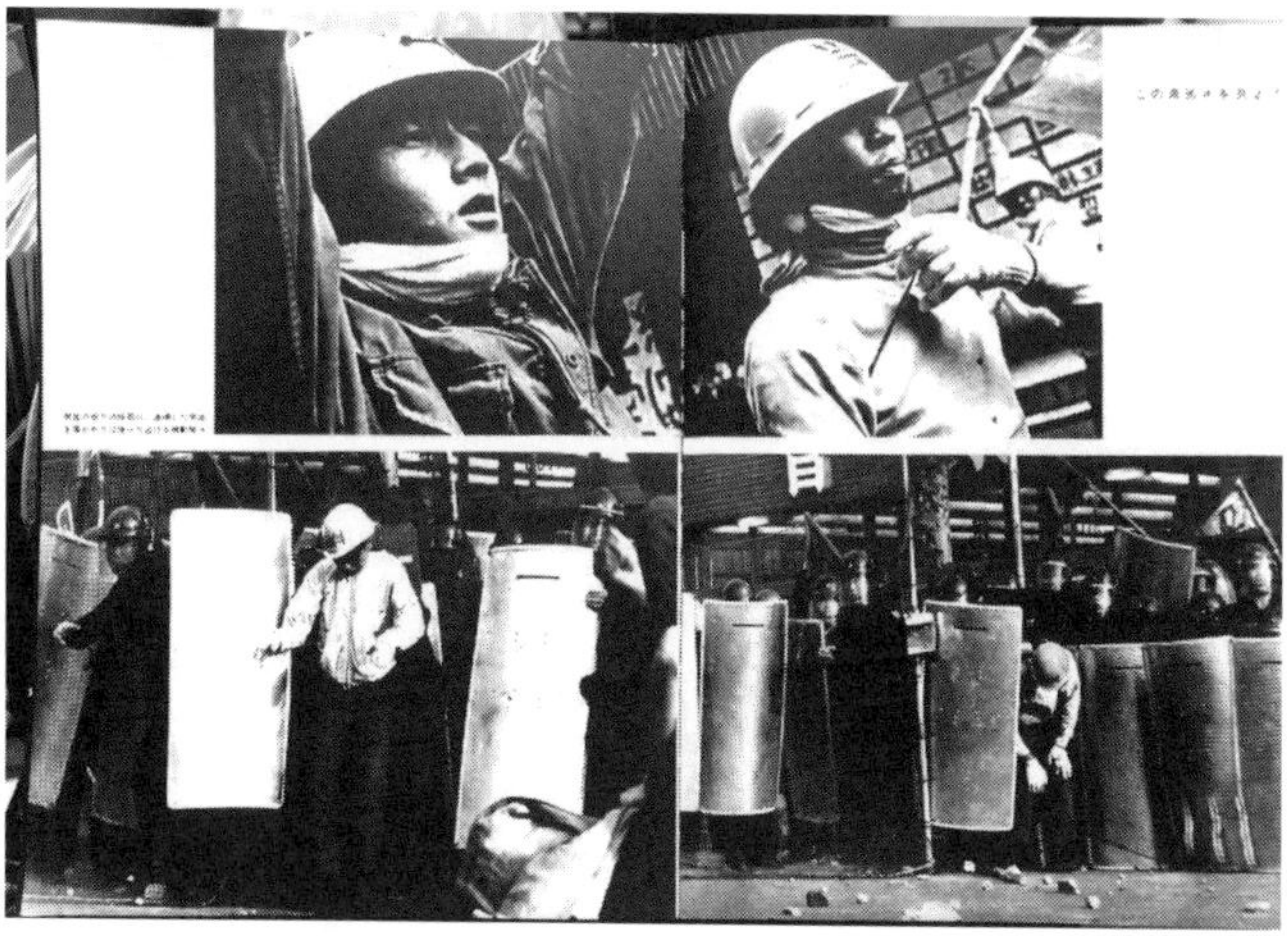

連日、数万人の学友と路上の民衆の攻撃に耐えかねて、学友を盾にして攻撃を避けながら、態勢を崩して逃げる機動隊であった

も続々と集結し、水道橋～神保町交差点にかけての街路一帯が数万人の学友たちで埋まり、これに歩道上の一般の人たちも加わって、機動隊との闘いは市街戦状態となった。この時の攻防は、機動隊に追いかけられた場面もあったが、むしろ機動隊を追い詰めた闘いであった。対峙する機動隊が私たちに追い詰められてジリジリと後ずさりをし、隊列を崩して潰走する場面や、機動隊を一ツ橋先まで追い出し、水道橋から神保町交差点にかけて広い白山通りを目いっぱいに腕を広げ、手をつないで歩いたフランスデモとジグザグデモの場面は、正に地面が、大地が揺れた凄い光景であり、今も忘れられない。

(3) 古田当局の「要求承認」の回答、大衆団交による闘争勝利と大学民主化へ

九月二一日　理事・学部長会議、当局より「要求を認める回答書」が来る。（しかし大衆団交は拒否）

九月二四日　大衆団交拒否回答への抗議集会・三〇日の大衆団交を要求、七〇〇〇人デモで白山通りは埋まる。夜は経済学部ティーチイン。

九月二九日　理事会発表「共闘会議の団交には応じられないが、三〇日一五時、午後全学集会を開く」

九月三〇日　一三時、経済学部前集会に二万五〇〇〇人集結、一五時、両国講堂三万五〇〇〇人により大衆団交。ヘルメット、角材、拡声器等を使用しないで静穏に、しかし約一二時間の団交。

「回答書」全文（日本大学会頭　古田重二良、昭和四三年九月二一日）

日大全共闘の怒りと激烈な〝反撃の闘い〟により、授業再開の目途が立たなくなった古田当局は強硬姿勢を変えて、九月二一日、私たちに「回答書」なる饒舌な文面を送って来た。

そこには「学生諸君の大学近代化要求」に対して、「ローマ法」をも引用し、「約束を守ることが千金、数万の諸君と声を交わし、意思を通じ合うことが先決であったことを反省し、深く詫びて」、「コロンビア大学と、パリ大学がカルチェラタンの焦土から新しい端緒をつかんで再建への道についた教訓から、大学は反省して学生諸君に答える」として、私たちの要求を全面的に認めるとあった。

文面上は、現行の大学諸規則を廃棄し、現状の指導機構を解散して集会・表現等の自由及び、学問・学部の自治権を認め、理事会としては闘争における学生処分者を出さないとしていた。

私たちはこの時点で要求を勝ち取り、闘いに勝利した。しかしローマ法を引用してまで「反省」したこの文書は、学生諸君に「回答書で十二分に答えたのだから団交は不要であろう」との結びであった。

「学生諸君、大学は諸君からの九月一九日付け九項目要求書を受け取り、直ちに慎重の審議に入り別紙の答えを送ることにした。いささか長文であり、意を尽くさない点もあるが、事柄の本質に対する深い分析の下に真意をつかみ、事柄の前進的解決のための指標となるように要望してやまない。

学生諸君、諸君が、経済学部の処分反対のために最初の運動を組織し、やがて全学園を巻き込む闘争へと拡大発展せしめて以来四か月になろうとしている。大学はいち早く諸君の要求の全てが近代化への進展を求め、近代的大学への変革を要求するものであることを知り、直ちにこれに応えそれ迄緩慢に進行していた近代化路線を、急速の道につかしめようとした。理事会は六月二五日付けで大学改革一九項目の大綱を発表し、学生諸君の民主的・近代的生活を保障するための学則の改正、経理の全面公開、処分の撤回などの悉くを承認する基本路線を明確にしたのである。大学はこれを近代化への変革の諸条件と規定した。しかし巨大な我が大学の広範な分野に於いて、理事会の示した画期的な意図と方針は必ずしも理解されたとは言えず、学生諸君の近代化要求の真意を誤ってくみとり、或は状況に幻惑されて本質を看過するなどの誤りが生じ、理事会は悲痛の思いでこの経過を見、苦慮し続けたのであった。

大学が諸君の要求する大衆団交に応ずるための予備会談に応じたことはこうした混沌の状況の中から新しい解決への端緒をつかみ、正しく、且つ確実に学生諸君の要求に応じようとした創意のあらわれであった。しかし不測の事態の発生により、それ以上の進展へとすゝめ得なかったのである。これは予測不能の紛乱の惹起を予感した理事会の総意にもとづくものであったが今かえり見て、約束を守ることこそ千金とするローマ法の原則に忠実に断固として諸君の要求に応え、要求する場所に赴き、数千、数万の諸君と声をかわし、意思を通じ合うことこそ先決であったことを思い、諸君に深く詫びたいと考える。大学はこれを尊い経験として将来の時点において生ずべき如何なる約束をも断固として守り諸君との間にいささかなりとも不信を生ずることがないように深く決意している。周知の九月の状況は、法学部、経済学部に対する強制措置、これを契機とする諸君の激烈な抗議デモの続発であり、正にコロンビア大学、パリ大学における場合と同一のパターンを示すに至った。大学は仮処分にあたり、わが国の大学仮処分に関する幾つかの先例が平和的に行われ、新しい対話の突破口となるというすすめもあって、この手段に踏み切ったのであるが、我が大学の事情の異なるのを見て深く驚き、悲痛の念をもって事態に対処しようとしているのである。

しかし諸君、パリ大学の学園紛争が、カルチェ・ラタンの焦土の中から新しい端緒をつかみ、再建への道についたことを想起してほしい。我が大学も、こうした試行錯誤の過程から、多くの教訓を得、反省し、この状況をふまえて新しい諸君の要求に応えたいと考える。すくなくとも一九六八年世界学生問題の総括につらなり、未来の指標となる正しく、正確な解決の道を切り開く決意の下に、諸君の要求項目への回答を用意したのである。

要求項目に応える。

一、学生の自治活動に関する第一の要求を原則として認める。

（一）学生諸君の大学における集会・その他の事由に関する現行の規則の大系を破棄する。

（二）学生指導機関などの改革について、

（a）指導機構を解散・改革し、学生諸君が大学において快適な生活と学問的生活が送れるように万全の施策を講じる。

（b）各学部の人事については学部自治の原則を侵さないようにするため学部での協議にゆだねる。

（三）学生会館の建設を認めるが敷地を有しない学部はその獲得に努力し、建設の後はこの全館を学生諸君が自立的自主的に利用し、健全な学生生活のホールとすることを期待する。

二、（一）大学の教職員に対し、一九億円の研究費その他の支出による源泉所得税の未収問題を起こし、大学の信用を傷つけた事を学生諸君、父兄、校友及び社会に対して衷心からお詫びする。

（二）経理は細密に全面公開し、定期的にこれを実施する。

（三）第一号の支出を受けた役教職員の氏名、金額を公表することは個人のプライバシーの侵害となる恐れがあるので、その方法等を十分検討する。

三、全理事の退陣について

理事会は責任を痛感して大学の近代化と体質改善のためにその実現を期すため、寄付行ための改正を行う。

法人全役員は寄付行為が改正され、新寄付行為が発足した時点でやめる。

会頭制・名誉職制度の廃止もこの改正作業の中で現に進められつつある。

四、今回の学園紛争に関する処分について

理事会は今回の学園紛争が大学の近代化のための改革要求であることの本質をふまえて処分者を出さないことを要請する。しかし本来、処分の権限は各学部教授会の自治に専属するものであって、理事会がこれに干渉することは大学の自治の根源を危うくする。そこでこの問題は各学部次元での協議にゆだねる。以上、大学は学生諸君の要求する項目を認め即座に実行に移して行きたいと考えている。或いは諸君の満足と歓呼に応え得ないものがあるとするならば、それは表現の不足に由来するものである。すべての諸君が、文言の背後にあることがらの本質を深く洞察し、要求項目に対する大学の容認の姿勢を全面的にすなおに受け入れてほしいと考える。諸君が、この答えを容れ、満足した時点で大学当局は仮処分を取り下げる。諸君はこれ

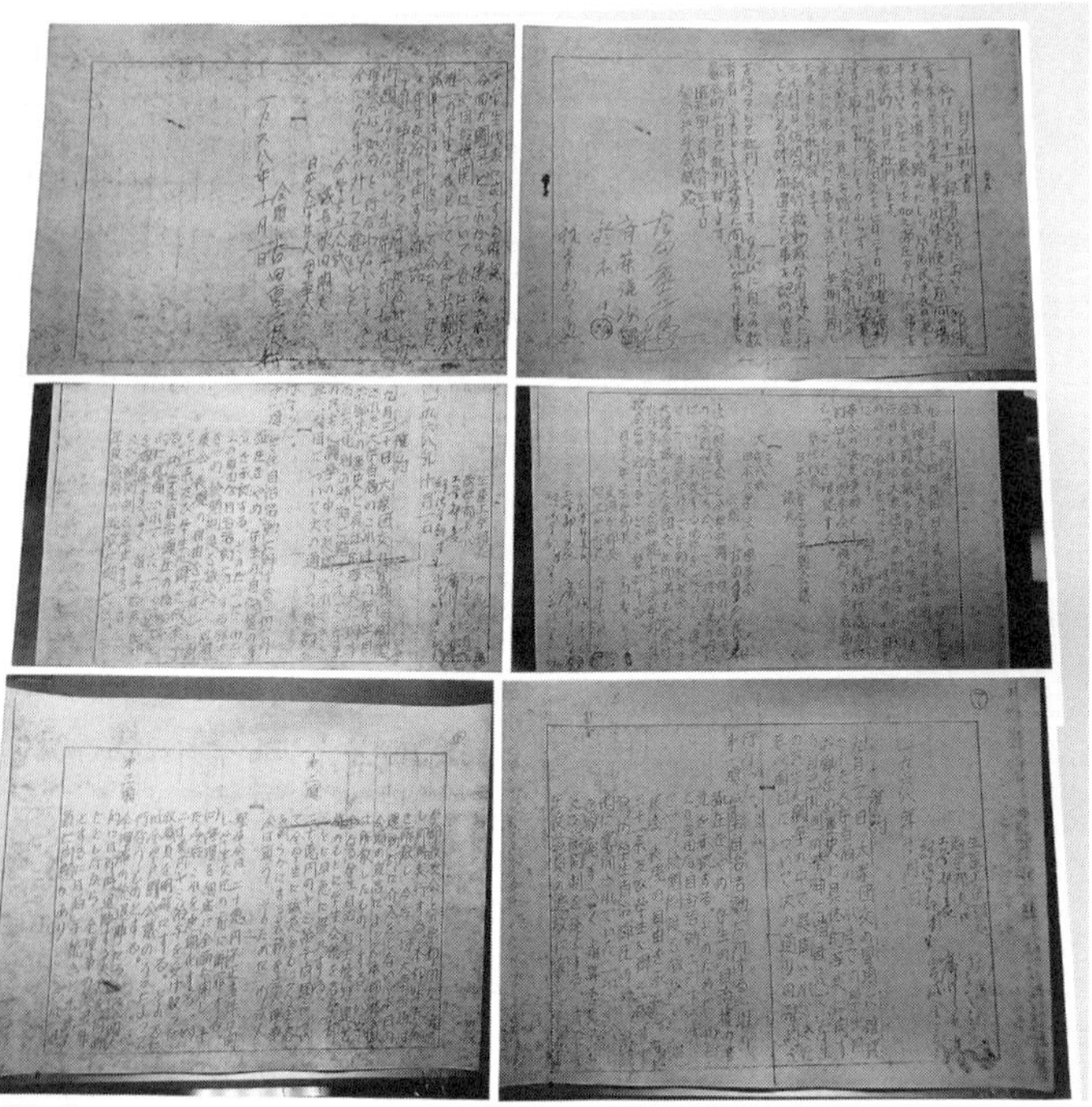

古田理事長以下前理事の即時退陣と学内民主化を約束した協定書、暴力弾圧の自己批判書、処分をしない等６枚の確約書

らの要求を貫徹するために九月二四日に大衆団交を求めてきた。しかし大学が諸君の要求を認めた現時点で、敢えて団体の交渉をし、折衝し、譲歩をし、妥協をするという複雑な会談をしなければならない必要は全く失われてしまったと考える。

諸君はもし諸君主体における直接民主主義のために大集会をもつ必要があるとするならば、すみやかにその挙に出て闘争の終結と大学の正常化に向かって速いテンポで行動を起こしてほしいと考える。学生諸君、深く状況を分析し、諸君は「瓦の火」の混乱も正しく避けて我が大学の近代化と正常の回復に向って気を振って行動を起こして欲しい。言序の提案をもって諸君に

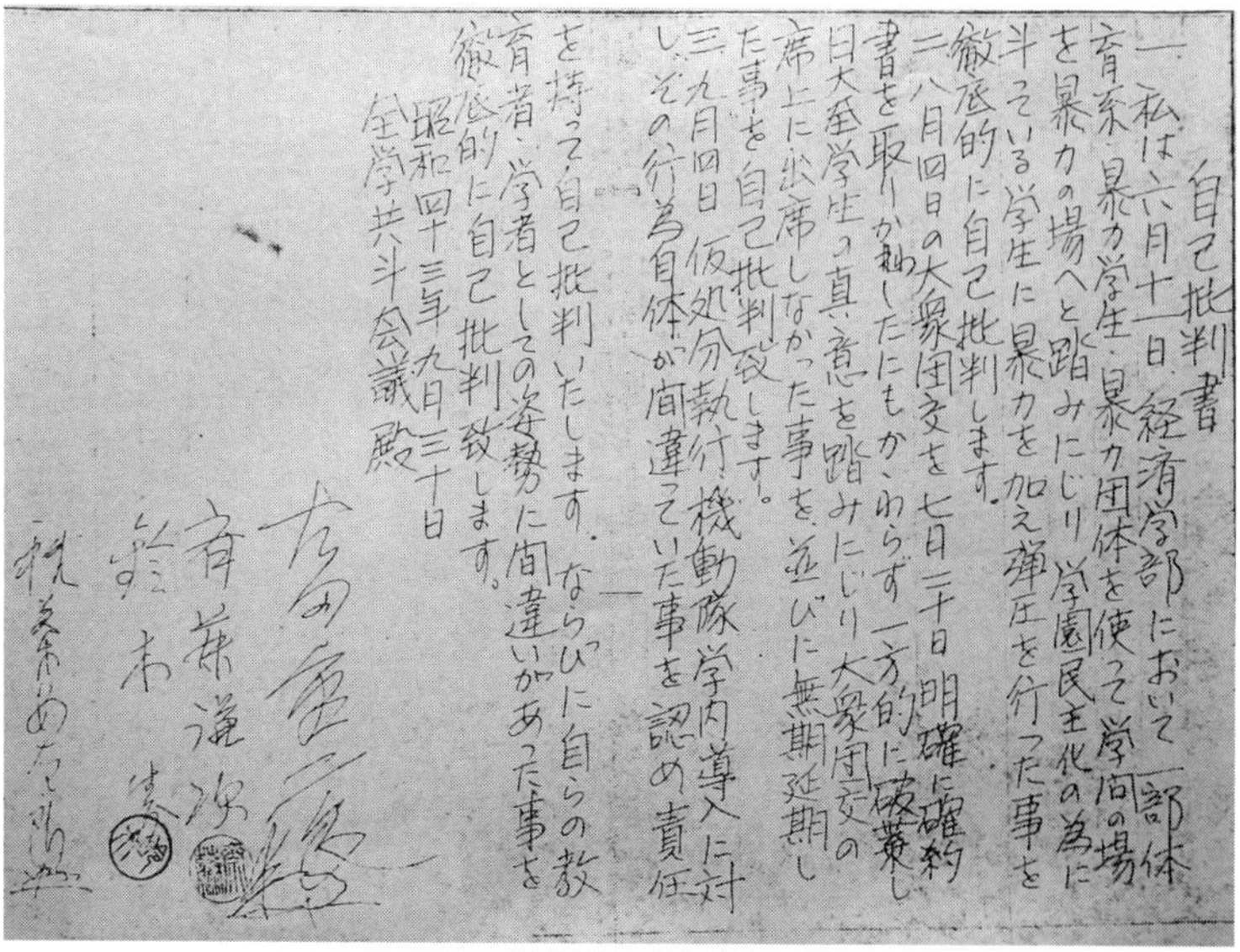

自己批判書

一、私は六月十一日経済学部において一部体育系・暴力学生・暴力団体を使って学問の場を暴力の場へと踏みにじり学園民主化の為に斗っている学生に暴力を加え弾圧を行った事を徹底的に自己批判します。

二、八月四日の大衆団交を七日三十日明確に確約書を取りかわしたにもかかわらず一方的に破棄し日大全学生の真意を踏みにじり大衆団交の席上に出席しなかった事を並びに無期延期した事を自己批判致します。

三、九月四日仮処分執行機動隊学内導入に対しその行為自体が間違っていた事を認め責任を持って自己批判いたします。ならびに自らの教育者・学者としての姿勢に間違いがあった事を徹底的に自己批判致します。

昭和四十三年九月三十日

全学共斗会議殿

古田会頭等の確認書の１枚

対する大学の回答とする。

以上

「定款改正後に退陣。日大理事側が大幅譲歩」（朝日新聞、九月二二日）

「日本大学側が譲歩、年内にも理事退陣、学生処分もしない」（読売新聞、九月二二日）

（ロ）大衆団交・闘争勝利と大学民主化の場面

この回答に対し私たちは直ちに全学集会を開き、「大衆団交において全学生へ直接の説明」を要求した。そしてついに古田当局は全共闘との大衆団交に応じざるを得なくなった。その返事は、「日新会からの要望もあり、九月三〇日一五時に両国講堂で一般学生代表の学生集会に理事達も出席をする全学集会を行う。」との回答であった。

その当日、一三時より行われていた日新会の〝全学集会〟約八〇〇人の彼らは全共闘学生の登場により胡散霧消し、両国講堂は「全共闘主催の団交の場」となった。

講堂がきしみ、危険で上階から降りた学友たちのひざ詰めで約12時間行われた大衆団交（両国日大大講堂）

そして古田以下の理事は、学園の民主化を求めて結集した三万五〇〇〇人の学生の前で、全共闘執行部による追及により、これまでの不当な弾圧を認めて自己批判をし、学内改革と理事たちの即時退陣を約束して「協定書」「確約書」等に署名・捺印をした。

日大全共闘は、この時闘争に勝利した。そして激しい闘争が一定の終結を迎えて、日大民主化の新たな歴史が始まる場面であった。これに会場の全学生は歓喜し、紙吹雪が舞った。

しかし、永年古田体制に弾圧され、古田体制の本質を実感している私たちは、この状況には感動しながらもこのまま事態が終焉するとは思えなかった。そして翌日それが現実化した。

（４）古田会頭を救済した佐藤首相の「指揮権発動」

団交翌日の一〇月一日、古田の盟友たる佐藤栄作は、「大学紛争は政治問題ではない」としていた灘尾文相不在の閣議で「団交は認められない」とし、日大闘争はもはや政治問題であると発言した。これを受けて古田等はまたもや一転、〝三万五〇〇〇人の学生諸君〟の前で学内改革と即時退陣を調印した協定書、再団交の約束を全て反故にし、理事会意見書、評議員会の辞職勧告等をも無視して雲隠れをした上、「退陣表明の記者会見」を東理事による三〇分のおとぼけ・開き直り会見でごまかした。そして古田は、一一月に行われた父兄大会の「退陣要求、学問・研究の自由確保」等の決議も無視して、「新理事が決まるまで」とした理事会が、〝従来の顔ぶれで学内改革〟を再指導することとなった。

佐藤の発言は古田を救済し、学生の要求を認めて闘争が終結することを阻止した、正に「指揮権発動」の発言であった。この日、闘争が一定の終結を迎えて学園の民主化が始まるはずであった日大闘争の歴史がその道を失い、再び雌伏した独裁者と国家権力の更なる暴力と弾圧により、闘争を終わりなき血みどろの闘いに導いた、佐藤栄作の政治的発言であった。

「日大紛争、解決へ向かう～会頭ら即時退陣を認む、検閲制度の撤廃も」

「佐藤首相、日大の事態重視～大学対策　閣僚懇で協議へ」（朝日新聞、一九六八年一〇月一日）

団交の翌一〇月一日、佐藤首相は閣議において大衆団交を批判し、「今や政治問題として取り上げる時期に来た」と発言した。しかし、当時灘尾文相は大学紛争に対する新聞記者の「社会問題、政治問題とは思わないか」との質問に対し「まだそう思わない。文教と治安は違う。大学の自主性に任せるべき」と答えていた。

朝日新聞の記事の付記として「佐藤首相は古田会頭の「日本会」有力メンバーで古田と非常に親しく、首相が奮起したのでは」とある。

大学理事会の動き

団交により理事退陣を認めた古田以下の理事は、二日及び五日の理事会でほとんどの理事は辞意を表明し、古田もその意向であったと言われ、七日の評議員会で「総辞職になると思う」と発言していた。しかしその七日の評議員会は「理事は全員一致で退陣を」との名目で理事会に差し戻した。これは佐藤発言を受けた退陣拒否の強行派理事達の巻き返しがあったものと推定される。

そして八日の「記者会見」はその強硬派の東理事により左記の記者会見が行われた。

広報担当の東理事（八〇歳超の高齢、耳が遠く、とぼけ上手。辞職に強硬に反対している古田派理事）のわずか三行の声明による記者会見が行われた。

記者たちの質問に「……、え、何ですか」、「……と思う」と、惚ける。あまりのお惚けに、「記者＝総辞職するんですね。」「東理事＝す・べ・き・である……」挙句、「私は辞表を出しません。任期前に辞めさせるなら損害賠償を要求する」、と「これじゃ学生が怒るのは当たり前だ」と記者たちもあきれた開き直りのお惚け記者会見である。（朝日新聞、一〇月八日）

日本会より各方面に穏かにくばられた文書より

古田重二良先生激励会

人類の危機、革命の波は世界を揺ぶり、日本繁栄を誇る反面、恐怖は刻々と迫り一片の隙すら許さぬ。頭脳を犯された者は暴徒となり日本人の資格を失い、日本を敵視し日本民族の破滅を目的とし、平和の内容を解せず其の無智は許せぬ。巨大な国費を浪する官学を踏みにじり（官学は明治の要請に答える使命は已に終った。大学院は明日の世界の要請に答える人材養成の大学）国立大学のギャンブルを狙った革命戦術の拠点に利用されたのである。第二は世界最大の大学私大日大を狙ったのである。日大は彼等の最大の防衛大学である。この二つの大学を掌中に握ったことは革命準備の第一期を完了したことになる。誰が彼等をそうさせたのか其の原因と経過を糺せ。

古田会頭は独り苦慮すること数十年、遂に世界最大の大学を確立した。併し内外の無智は古田会頭の労に報ひず日大の現状と化した。古田会頭はその困難にめげず孤軍奮斗死力を尽して敲い、古田会頭の胸中唯日本あるのみ、同志は玆に古田会頭に謝意と激励を以つて報ひ度く、左記の通り激励会を催す次第。御多用中万障お繰り合せ御出席を乞うのであります。

記

一、日　時　昭和四十四年三月四日（火）　午後五時三〇分

一、会　場　ホテルオークラ・平安の間

（港区赤坂葵町三番　電（五八二）〇一一一）

一、会　費　参千円也

○世話人

渡辺美佐　渡辺義雄　渡辺惣蔵　脇本彰

以下世話人六百七十二名。

○発起人（あいうえお順・敬称略）

足立正　鵜智岩太郎　竹村吉左衛門　平井太郎
愛知揆一　片野重修　田中角栄　福田赳夫
東龍太郎　加藤専一　千々波敬太郎　松前重義
安藤楢六　鹿隅伝次　徳川夢声　村田五郎
明本京静　賀屋興宣　富田健治　百瀬結
綾部健太郎　簡牛凡夫　庭野日敬　森治樹
相沢庄次郎　近藤鶴代　西村英一　山岡荘八
赤羽善治　佐々木征一　西村直己　山根春衛
伊藤卯四郎　椎名悦三郎　根本嘉一郎　山本源左衛門
大谷哲平　塩沢元次　橋本登美三郎　吉川政枝
小田原大蔵　鈴木亨市　花井孝久

社団法人日本会総裁　佐藤栄作
日本会調和連盟会長　中原実　日本会印

古田会頭の理念と日本会の本質を見事に表していると言える案内状

三月四日、ホテルオークラでの日本会、調和会の「古田重二良先生激励会」案内状

一九六九年三月四日、ホテルオークラで日本会主催（総裁・佐藤栄作）で行われる予定だった古田激励会案内状は、「古田日本会」の本質を見事に表現している。

「人類の危機、革命の波は世界を揺さぶり……恐怖は刻々と迫り一片の隙すら許さぬ。頭脳を犯された者は暴徒となり日本人の資格を失い、日本を敵視し日本民族の破滅を目的とし……官学（東大のこと）を踏みにじり国立大学のギャンブルを狙った革命戦術の拠点に利用されたのである。……日大は彼等の最大の防御大学である。この二つの大学を掌中に握ったことは革命準備の第一期を完了したことになる。……古田会頭は独り苦慮すること数十年……困難にめげず孤軍奮斗死力を尽くして敲い、古田会頭の胸中唯日本あるのみ、同志は古田会頭に謝意と激励を以って報ひ度く、左記の通り激励会を催す次第」となっていた。

この「激励会」案内状は二月一三日の消印で各方

面に配布され、自民党議員や日商会頭他二〇〇名強が出席通知を出していたといわれるが、案内状に当時の荒木満壽夫国家公安委員長、新井裕警察庁長官、秦野章警視総監等の名前が会の世話人として記載されてたことと、案内状の〝文言〟が問題となり、「会」は中止されたとのことである。（第六一回参議院文教委員会議事録）

この案内状の文言は、日本会古田の政治的背景を見事に示しているといえる。学問の自由と大学の民主化を求めた日大の全共闘を、「日本民族の破滅を目的」にした「革命的暴力集団」「暴徒」と位置づけて、弾圧の意思を明確に感じる内容であり、戦後の民主的思念や大学の教育者らしい理念は全く感じられない。まさに私たちが闘わざるを得なかった古田の「暴力弾圧の本質を〝認める〟古田日大と日本会」の政治的実態を暴露している。当時古田は自らの背景により辞めたくてもやめられないといわれ、居座らざるを得なかった背景が見事に示されていたといえる。

明治神宮での日本会「平和祈年祭」に佐藤栄作が出席し挨拶

平和祈年祭に出席した佐藤首相は運動に触れ、「平和と繁栄の日本を阻害するのは、行き過ぎた学生運動などの暴力行為、経済伸展のひずみとして発生した公害である。」（毎日新聞、一九六九年八月一五日）と挨拶をしている。私たちは〝公害〟と同一視されたのである。

第8章　弾圧の記録と〝大学正常化〟との闘い、東大全共闘との連帯

（1）武闘のプロと国家権力を相手の闘い

闘争勝利と学園民主化の道が佐藤首相の発言により破壊されて、古田会頭の居直りになった一九六八年一〇月以降の闘争は、つかぬ間の膠着状態となった。しかしこの間に新たな弾圧が準備されていた。

一〇月四日には秋田議長以下の全共闘執行部員への逮捕状が出され、二一日には「関東軍」が組織された。これにより各学部の学友たちは武装プロ集団に度々襲われることになり、また新たに強力なガス弾を用意した機動隊とも闘わざるを得ず、日大全共闘はいわば更なる武闘のプロ部隊を相手に闘わざるを得なかった。

日大全共闘の学友たちは確固たる信念があり、闘いの多くの場面で相手を圧倒した。日大全共闘はどの場面でも不退転に闘った。

しかし闘いは、やがて日大当局と右翼暴力のみか、官憲、検察、司法一体による国家権力を上げての弾圧を受けることになっていった。（一八三頁の多賀秀一『1608名の逮捕者』参照）

一一月八日、芸術学部へ関東軍襲撃との闘い

一一月八日未明、芸術学部バリケードへ体育会系と関東軍（新宿の住吉系某やくざが体育会・右翼

系OB等を集めて一〇月二一日結成された。関東軍名の刺繍が入った乱闘服と編み上げ靴を着用）約四〇〇人が鉄パイプ、鉄製盾、木刀、鉄製の熊手等を持って襲ってきた。全共闘の当日の守備隊は約五〇人、守備隊は全共闘執行部に応援部隊の派遣を依頼し、執行部は直ちに二五〇人の応援部隊を派遣した。しかし守備隊は、バリケードを破壊して侵入してくる大勢の右翼部隊と闘わざるを得ず、徐々に追い詰められていった。やがて守備隊は一階を失った。そして二時間以上闘って二階を失い、三階を死守して闘っているところに全共闘の応援部隊が駆けつけた。

順次駆けつけた応援部隊は、中庭にいた関東軍と白兵戦を行いながら追い詰めていき、三階の守備隊の反攻とで挟み撃ちにして関東軍を撃破した。そして建物内に潜んでいた大男たちを一人ひとり引き出して捕虜にした。また遅れて襲撃に来た関東軍の指揮者であるI（新宿の住吉系やくざ）も捕まえて捕虜にした。この襲撃部隊の中心は日大の空手部員等の他、東海大学、拓殖大学、国士舘大学の格闘技系学生たちだった。

この闘いにより九〇人の学友が負傷し、内三一人が入院を要した。また襲撃をした関東軍の捕虜は、指揮者のIも含めて六二人、全共闘は捕虜の一人ひとりを査問し、〝警察に〟突き出した。（この時にIが残したことば、「日大全共闘は強い！」であった。）

なおこのI関東軍は、その後日大の校舎防衛部隊として疎開授業や校舎のガード役を行って、「日大アウシュビッツ体制」と言われる異常な学園の状況となった。Iは、後に「防衛保証会社」をつくって各地域の労働争議へ介入して、労働運動つぶしと市民運動つぶしを行った。この防衛会社の社員はIの母校である拓大や国士舘大学などの格闘技体育会系のOBたちであった。

芸術学部は更に一二日、この事件の捜索を理由に機動隊の激しい攻撃を受けて破壊されたバリケードを直ちに奪還している。

＊Ｉの防衛会社は悪質暴力会社として問題になり、主に東北地方企業一二社の暴力事件において県警の捜査を受け、二〇人が検挙・送検されている。この事件は国会でも取り上げられて地方行政委員会で問題が審議されている。（第七一回国会、地方行政委員会第９号、一九七三年三月八日）

（２）「日大・東大闘争勝利」総決起集会と安田講堂の攻防

一〇月以降の闘争膠着状態を経た日大全共闘は、一一月一七日の会議で二二日に東大全共闘と連帯し、全国の学生に呼びかけて、「日大・東大闘争勝利」総決起集会を行うことを決めた。そして当日、日大全共闘三〇〇〇人の部隊は機動隊二〇〇〇人の包囲を打ち破って、東大安田講堂に登場した。

更に、一二月一五日、東大に約五〇〇〇人が結集して「日大闘争報告会」が行われた。そして、翌年以降、東大においてたびたび決起集会が行われている。また日大全共闘は何度か東大全共闘へ闘いの応援をしている。その中で特に日本共産党の民青拠点の東大駒場校舎では、樫のこん棒と投石機をも用意した部隊と日大全共闘との闘いは激烈な戦いであった。民青は、機動隊と一体になって全共闘を攻撃した。なお、この闘争の帰りにお茶の水駅からの帰還デモ隊がパトカーと遭遇し、怒りが残っていた学友はこのパトカーを捕まえてひっくり返したとのことでもある。

一一月二二日、東大安田講堂前

「安田講堂前の広場は、赤、白、青、黒、銀色のヘルメットで埋め尽くされ、その周囲に見物、報道、そして一般学生が隙間もなく立ち並んでいた。その数は五千人を軽く超えた。講堂正面は各派と各大学の旗が立ち並び、それを背景に幹部連中が次々にマイクを握って大声で叫んでいた。

しかし、ここに集まったすべての者が、「それ」を待っていた。暗闇が迫り、サーチライトが広場を照らし出したが、誰もがたったひつの大学の部隊の到着を待っていた。

たびたびの右翼部隊と機動隊が連動する攻撃に対してゲバルト対応が必要になった日大全共闘の学友たちは、誠に強い、不退転の部隊であった。（場面、日時等不明）

安田講堂の前に集まった数千人の青年たちは、はるかな轟《とどろ》きのようなものを夕闇の向こうに感じた。そのとき、東大全共闘の一人がマイクで叫んだ。

「学友諸君！　列をあけてほしい。今、日大全共闘の闘う学友三千が、機動隊の弾圧をはねのけて、正門前に到着した！」。

どよめきが起こった。安田講堂前を埋めていたすべての青年たちが道をあけ、銀杏並木から講堂前まで、日大全共闘のための一列の空間を作った。それまで正面の席をめぐって小競り合いを続けていた各党派も、急いで道を開けた。海が割れて道ができるように、人波が割れて、かの無敵の勇士たちの通り道が開かれた。

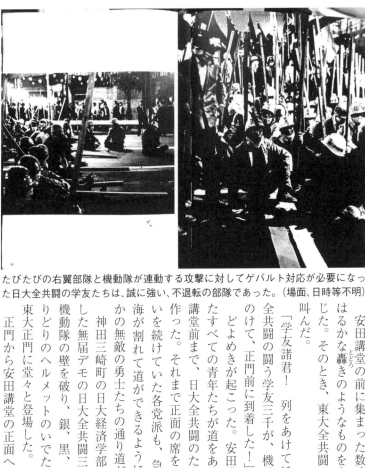

神田三崎町の日大経済学部バリケードを出発した無届デモの日大全共闘三千人は、二千人の機動隊の壁を破り、銀、黒、赤、青、白と色とりどりのヘルメットのいでたちで、夕闇の中を東大正門に堂々と登場した。

正門から安田講堂の正面へ、先導する日大全共闘の数十の旗が翻る後を低い姿勢で近づいてくる日大全共闘のデモ隊列は圧巻だった。「闘争！」「勝利！」の掛け声を轟かせながら、三千人のスクラムが銀杏並木を抜けて、安田講堂正面に日大全共闘のためにあけられていた人垣の間に入ってきた。鋭い笛と号令の下で、ひとしきりシュプレヒコールを繰り返した日大全共闘部隊は安田講堂の前に静止し、広場は隙間もない人波で完璧に埋められた。この日大全共闘の隊列を見ていた東大全共闘の学生のなかには、泣いている者がいた。

秋田明大全共闘議長は、逮捕をかわしてこの日の演壇に姿を現し、数万の青年たちの前で演説をした。そこには、まぎれもない男がいた。「男《お》の子は、敵の返り血を浴びてこそ」と武士が我が子に語った、その男がいた。

秋田明大は「貴族的な東大闘争を変革せよ」と語ったが、その記録は残っていない。」（島泰三『東大安田講堂1968-1969』）

「ガス弾三銃士」

「……東大闘争支援集会を終えて街頭に出た途端、街の中は機動隊の群れ。集会から出てきた学生を包囲していた。学生投石開始。機動隊催涙弾発射開始。飛んでくる催涙弾はみんな新型P型ガス弾。ほぼ水平に多量に飛んでくる。誰かがゲバ棒をバット代わりに打ち返す。これならホームランとおもいきや、打った拍子に破裂したり、空振りして後ろの奴を直撃する。ならば校舎からバケツを持ち出して、飛んでくるガス弾をガランゴロンとナイスキャッチ。……路上に落ちたガス弾にすかさずバケツをかぶせて数秒待つとボンと炸裂。「ガランゴロン」「ガバ」「ボンッ」何度も繰り返すうち、路上にガス弾の白い粉の小山がたくさんできる。この白い粉を手ですくいバケツにかき集めるやつ。……確か経済三闘委の彼らである。……機動隊は道路一杯横一列に盾を構えて並び、その盾の上に二列目の隊員がまた盾を並べさらに三列目の盾……半かまぼこ状の壁を組む……粉がたまったバケツを下げて、ガス弾三勇士、機動隊に近づきやお ら下から二段目の盾をはがしにかかり……バケツの粉を振り掛ける・中から隊員の声がする。「ゲホゲホ」……バケツ四～五杯かけたら、粉が無くなった。「ガス弾打ってこーい」と皆でお願いの声を上げたが打ってこなくなったので、この作戦は終了。」(「ガス弾三銃士」日大全共闘経闘委ホームページ)

一一月頃から機動隊は従来の発煙筒タイプガス弾から、P型ガス弾を使いだした。従来のガス弾は発射時に煙を出しながら放射線を描くように飛んできたが、新型ガス弾は一直線的に水平に飛んできて催涙ガスも強力で、この直撃を受けると大怪我を負うガス弾だった。

前記の記録は、東大支援に向かった日大全共闘が機動隊と闘った場面の記録であるが、芸術学部が関東軍に襲われた後にその検証を理由に機動隊が導入された時や、後記の安田講堂攻防戦時にはこの新型ガス弾が大量に使われ、後に人体への有害性が問題となり、国会でも追及されたガス弾である。

一九六九年一月一八日「安田講堂の攻防・機動隊に破られなかった日大全共闘の正面玄関バリケード」

「警視庁は一機(第一機動隊の略)から八機まで八個機動隊計四千六百七十八人を動員し、二個方面機動隊計二千五百六十五人をこれに加え、その他に予備隊、本部要員千人強を含めて、合計八千五百十三人が出動した携行したガス銃は五百挺、ガス弾は一万五百二十八発だった。」……

「(翌一九日)午前十一時三十分、安田講堂正面のバリケードの解除が再開された。しかし、正面バリケードはついに破られなかった。日大全共闘の工作隊は、機動隊の工作班の執拗《ひつよう》な攻撃をついには ね返したと言ってよい。あるいは、日本人の中級技術者の技術が、東大卒文科系高級警察官僚の技術音痴に勝利したとも。

正面を突破できなかったことは、機動隊側の大誤算だった。このため、階段を下から攻め上るというったく拙劣な作戦だけに手段を絞られ、ふたつの機動隊一千余人がとりかかって、二階までのバリケードを撤去するのに、十八日以来合計九時間をかけることになった。」……

「午後五時三十分、機動隊は安田講堂の正面左手の五階屋上に登った。鉄扉が破れなかったので、階段の外に出て木製のハシゴを五階北側のバルコニーにかけて屋上に出たのだった。こうして大講堂屋上にいた青年たち約九十人が逮捕された。

五時三十五分ころ、安田講堂から流された最後の言葉……『われわれの闘いは勝利だった。全国の学生、市民、労働者のみなさん、われわれの闘いは決して終わったのではなく、われわれにかわって闘う同志の諸君が再び解放講堂から時計台放送を行なう日まで、この放送を中止します』」（前掲書・島泰三）

（3）右翼の襲撃、国家権力弾圧の記録、独裁体制を残した古田の死

（イ）暴力襲撃と弾圧の記録

日大当局と右翼部隊～官憲、検察・司法一体の国家的弾圧

私たちの学園民主化への願いは、その運動の初めから日大当局、右翼学生集団、官憲による数々の弾圧を受けてきた。闘争に対する初期の裁判所は、逮捕者に対して慎重に法的要件の適否にあてはめ、拘留者は少なかった。しかし佐藤発言の一〇月以降は右翼や関東軍設立による襲撃とバリケードの破壊、全共闘執行部員への逮捕の動きが強まった。そして一〇月三一日の日大評議員会における古田の「居座り」発言があり、一一月になると次々と日大当局に不都合な学友の連行や逮捕、逮捕者への暴行とリンチが平然と行われるようになった。

また、検察の凶器準備集合罪適用、官憲による大量の不当逮捕、手当り次第の拘留・たらい回し逮捕・二重拘留・期限なき拘留や起訴及び保釈不許可に加え保釈金三倍増額等が行われ、更には裁判所

内をうろつく私服警察、廷吏による暴行、意見陳述禁止等の他、裁判所内での発言禁止や弁護人への拘束命令までもが行われて、司法一体の弾圧と、法廷内での厳しい国家的弾圧が行われていった。

更に一二月、三年生闘争委員会の学友に対する西条巡査死亡「致死罪」への二重起訴・勾留による告訴が行われ、無謀な求刑と地検・司法一体となった長期間の公判が強行された。

そして六九年以降は、関東軍や右翼部隊が疎開授業や学部校舎の防衛隊として常駐した上、絶えず警官隊が見守る「日大アウシュビッツ体制」と言われる〝正常な大学〟の状況になった。

数々の右翼襲撃、機動隊導入記録（一九六八年まで）～学友、バリケードへの主な襲撃等（機動隊との衝突は含まず）。

一九六七年一月一八日　経済学部藤原執行部に応援団員他集団暴行。
　四月二〇日　経済学部「羽仁五郎講演会」へ応援団員他四〇〇人集団暴行。
　一二月二〇日　経済学部秋田執行部へ学生会包囲・恐喝（繰り返し行われた。）
一九六八年一月一八日　経済学部秋田執行部へ応援団・体育会系暴行。
　五月一八、二〇、二一、二二、二三、二四日
　　経済の地下ホール集会へ「赤狩り集団攻撃」。
　五月三一日　文理バリケードへ「日本大学学生会議」約五〇〇人でスト破り襲撃、四人重傷。
　六月一日　法学部学生襲撃される。
　六月四日　靖国神社に右翼系学生一〇〇〇人集結、解散するも一部は本部校舎ガード。
　六月一一日　経済学部校舎占拠・無差別集団暴力、機動隊登場。
六月一四、一六日　経済学部へ黒ヘル襲撃、個人テロ、一人重症。

六月一九日　文理バリへ黒ヘル部隊の攻撃、数十人の文闘委負傷者が出る。
八月二五日　商学部へ、右翼スト破り攻撃、正面バリケードを破壊される。
九月三日　全学再建協議会、豊島公会堂で約一〇〇〇人（当局側学生集会）。
九月四、五日　法・経済学部へ機動隊によりバリケード破壊。
九月一〇日　商学部バリケードへ、右翼部隊のスト破り攻撃。
九月一四日　商学部バリケードへ、鉄棒で武装した右翼部隊のバリ破壊攻撃。
九月三〇日　生産工学部、芸術学部バリケードに鉄棒武装のスト破り。
一〇月二日　商学部へバリケード破壊攻撃。
一〇月四日　秋田議長以下八人に逮捕状が出される。
一〇月八日　生産工学部に右翼部隊の攻撃。
一〇月一四日　郡山生産工学部に右翼部隊二五〇人の殴り込み、ガソリン、火炎瓶、空気銃、投石機を使い攻撃され、更にバリケードに何度も放火されて校舎が燃え出し、消防車を呼び消火。
一〇月二一日　関東軍が結成される。
一一月四日　農獣医学部へ右翼攻撃。
一一月八日　芸術学部へ関東軍他四〇〇人襲撃、白山通りデモへ愛国党員が斧で襲撃。
一一月一二日　芸術学部へ機動隊導入にてバリケード破壊、Ｐ型ガス弾八〇〇発発射、逮捕者四六人。

＊守備隊の者たちはガス弾直撃の狙い撃ちと粉末による全身やけどを負い、銃台座、指揮棒の乱打、手錠をかけられて蹴られ殴られるなどの限りない暴行を受けて逮捕された。更に四六人全員が

二三日間の勾留を受け、一八人が起訴されて一九七〇年まで勾留された者もいる。
一二月七日　郡山生産工学部へ右翼・機動隊にてバリケード破壊。
一二月一一日　右翼系学生、清水谷公園に約一三〇人結集。
一二月二一日　芸術学部へ機動隊バリケード破壊。
一二月二三日　郡山生産工学部に右翼襲撃。
＊一一～一二月、全共闘執行委員、各学部闘争委員、一般学友達が次々と逮捕された。

（ロ）六九年春の授業再開の状況と経過

一九六九年一月六日　経済学部四年塩原疎開授業、阻止する。
一月八日　文理学部、千葉県成東で疎開授業を始める。文闘委は現地にて阻止行動。
一月一三日　農獣医学部農業工学科、福島で疎開授業開始。医学部学生総会でスト解除。
一月一四日　法学部、埼玉県戸田で疎開授業。
一月一六日　医学部授業再開、経済学部一六週間の講義を六時間半で済ませようとする。
一月二一日　法一号館にて全学総決起集会。
一月二六日　日大理工、中大一、二号館、明大学館に、暴力行為処罰に関する法律違反、凶器準備集合罪、公務執行妨害、監禁、強盗傷害等の容疑で機動隊四〇〇〇人による強制捜査を行う。
一月二七日　生産工学部津田沼校舎バリケード解除～右翼体育会系学生がヘルメットと関東軍と同じネズミ色の制服を着用し、長い竹竿をもって襲撃し暴行をした。しかし機動隊はこの暴力に対し素手の全共闘学生を暴行現行犯として逮捕し、バリケードは解除された。

一月二八日　津田沼校舎奪還闘争に対し、右翼体育会系が火炎ビンを投げつけ暴行。機動隊導入により全共闘員のみ三九人逮捕される。

二月一日　日大東大闘争報告集会二〇〇〇人結集。日大教職員組合の桧山委員長、片岡副委員長、立田総務長への懲戒解雇処分が行われる。一月一四日に日大当局は、東京地方労働委員会より「教職員の組合加入を妨害している」との警告命令書を受け取っていた。

二月二日　＊法学部、経済学部バリケードに機動隊導入。大学当局は体育会系学生をも動員してバリケードを撤去し、校舎防護に当たらせた。以降全共闘により連日法学部、経済学部の奪還闘争が行われた。理工学部前集会後、明大通りをデモ～奪還に向かうが、機動隊の防御を突破できずに校舎奪還は果たせなかった。

＊郡山工学部へ当局と右翼体育会系五〇〇人による「バリケード実力排除」の攻撃。学部長以下体育会系学生は揃いのヘルメットを着用し、小型ポンプ三台、ホースを三〇本用意して機動隊まがいの攻撃を行い、工闘委数十人を攻撃。守備隊の全員は体育会系の学生により凄惨な暴力を受けて全員が人事不承の重症を受け、タンカーで運び出されて入院した。これを見ていた一般学生はそのあまりのひどさに怒り、学校側のバスを倒して火をつけ、抗議をしたという。

郡山の悲劇

「全共闘、工闘委の校内立ち入りを禁ず」、有刺鉄線を四重五重に巻き付けた郡山工学部校舎正門に立てられた大きな看板。工闘委メンバーは名指しで校内立ち入りを禁止され挙句寮をも追い出され、当局による下宿斡旋業者への要請により下宿も追い出され、入居を断られた。新都市産業の指定を受けて大企業の誘致を目指していた郡山では「市の将来の発展を阻害する」という市民への宣伝の下、両親の呼び出しと誓約書の提出、学校当局主導の右翼暴力と個人テロ、除籍処分のみならず寒中のバリケードへの放水、襲撃など、地域社会を挙げてバリケードの破壊と〝闘争学生〟の排除が行われた。又、郡山地裁の公判に右翼学生が傍聴して叫ぶ、路上を歩いていた学友をタクシーに押し込んで神社に連れこみ暴行、下宿、寮に押しかけ連れ出しての暴行、正座させられ顔を蹴られて失明の重傷、保釈されたはずの五人が保釈を取り消され、七回も保釈　許可と取り消しが行われて長期拘留されたケースなど、正に一九六九年春の「郡山の悲劇」である。

二月三日　歯学部スト解除、理工学部にて機動隊導入抗議集会、七人逮捕。

二月四日　法・経済学部に機動隊導入、校舎のロックアウトを行う。

二月五日　理工学部集会~法・経へデモにて集会。

二月六日　桜上水において文理学部当局の集会が行われ、当局の者たちと演壇の周りを右翼系学生たちが取り囲み、授業再開に反対する学生達に脅し暴行する中で、三〇〇〇人が集まった学生の内、体育会系七〇~八〇人の挙手をもって「授業再開」を宣言した。全共闘は二〇〇〇人の学生たちによりこれに抗議しデモ、弾劾を決議した。

二月九日　芸術学部、理工学部に機動隊を導入し、バケード解除を行う。
二月一一日　商学部で再度学生集会、スト解除、授業再開を決議しバリケード撤去。
日大本部前「日大闘争勝利労働者学生市民五万人大集会」が中大・中庭で行われ、日大全共闘五〇〇〇人の他、二万人を超える集会となる。これに対し機動隊の五〇〇〇人以上の配置により神田界隈を封鎖されて本部周辺には立ち入れなかった。全共闘は中大学生会館、理工学部前を解放区にして五〇〇〇人のデモを行う。この日、両国講堂を機動隊に取り囲ませて「農獣医学部入試」を行う。
二月一二日　商学部の授業再開。
二月一四日　芸術学部奪還闘争、西武池袋線にバリケードを張り、機動隊と対決。
二月一五日　三島文理学部へ右翼五〇人攻撃、機動隊導入、抗議に五人逮捕。
二月一七日　大学当局により本部の封鎖を解除される。中大で経済学部総決起集会。
二月一八日　世田谷文理学部バリケードが機動隊導入により撤去され、全学部が撤去される。文理学部全共闘は徹底抗戦を行うとして二月初めよりその準備をしていたが、勢力温存のため機動隊との衝突を避けて、事前退去した。
二月一九日　文理奪還闘争、全共闘員七〇〇人で文理校内にデモで突入し、抗議集会を行う。
二月二五日　中大にて日大経済学部決起集会。
三月三日　中大で日大経・法決起集会、デモ。文理学部授業阻止団交行う。
三月五日　文理学部授業阻止団交、学友二〇〇〇人でデモ。

三月六日　両国講堂にて経済学部提案集会、二〇〇人の右翼攻撃～中大前集会・デモ。
三月一〇日　文理学部全共闘三〇〇〇人で校舎封鎖。理工学部一号館を三〇〇〇人で封鎖。
三月一三日　生産工学部統計学科教授七人に当局辞職勧告。
三月一九日　全学入学式を中止。学部別に行うと決定。
三月二五日　全共闘主催「新入生・全共闘集会」三〇〇〇人結集、法・経へのデモで四五人逮捕。

＊三月九日付けの「日大闘争勝利のために」一一号ビラ（発行者不明）このビラは一二号まで確認できるが、全学部の活動を掲載していることから、学部横断的な組織により発行されたと思われる。

四月一二日　法・経奪還闘争、二〇〇〇人結集、お茶の水周辺を解放区にする。四五人逮捕さる。
五月二一日　全学総決起集会、二〇〇〇人の結集により理工一号館を封鎖。
五月二三日　「大学治安立法粉砕・日大闘争一周年全都学生決起集会」三〇〇〇人結集。
六月一一日　「日大闘争一周年総決起集会」一〇〇〇人結集、四六人逮捕さる。
七月二日　農獣医「団交拒否抗議集会」二〇〇〇人結集、本館バリケード封鎖する。
七月三日　農獣医バリケードに右翼の火炎ビン攻撃。機動隊導入によりバリ封鎖解除される。

（ハ）五月「正常に戻ったという異常な大学」の状況と当局の動向

全学部のバリケード解除により「正常に戻った」とする当局は、医学部、生産工学部、工学部等の全共闘組織の弱い学部から授業の再開に乗り出した。その他の各学部の状況は以下のとおりである。

経済学部

日大本部に近い経済学部は一見平穏そうに見えるが、三号館の屋上には日の丸の旗がはためき、当局が雇った関東軍や右翼系学生六〇人ほどが常駐し、学生たちが多数集まれないように細かく仕切られた校舎内の要所要所に配置されている。

しかしこの泊まり込み〝警備隊員〟により、市民、町民への不審尋問、嫌がらせ、暴行、器物損壊事件が頻発し、町内会から苦情が出て警察に届けられた。また喫茶店員二人がこの〝学生たち〟を笑ったとして暴行を受け、一人が入院、しかし警察は捜査中……で対応しない。お店の看板がこの〝学生たち〟に壊されたと訴えても警察は取り合わない。（「朝日ジャーナル」、一九六九年五月二〇日と六月一日号）

そして五月初旬より、三崎町校舎で二、三、四年生の授業が始まった。

五月二一日からは新入生の授業を船橋市内でプレハブ校舎を計画したが、「紛争はいやだ」と地主に断られて、急遽藤沢市の付属校空地に変更し、学生たちは振り回された。

その校舎へ入るには右翼系ガードマンが防御し、一人ずつしか通れない二重の壁で仕切られた通路の奥に多くの〝職員〟が待ち受けて学生証を検査する体制であった。

法学部

新入生と四年生の授業は大宮、戸田市のプレハブ校舎で逃亡授業。二、三年生の授業はできていない。

理工学部（駿河台）

五月八、九日に行われた四年生の試験に百数十人の全共闘学生が押しかけて、九人逮捕される。四年生の授業は始められたが、新入生、二年生は習志野校舎で授業、三年生はできていない。

校舎は牢獄を思わせる巨大な鉄柵で仕切られ、一か所の出入り口から迷路のような通路で数十人の職員が待ち受け、学生証を確かめられて入場する。全共闘の学生には入場券を発行しない。

文理学部

三月初め世田谷校舎で授業を始めようとしたが、数百人の全共闘学生により校舎の封鎖を受けた。五月一八日、府中の畑の中にプレハブ校舎により一五〇〇人の新入生授業開始、二、三、四年生は行われていない。その校舎の状況は下記の状態であった。

新入生入学式の様子……丸太と有刺鉄線の高い柵に囲まれ、窓は投石よけの金網を張った校舎周辺を一〇〇人の教職員、一〇〇人の機動隊員が取り囲み、入口では厳重に入学許可証をチェックされ、父兄はシャットアウトで有刺鉄線越しに学部長代行の挨拶を受ける。まるで「捕虜収容所」との声。

芸術学部

五月一〇日から授業を再開、学生に対し事前に大学方針に対して賛成、反対のアンケートをとり、賛成だけの学生に通行証を発行。一か所の入口に警備員と一〇〇人ほどの体育会系学生が見張っている。

以上、いずれの校舎も警察が見張っていて、この状態に抗議を唱える学生に暴行をする職員……。全学部の「日大アウシュビッツ体制」の〝正常な授業再開〟の異常な状態である。しかし、日大一三校舎の他、疎開授業校舎などで、全学的に行われた「アウシュビッツ体制」のこの凄まじさには言葉が見つからない。この莫大な費用はどういう名目で、どこから捻出されたのであろうか。

日大アウシュビッツ体制とは

一九六九年春～夏の「正常化された授業」風景（文理学部の例・清宮誠氏当時の報告）

受講には、まず当局より送付された「確約書」に、本人及び父兄を保証人として連署し提出し、

一、大学の時間割に従い静粛に受講します。
二、授業を妨害する行為は一切しません。
三、大学の指示に従います。
以上の条項のどれかに違反した場合は直ちに聴講を取り消されても異議はありません。

校舎＝高さ二メートルもある厚さ三ミリの鉄板で囲われ、その周りを有刺鉄線でガード。校舎の正門、通用門は封鎖されて、一か所だけ一人がやっと入れる入口が二重になっており、外からは内部は見えない。入口には大学職員、体育会系学生、関東軍ガードマンを配置。受講票の見せ方が悪かったりしても直ちに五、六人に囲まれ、隅に連れていかれて殴る、蹴るの暴行。抗議をしたり仲間を助けようとしても暴行をされ、外に放り出される。校舎内にはトランシーバーを持つ数人の〝監視団〟がいる。授業を行う教室には隠しマイクが備え付けられ、大学の「監視所」に集約。どの教室も見張られ、学生の討論、発言のみならず教員も監視され、〝異常〟があれば直ちに取り押さえられ、暴行されて放り出される。闘争に係った者は取りおさえられ、受講票は取り上げられて暴行を受ける。頻繁に救急車が行き来し、入院を要する者もいた。

そして翌日には「お宅のお子様は確約書に違反したので、受講許可を取り消します」の通知。

校舎周辺には関東軍のガードマンの他、警察も数十人で見張る協力体制であった。

(二) 更なる独裁体制登場への闘い

八月二八日　東京地検は巨額所得税法違反事件への「不起訴処分」発表。
八月三〇日　「総長選挙」が行われ、鈴木理事が総長に選出される。
総長選候補者推薦委員会（会長：古田）の短期間通達により、鈴木理事と染野法学部教授が候補者として選定され、各学部の教授、助教授ほか一二三〇人の投票により鈴木理事が選任された。闘争の最大原因である古田独裁者体制の筆頭強権者であった鈴木理事を総長に、また九月一〇日の理事会で古田会長、高梨理事長を選定した。闘争への暴力弾圧を指導し、昨年九月の団交においてその弾圧を反省して「辞めます」と明言した鈴木理事他の理事達が〝民主的な選挙〟により新たな総長を、更には評議員の選定が整っていなかった理事会で、九月一〇日に古田会頭、高梨理事長を選出した。

多くの学生たちの犠牲による学園の改革と民主化への願いを無残に踏みにじり古田の後継者その者たちが新たな支配者として選定された。

「この道義的責任は社会に答えられない。思い上がりも程々にしてほしい。卒業生の社会的信用を下げる現実を……誇りが失われている」(朝日新聞への投稿、一九六九年九月一六日)

九月三日　　医学部学生委員会総会により九項目要求他を決議、大衆団交を要求。

九月四日　　明大で九月再封鎖闘争に向けて二〇〇〇人による全学総決起集会とデモ。

九月八日　　大衆団交を無視された医学部は無期限ストライキへ再突入。

九月一一日　法学部で三〇〇人の抗議集会、経済学部に突入する。

九月一二日　明大において古田会頭新体制への抗議集会一〇〇〇人結集、デモ。

九月一三日　文理学部周辺で五〇〇人により「文理アウシュビッツ体制粉砕」デモ。

九月四日、医学部入り口に「スト貫徹、団交勝利、解放勝利、教授会打倒」立看とビラが貼られた。医・歯学部では、教授会の古田体制への積極的協力と授業再開による民主化要求への無視、機動隊の導入や総長選挙における鈴木理事擁立への教授会の欺瞞的・非民主的な行動が学生達の不信となり、団交への回答が得られなかった八日、医学部はストに突入した。

農獣医学部「アウシュビッツ校舎」を守る〝警備員〟たち

日大「アウシュビッツ校舎」の典型と言われた農獣医学部世田谷校舎は、屈強な警備員と「連絡室」付き体育教員及び学生達が編み上げ靴を履いて「桜親衛隊」のマークがついた紺の制服を着用し、学生の出入り及び教職員の出入りにも目を光らせる。鉄板で頑丈に囲われた校舎への狭い入口通路を黙々と入校する学生たちを、体格の良き者たちがずらりと取り囲んで見張っている光景は、なんとも凄まじい。なかにはサングラスをかけて、あたかも不心得者を探すが如きの警備員もいて、とても大学の教育の場とは思えない光景である。この写真で当時のそのアウシュビッツ校舎の凄まじさが確認できる。

（一九六九年四月、農獣医学部に体育助手として就職した田中英壽は、この警備員たちを指揮したと言われ、一七七頁の写真には田中が写っていると言われるが、位置不明。）

彼らのパトロールは街頭にまで及び、電話ボックスから引きずり出して学内に連れ込んでの暴行、学部から二～三キロ離れた駅でビラを撒いても、駆けつけて半殺しの暴力を奮われたという。

農獣医学部教職員組合の「連帯」の声明

ここに敢えて、一九六八年六月四日に教職員組合農獣医学部支部の「声明書」を記します。六六年に日大に結成された「教職員組合」は順次各学部に結成されたなか、農獣医学部では学内での教職員への恫喝により結成が遅れ、六七年一二月になってようやく結成された。そして脅迫や恫喝と闘って「大学らしい大学」を目指した農獣医学部支部の先生方の出された「声明書」には、学園の腐敗追及と民主化を目指す私たちへの連帯の言葉が明確に記されており、正に今に通じている声明と言える。

「声明書」

「使途不明金問題」は、本学創立以来例を見ない大事件であり、輝く八〇年の歴史に黒い汚点を残した。

このような問題が発生する原因は、長い間温存されてきた中世的体制と厚い扉で閉ざされてきた大学経理の前近代性の中に潜むものであり、全理事が教育の名に隠れて営利主義に狂奔し、大学の公共性を無視してこれを私物化しようとする過程から、必然的に生じた破綻の一角とみることができる。

世間は今日、この問題を教育の府にあるまじき不祥事と見て、厳しい批判の目を向けている。しかるに理事者の弁明は、言を左右して問題の本質を覆い隠し、研究費、出張旅費のみを表面に立てて、日常の生活費にも追われる低所得教職員や、大学教育の基本であり、生命でもある「研究費」にもこと欠く若年層教員にまで責任を転嫁している。そこには大学という教育の場を預かる者としての謙虚な態度は微塵もうかがえない。むしろ機構改革の美名の下に世間の目を逃れ、在来の体制を強化しつつある。（中略）

私たちは日本大学教職員組合を結成して以来、学園の民主化を目標として、真の教育理念を追求することに専念してきたが、この重大な事態に直面して強く意を決し、全理事の退陣を要求してここに立ち上がった。

私たちは、たとえ「反乱分子」の名をかたられようとも、真理に忠実に青年を未来に生かすべく、教育の理想を追う。真面目な学生諸君と共にこの学園を愛する。

輝く伝統に連なる日本大学を建学の精神に立ち返らせることこそ、教育・研究の府としての日本大学の真価を世間に伝える唯一の手段であり、八〇年の歴史に栄光を与えるものであることを確信し、ここに一同の意思を表明する。

農獣医学部学生会の諸君へ！

「使途不明金問題」に対する諸君らの基本的態度は正しい。学園の民主化を目標とする諸君の行動は、日本大学の長きに渡った中世的体制をゆり動かし、学生自治の発展を呼ぶであろう。願わくば、憲章に従い、秩序ある行動で目標に近づいて頂きたい。暴力に対して暴力で応えてはならない。その限り

農獣医学部アウシュビッツ校舎を守る警備員達左列は学生、右側集団は関東軍、桜親衛隊ガードマン（1969 年 11 月）

において諸君と私たちの見解は一致する。手を組んで学園の民主化・明朗化のために力をあわせよう。

一九六八年六月四日

日本大学教職員組合農獣医学部支部

　学内で恫喝され脅迫されながらも組合設立の中心的活動を行っていた小林忠太郎教授は、この「声明文」発表が経済学部学生の決起に沿って学生たちを煽動した行為であるとして、一九六九年一二月「懲戒免職」を受けた。更に磯部学部長より秘密調査の一方的なでっち上げ一二項目の「解雇理由」を申し渡され、裁判闘争となった。これは農獣医学部の良心的な教授の闘いとして、長く全学部の学友たちの共感を得て一〇数年にわたり闘われた。なお私たちは、自らが当局に対し暴力的要求や行動をしたことは一度もないことを、追記する。

　しかし田中が配属された農獣医学部は、前述の通り日大の中でも学生管理体制が最も厳しい学部になった。

独裁体制を残した古田重二良の死

一九六九年一〇月二六日、日大駿河台病院の特別室で古田二郎の偽名で入院していたが、そのほとんどをガンにより昏睡状態で過ごし、この日死亡した。

古田は、昭和初期の芸術学部の抗議活動鎮圧から皇道学院で児玉誉士夫と親交し、学内鎮圧部隊の統制部で活躍してから一気に理事長に就任し、大学の規模拡大と授業料の値上げを行った。昭和三一年には私大審議会委員、三三年その会長となり、その一〇年間で大学の売り上げ規模を一〇倍に拡大した。

毎年八月一五日の敗戦記念日を日大講堂で行い、右翼組織との付き合いと共に「日本会（会長：佐藤栄作）」を主宰して、佐藤栄作と一体の大学運営を行った。正に古田は死してなお、日大に後世まで続く右翼的暴力体質と独裁体制を残したと言える。

古田の右翼組織「日本青年講座」における発言に次のようなものがある。

「社会秩序を混乱させる問題として……愛国心、民族の誇りの欠如……最も肝要な天皇及び指導者に対する尊重心の欠如、日本の一枚看板であった道義の頽廃、日本人意識、根性の喪失等……」

（ホ）闘い続ける日大全共闘

一九七〇年一月二九日　日大全共闘討論集会　法政大学において各学部から五〇〇〇人。

二月二一日　日大全共闘討論集会　東大において各学部から六五〇〇人。

二月二五日　文理学部府中校舎拡大討論会。ビラまき中の中村君らが襲われ負傷。

三月二日　中村君死亡。神田錦華公園にて「日大アウシュビッツ右翼殺人行為弾劾集会、六〇〇〇人。

三月四日　文京礫川公園「日大アウシュビッツ右翼殺人行為弾劾総決起集一〇〇〇〇人、

デモ。

三月一一日　中村君日大全共闘葬、日比谷公会堂に約六五〇〇人（半数ほどが日大生）

三月一五日　中村君虐殺抗議労働者市民学生献花行進、五〇〇人。

三月二六日　文理学部校舎包囲デモ及びティーチイン。

三月二八日　農獣医学部包囲デモ及びティーチイン。

日大全共闘の闘いは、文理学部では八〇年代末まで、理工学部においては一九九〇年代半ばまで続いた。

あの時なぜ「関東軍」か

戦前の「満州国」、「関東軍」、「満州人脈」の岸信介、佐藤栄作～田中理事長

関東軍は第二次大戦前の一九一九年、遼東半島に置かれた日本陸軍関東総督府の守備隊である。当初は関東州（中国からの租借地）及び満鉄線路の防衛が役割であったが、しばしば政府及び軍首脳を無視して暴走し、張作霖爆殺事件、そして柳条湖事件（満鉄爆破でっち上げ）を口実に傀儡国家である満州国を建国（満州事変）した。これにより国際的な批判を受けた日本は孤立し、国際連盟の脱退、日中戦争及び太平洋戦争へ進む大きなきっかけとなった。

一九三六年、岸信介は満州国に赴任、満州国の財務大臣として経営にあたり、関東軍と密接なかかわりがあった。その岸信介は、元関東軍参謀長であった。東条英樹内閣の商工大臣として入閣し、強烈な国家主義者と言われた岸は国家統制経済主義に基づき、戦時中に軍需省次官として太平洋戦争中の物資動員のすべてを扱った。

しかしあの時、なぜ乱闘服着用の暴力部隊が組織され、「関東軍」を名のって日大バリケードを襲撃したのであろうか。また新宿の某やくざ組織の者が設立したこの組織が、日大校舎の守備隊となっ

6.15 㫫

B-306

起て一年生！

今日の藤沢一年生の現実が古田体制下の日大であり、現代の大学問題の集積　象徴である。
抑圧と圧迫を乗り越えて解放の為に決起せよ。

一斗委結成!!

総ての一年生（藤沢）は古田体制打倒　大学治安立法粉砕の斗いに決起し一斗委（一年生斗争委員会（藤沢））に結集し共に斗おう。

6・18 新入生連帯集会に結集せよ！
場所　日大藤沢校舎中庭　午后12時30分より

大学治安立法粉砕
6・21 一万人集会に結集せよ！
場所　日大法一号館大講堂（神田三崎町）　午后2時より

——日大全共　経済学部斗争委員会——

経済学部藤沢疎開（アウシュビッツ）校舎の一年生に配られたビラ

たのは誰の指示であろうか。暴力事件の指示者として度々登場する経済学部職員・校友会某幹事は、関東軍を組織したやくざ組織と同系の組織員であったと言われていた。今となっては不明であるが、この経緯は単なるビジネスであるとは考えられず、日大当局者との何等かの連携または資金提供により行われたのではないだろうかと思われる。

それは二〇〇〇年代に田中理事長が、暴力団系幹部との「黒い交際」「ツーショット写真」等のタイトルで数十回もの週刊誌報道をされたことや、関東軍設立の某やくざ組織系に縁のある大学職員が複数いたとの大学関係者の証言からも類推される。

満州人脈

満州国、満鉄及び満鉄調査部等にかかわった人脈は当時から戦後日本の「満州人脈」として保守政界に大きな影響力を持った吉田茂、鮎川義介、佐藤栄作（華中鉄道）松岡洋右（満鉄総裁）、麻生太賀吉、笹川良一、児玉誉士夫他多数いた。（以上、ウィキペディア等）。

なお私たち当時の日大においても、〝満州帰り〟の者たちが頻繁に本部に出入りし、また現に学部の要職に就いた者たちもいた。（木村先生談）

（４）全国全共闘結成

一九六八年一一月二二日の東大・日大闘争勝利全国学生決起集会を経た後、前述したが六九年一月一八日の東大安田講堂攻防戦時、徹底抗戦を受けた機動隊は日大全共闘構築の講堂正面バリケードを破ることができなかったこともあり、この日安田講堂を落とせず闘いは一九日に至った。この状況を受け、一九日に全都全共闘（約三〇大学）が総決起集会を行って東大支援を目指したが、機動隊の壁を破れず東大への支援を果たせずに安田講堂はバリケードが解除された。しかし、日大、東大闘争から始まった全共闘の闘いは、全国の大学闘争に発展した。従来の大学運営に対して燎原の火のごとく広がった学園民主化闘争や授業料値上げ反対闘争は、大衆団交あるいは バリケード闘争として拡大しながら、徐々に七〇年安保の闘いへの橋頭保を目指す三派あるいは八派全学連主導による運動となって、一九六九年九月五日、全国全共闘結成大会へ至った。

当時、闘いは全国約三八〇大学の内、三〇〇大学程に全共闘や闘争組織ができて、一六五校でバリケード闘争が行われた。しかし、東大、日大は既にバリケードは解除されていた。

この日、全国約二〇〇校の全共闘約二万人が結集した日であったが、大会の代表である東大全共闘議長の山本義隆はこの日その席につかずに逮捕され、副議長の秋田明大は獄中にあった。

闘いは、やがて東大の攻防戦において戦力温存を図った革マルと中核の路線の違いや七〇年闘争への路線の違い、ノンセクト学生たちの離反と国家権力の締め付けの中で、セクトによる方針のラディカル化とセクト間あるいは自らの組織内の争いを起こして、大衆に依拠しない組織内的行動主義による闘争の事件化ともなり、やがて社会的支持と闘いの基盤を失っていった。

（5）日大闘争への想い
学友の虐殺と多くの負傷者、逮捕者を招いた暴力弾圧

私たちの学園民主化の願いはいつしか終わりなき闘いになった。私たちは当局に対して純粋に学生自治と学園の民主化を求め、政治的や左翼セクト的要求は全くしていなかった。

それにもかかわらず古田理念による右翼学生や関東軍、防衛隊の暴力に襲われて恐らく一万人以上の学友たちが負傷を負ったと思われる。正確なデータは無いが、救援会発足後の記録でも六九年五月時点で判明しただけで七〇〇九人（重傷者七一三人、うち失明三人、半身不随者六人）であり、その前の経済学部の負傷者と、一九九〇年まで続いた激しい暴力弾圧を考えるとそう推測せざるを得ない。

更には中村君の虐殺事件と膨大な逮捕者が発生した激しい運動となった。（逮捕者は田賀弁護士が把握していた六八年五月三〇日〜六九年一二月一四日の間だけで、一六六二人に至る。）

そしてこの大学に怒り、やめていった学友も一万人以上であるといわれる。

私たちは一人ひとりの学友の想いのためにボス交を避け、当局に回答を求めて「団交」を要求はしたが、暴力的手段による要求をしたことは一度もない。集団暴力、個人テロ、脅迫や政治党派的要求を行ったことは一度もない。

私たちは良き社会とより良き学園形成への想いが暴力で襲われ、当局への抗議と自らの身体防御のために闘わざるを得なかった。その想いを封じるために平然と行われた当局の暴力弾圧により、これほど多くの学友たちが自らの身に影響を受け、人生を狂わせたことを思うと、今もって当局を許せない。しかも私たちの闘いの後も一九八〇年代末まで続けられた当局の暴力行為が許されていいのか。

私は「知を学ぶべき場」たる学園で行われたこの暴力弾圧の事実と、今に続くこの大学の実態をできうる限り本書の記録に残し、多くの人に知って頂きたいと願う。

田賀秀一著『1608名の逮捕者』

闘争初期より田賀秀一弁護士（二〇一三年七月三日、逝去）を中心に、若手弁護士七人と学友により弁護団と救対が組織された。当時若かった田賀弁護士は、意欲的に弁護活動を行い終生にわたり日大闘争に係ることになった。著書にはその活動の詳細が記されており、闘いの激化による警察、検察、法を支配する裁判所の変化と、国家権力の弾圧の実態が弁護士の目を通して記されている。あたかも、エンゲルスの「理性の王国は、ブルジョアジーの王国」「永遠の正義はブルジョア的法律」の言葉を思い起こさざるを得ない内容が記されている。以下、氏の著書に記された日大全共闘の闘いに関する記述の一部を『１６０８名の逮捕者――日大闘争弁護士の証言』から引用する。

＊「さわやかな顔」逮捕された日大生は「自分らの何が悪いんだ」と主張（黙秘ではなく主張＝自白～闘いの当初の頃）し、留置所において胸を張って明るい目をしていた。彼らは違っていた。誇りが全身にみなぎっていた。弁護活動には非常に困ったが……。

＊「日大生は素晴らしい」接見から戻った弁護士は口癖のように「日大生はすばらしい。留置所の中でなおかつあれだけ明るい顔をしている。こんな楽しい接見は初めてだ」

～逮捕学生を取調室まで連行途中に二列縦隊の制服・私服警官が、交互にアッパーカット、腹へ一発、上からガーン……。また不当逮捕や護送車内、留置所内でリンチを受けた学生への接見にて。

＊「バリの中で見たもの」食堂でみんなでご飯を食べる。四〇円か三〇円の、今日はなんとかのフライとか、あまりおいしくなかったけど、自分たちで食堂を管理している姿を見るのは気持ちがいい。スイカ一片一五円というのもあった。

＊全共闘は政治色と党派色を絶対出さない方針を貫いていた。学生達は徹底的に議論をするが、互いの主張に固執するのではなく、「こうやろう」「そうしよう」という決断をし、最終的に一致して実践に移した。非常に民主的であった。そして彼らは、自らが、自らのために動いている、生き生きとした生身の組織だった。

＊「日大全共闘は強い」関東軍の証言。芸術学部バリケード守備隊約五〇人へ、四〇〇〇人近くの関東軍が襲撃、全共闘は二五〇人程の応援部隊を派遣し、約六〇数人の〝捕虜〟を確保……、その〝取り調べ〟の時に、関東軍某指揮者が残した言葉、「日大全共闘は強い！」。

＊「闘争意識は」主体的闘争意識を持つ学生の強さから言うと、経済学部が最もだった。右翼から徹底的にテロられ、機動隊に弾圧されてきた……逮捕者も経済が最も多い……そして法学部も、他学部もそれに匹敵して強かった。

日大闘争弁護活動への想い

治安当局はビラ巻きで襲撃された学生を逮捕し、襲った右翼体育会系学生を擁護した。警察＝治安当局と日大右翼＝体育会系学生の結びつきはここでも明らかであろう。二〇億円他、数多い日大の不正を摘発すべき治安当局が日大を擁護し、不正を正す学生を弾圧している黒い秩序は今後も続いていくだろう。

法とは一体誰のためにあるのか。右翼を取り締まらない警察とは国民にとって何なのか。私のような人間にも、日大闘争の事実を通じて経験せざるを得なかった。日大闘争は日大固有の問題ではない。日本中どこでも生じているまたは生ずる可能性がある問題である。私たちが昭和の時代をむさぼっている間に、右を向いても左を向いても、ものが言えなくなる時が来て、立ち上がったとき、日大全共闘学生諸君のように血だらけの犠牲を払わなければならなくなるだろう。いや現在がそうかもしれない。」

前文は、一九七〇年二月二五日、文理学部の中村克己君が武蔵野台駅前でビラを撒いていたところを右翼学生に襲われ暴力を受けて死亡した事件に対し、ご両親の立ち合いを認めずに司法解剖をして、あたかも京王線の特急に引かれて死亡したかの如くの外傷から見てありえない警察の発表に、弁護士として日大闘争に係わり、警察、地検、裁判所の不正・不法の数々を体験してきた多賀弁護士の怒りの訴えである。

多賀弁護士は全共闘の逮捕者の多くの者への検察・司法に対して法の公正を求めて接見し、即時釈放、抗告等の限りない活動を行ってこられた。そして接見により学友たちが護送車の中で、或いは取り調べで暴行を受け、「反省」を強要されたことを幾度も確認している。特に六八年一〇月以降の日大当局、検察・司法一体の国家的不法・弾圧への変貌を目の当たりにして、弁護活動の限界と自らへの反問を込め、著書においてこの法の不正に対する怒りを現わさざるを得なかったものと思われる。

日大闘争救援会の活動

闘争開始後、日大ＯＢ及び有識者により「日大闘争救援会」が組織され、闘争による多くの負傷者、逮捕者への救援活動が機動的に行われ、私たちは救援会メンバーの方々に素早い対応と救援を受けた。また救援会活動の機関紙誌も定期的に発行され、社会に向けて厳しい闘争の報告が行われて、市井の多くの方々や有識者、文化人等の方々へも広く支援が呼びかけられ賛同を頂いて、本当に暖かいご支援を頂いた。

この救援会は、前述の清宮誠氏が中心となって組織され、氏の呼びかけで多くの知識人の賛同を頂くと共に、市井の多くの方々に多大な支援を頂いたことに深い感謝を記す。

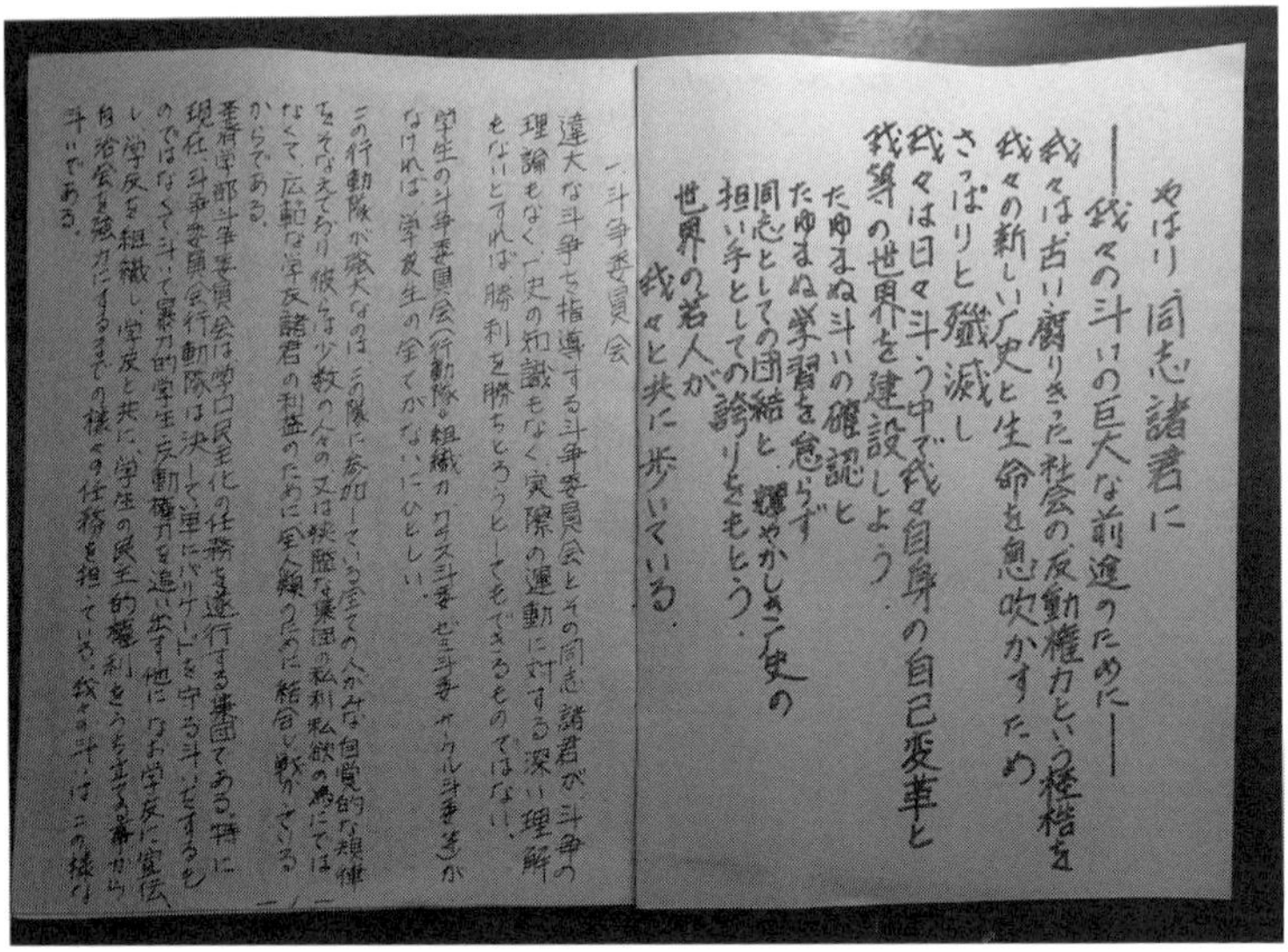

やはり同志諸君に

――我々の斗いの巨大な前進のために――

我々は古い腐りきった社会の反動権力という桎梏を
我々の新しい歴史と生命を息吹かすため
さっぱりと殲滅し
我々は日々斗う中で我々自身の自己変革と
我等の世界を建設しよう。
たゆまぬ斗いの確認と
たゆまぬ学習を怠らず
同志としての団結と輝やかしい歴史の
担い手としての誇りをもとう。
世界の若人が
我々と共に歩いている。

一、斗争委員会

遠大な斗争を指導する斗争委員会とその同志諸君が斗争の理論もなく、歴史の知識もなく実際の運動に対する深い理解もないとすれば勝利を勝ちとろうとしてもできるものではない。

学生の斗争委員会（行動隊・組織カ・クラス斗委・ゼミ斗委・サークル斗委等）がなければ、学友生の全てがないにひとしい。

この行動隊が強大なのは、この隊に参加している全ての人がみな自覚的な規律をそなえており彼らは少数の人々の又は狭隘な集団の私利私欲の為にではなくて、広範な学友諸君の利益のために全人類のために結合し戦っているからである。

経済学部斗争委員会は学内民主化の任務を遂行する集団である。特に現在、斗争委員会行動隊は決して単にバリケードを守る斗いをするものではなくて斗いて暴力的学生反動権力を追い出す他になお学友に宣伝し、学友を組織し、学友と共に、学生の民主的権利をうちたてる為かつ自治会を強力にするまでの様々の任務を担っている。我々の斗いはこの様な斗いである。

— 1 —

「同志諸君のビラ」の一部（筆者）

日大闘争の特徴、〝膨大な資料〟

一九六六年から始まった運動は一九八〇年代初頭まで続いたが、特に六八年～六九年にかけて発行された資料は、大量のビラや機関紙誌、総括文書に加えて各闘争委員会や事務局の日々の活動記録、報告書の他、当局と取り交わされた文書、当局書類等の膨大な資料が残っている。この中に、生き生きとした個人発行ビラや各闘争委員会の多様なビラと膨大な「総括」文書の他、情報局が日々行った各学部との連絡記録、右翼の動向や機動隊の動きをチェックしたノートまである。

二〇一四年に行われた国立歴史民俗博物館の展示に際し、送付した資料の膨大さに歴博の研究者たちも驚端され、日大闘争の〝特異な凄さ〟を口にされた。しかしその資料は多種多様にあり、研究者の方々は相当苦労されたと思われるが、これらの資料は未整理状態である。

第9章　日大経済学部三代の闘いと裁判闘争

（1）私たちはなぜ闘うことになったのだろうか

日大の学生たちはなぜ〝巨像〟を相手にすさまじい〝戦い〟をすることになったのであろうか。

教室に入りきれない定員数倍の学生、休校とよく遅刻をする「かけ持ち」先生、大教室で中身もなく授業を切り上げる先生、入学した学友は自己を喪失し、高い授業料を払って勉強の場はサークルだった。多くの学友は当てもなく街路をうろつき、少し意欲を持つ学友は検閲と書き直しを要求されて、意見の配布、掲示は禁止、言論発表と集会の自由は奪われ、大学祭は開催不許可。異議を唱える学友に暴力をふるう職員と学生を〝小僧〟と呼ぶ学部長、更には学生証検査体制下の校内で日本刀を抜刀して切りつけて〝体育実技〟をする右翼・応援団員。

集団暴力は大学を愛する者の行為でお咎めはなく、弁当と日当がつく。真実を求めた学友は法を犯した者となり、理事は約束を反故にして、父兄、教授からの退陣勧告を無視とお惚けでごまかし、三〇数億円もの金を流用しても罪には問われない。この大学に得るものはなかった。

自己を喪失していた学友たちは闘いにより自らの主体性を自覚し、闘いの中から連帯が生まれた。真理の砦となったバリケードは、右翼と機動隊により何十回もの襲撃を受け、一万人以上の負傷者と一七〇〇人以上の逮捕者、そして東京拘置所は「カギ・メシ付きの学生寮」になった。

テレビのインタビュー、「これから何をしたいですか」、学友の答え、「もう一度バリケードを作りたい」。

日大は当時、資本側の拠点校として「産学共同」路線を掲げ、物言わぬ安価な労働力の大量供給を目指してマスプロ化とコンツェルン化を図り、授業料を値上げして（当時、私大では最も高いと言われた）学部ごと採算制で管理し、資本効率を高めた巨大な教育資本であった。

しかしその実態は、定員オーバーの学生詰め込みと学生数に合わない教育設備や教員数の現実で、学ぶことはマイクを通したお仕着せと受け売りの知識であり、授業は〝卒業〟なる安っぽいタグをつけるための作業工程であった。私たちは、支払った学費の対価に全く合わない、収奪され、疎外された学生だった。

当時の私たちは、未熟なる若者だった。経済・社会とは、歴史とは、その知識を求め、学なるものを求めて部活動やゼミの先輩と師に教えを乞い、学友との議論にその答えを求めた。そして私たちは部活動から、ゼミから、師から学なるものと知識を学び、自立と自治意識を学んだ。しかし、私たちは勉学と学究生活の道を半ばにして行動に向かわざるを得なかった。

一九六七年四月の経済学部学生会藤原執行部への集団暴力と当局の弾圧は、この大学は民主的自治と学問研究の場ではないことを、私たちが「学生である自己」を根底から否定する反動教育の場であることを露呈した。

既にその以前に、この大学の学生であることに自己否認の思いを催していた私たちは、学園内の代表である先輩・学友に対して、白昼公然と行われた右翼集団暴力と、羽仁五郎氏（講演者）に対する暴言・脅迫を目前にし、胸にこみ上げる怒りを抑えるすべはなかった。

教学の場において講演会は集団暴力に破壊され、尊敬する先輩や親しい学友を救えなかった私たちは、震える自らの手に怒りのこぶしを握り締め、瞼に浮かんだ涙をふき捨てた。

「危急の時には、思想より感情の方が人間を支配する」(クラウゼヴィッツ『戦争論』)

私たちはこの時、大学を支配する独裁者とその配下である右翼暴力を絶対に許さないと、心に誓った。そして更なる一年間は、やがて来る闘争への準備期間となった。

闘いの三代目の私たちに、時が味方をしてくれた。三代にわたる時の経過で学んだ私たちは、この大学の本質を認識して秋田執行部(公然部隊)設立に併せ、別動隊(闘う非公然部隊)を組織した。

一九六八年四月、秋田執行部への厳しい当局規制、新入生歓迎講演会不許可、更に四月一五日発覚した巨額使途不明金問題に対し、別動隊は抗議行動を開始した。

五月二三日、別動隊は、連日の不法集会と地下活動を行って秋田執行部の下に学友を結集し、右翼暴力部隊の襲撃を撃退して、「二〇〇mデモ」を挙行した。

そして闘いは、五月二五日の当局処分に怒る全学学友の大結集により、当局と右翼部隊は秋田執行部を殲滅することが不可能になった。彼ら及び当局は、日を追うごとに増加する全学学友の結集と全共闘の登場による団交要求にしびれを切らし、六月一一日、経済学部校舎を占拠して無差別暴力を振う愚挙に出た。

その日午前、全学部から集められた数百名の右翼部隊は経済学部長の訓示を受け、本部直結学生課職員の指揮により、木刀、バット、日本刀まで用意して経済学部校舎を占拠した。

いよいよ私たちの目前にこの体制の支配者の命を受けて「日本精神」を叫ぶ《治安部隊》が、暴力部隊が現れた。私たちの大学民主化の願いへの回答は、「巨額使途不明金と右翼暴力弾圧」だった。

民主化要求の初めから暴力弾圧と闘わざるを得なかった私たちは、不退転の闘いを決意した。

歴史から学ぶ批判と啓蒙の、学問・研究・発表の自由、基本的人権と学生の自治権は権力者に支配され、その秩序に異議を唱え反抗する者は過去幾度となく処分と暴力を受け、強殺されてきた。この大学は教育と学問の場ではなく、思想を「国体護持」に収斂し歴史を否定する者たちの〝生息の場〟であった。しかも私たちが、学費として必死に納入した巨額の「学費」を不正に流用して〝豊富な資金〟を与えてもらえる、彼らの〝拠点〟であった。

しかし、この大学の暗部の証明たる、巨額使途不明金が発覚した。私たちが納付した授業料の一割以上が、古田の権力と暴力維持に流用されている腐敗の実態を、全学友と社会が知った。

巨額使途不明金発覚と六月一一日、右翼部隊の暴挙は、私たち経済学部生の闘いを日大全学部生の闘いに導いた。

しかし私たちは、大学、教育、思想、文化をも支配する体制と権力者に対して階級的闘争を担う立場にあらず、闘いの理論や組織はなく、政治的或いは戦略的闘争方針などはなかった。

私たちは、〝科学的なる唯物史観〜必然史観〟に対してかすかなる観念的疑念を持ちながらも、この大学の体制に収奪された学生であり、国家的反動教育に支配された労働者予備軍として、闘いの理論を求め結束した。

「大衆が自然発生的であれば、大量の意識を持つ必要がある」（レーニン『なにをなすべきか？』）との闘いの認識で動き出した私たちに与えられた機会に段階論などはなく、私たち流の「一転突破」の戦術しかなかった。そうでなければ学友が、皆が殲滅される。

秋田執行部を柱に私たちは決起を準備した。そして、闘いの相手は「反動権力・古田体制である」ことを、「学園の民主化は絶対に必要である」ことをスローガンに掲げた。やがて、マスプロ教育により個々に分散され、自己を喪失していた学友たちが、この大学の本質と腐敗に自らを対置させて自己の存在と自立（権利）に目覚め、自らの意思で「反古田、反権力」の闘いに立ち上がった。

五月以降学友たちは続々と結集してきた。そして、日大全学部の学友が決起し、経済学部と法学部、大学本部を取り囲み、千代田区三崎町、神保町の街路は連日数万人の学友で埋め尽くされた。

経済学部の三代にわたる学友たちの民主化の闘いの灯は、この国とこの大学の見えざる歴史と腐敗をあぶり出し、全学部の学友が立ち上がって、日大全共闘の闘いに結実した。

日大全共闘は〝学園〟の枠を超える闘いを、自らの〝学園〟の闘いとして一人ひとりが果敢に闘った。組織的指図によらず自らの意志により結集し、その意思の実行として砦から闘いに出発した日大の学友たちは、一人ひとりが明るく勇敢な闘志であり、互いに思いやりを有する全共闘の〝戦士〟だった。

私たちの闘いは反撃の激動の闘いを経て、九月三〇日の団交で完全に勝利した。

しかし勝利による学園民主化への路は佐藤内閣の「指揮権発動」で破壊され、闘いは経済学部学生会三代にわたる暗黒の時代をはるかに凌駕する、熾烈にして過酷な、終わりなき闘いになっていった。

やがて全共闘の闘いは、全国三八〇大学「全国全共闘」の連帯に至った。しかしその連帯は、いつしかセクトによる方針のラディカル化と大衆に依拠しない行動になり、闘いのエネルギーを失って行った。

この歴史の中で、日大全共闘の学友たちは変わらぬ想いをもって学園の民主化を求め、更なる犠牲を払いながら一九九〇年初頭まで闘い続けた。そして九〇年代になり、日大は大きく民主化された。

しかしその学園は、今再びかつての独裁者の走狗たちによる支配体制となり、教学の理念を失って腐敗を生み出している。日大全共闘の闘いは、終わっていない。

『私は叫ぶ。何度でも。ここから早く出たいのだと。海や山や野を見たいと。人間は自由であり、そうでなければならないと思う。何度でも叫ぶ。自由の叫びを。再び灼熱の闘いを闘い抜く為に』（秋田明大『獄中記』）

（2）社会の一員としてこの国への想い

私たちは、やがて「真理の砦（バリケード）」を失い、或いは「砦」に惜別して各々の道を歩んできた。戦後三〇年を経て日本経済が大きく成長を遂げていく過程の中で、私たちは企業或いは社会の一員として豊かな社会の構築と民主的国民生活の形成に努力をし、自らもそれを享受してきた。

しかし戦後七〇年有余を経て総国民的に豊かさを育んだこの国は、今アメリカの意向に従い、経済的には新自由主義が政策となって格差の拡大と国民的経済の疲弊が進行している。そして政治的には近隣諸国との「尖閣」領土問題や、〝積極的「緊張主義」〟による国民への目に見えない縛りを背景に、〝強国を目指す〟かのように世論の誘導が図られ、憲法改正と〝国際貢献〟なる派兵を強行しようとしている。

その意図は自衛隊から日本軍へ、そして軍事力の行使を意図するものであろうか。

今再びこの国の為政者たちは、かつての精神主義と軍事力により東亜の盟主を目指すのだろうか。しかし自立国としての国際協調路線を否定する米国従属の軍事化の方向と、為政者の「戦後レジューム の否定＝国体護持と日本精神による国民統制」の方向には、不整合を感じざるを得ない。

この〝不整合〟は、〝どこで整合〟するのであろう。あたかも為政者たちの自己的主張と政治的・独裁的利権を確保する、低レベルの後進国かのように。

戦前、「東洋の平和」の名の下にアジアを蹂躙した我が国は、戦後その反省に基づき世界に冠たる「平和憲法」を国の理念とし、「被爆国」である立場を訴えて、国際的評価を受けてきた。

この国はこれから必要とする時代に向けて、自立した国民意識と権利の自覚を持ち、民主主義の理念に基づく透明な政治と、矛盾を解決し止どめる知恵と世界を保つことはできないのであろうか。

豊かな国民性と平和を愛するこの国は、ナショナリズムと政治の利権を排して軍事力によらず、国際的リーダーとして隣国・他国と友好する外交姿勢を保つことが出来ないのであろうか。

歴史は、武力による平和は無いことを、武力の行使はとめどなく憎悪を拡大していることを証している。私たちがあの当時求めた学園の民主化に対して、「美しい日本〜調和の日本精神」なる〝為政者の理念〟の下、国体護持を叫び、右翼暴力による人格否定のすさまじい暴力を受け、警察・検察・司法一体の国家的弾圧を受けた当時の思いは、この国の戦前の姿に合致する。

学問・思想の自由の制限、言論の圧殺と多様な意見の否定、「学則」が基本的人権に優先し、〝赤狩り〟と称する治安部隊が跋扈した当時の学園で見たものと、今の為政者たちの「国体護持と自主憲法」の論理、歴史の否定と人格を認めない姿勢やその意図に現れる「美しい日本の〝国民としての〟義務付き・主権制限の権利」の思想とに、全く類似の懸念を抱かざるを得ない。

今やこの国の政治は、教科書の改変のみならず、復古的道徳教育の実施、大学に対して「社会的要請の高い分野＝企業ニーズの高い分野への科目の転換」を名目に、政治・経済学、哲学、歴史学等の人文社会科学系カリキュラムの廃止をもくろんでいる。（かつて戦火の拡大した昭和一八年、日大においても文科系カリキュラムを廃止し、文系の学生募集を中止した。やがては、勤労動員から学徒動員を行った歴史があった。）

この十年の安倍政治による我が国の経済力のみならず学術・文化・研究開発力、報道の自由度等の著しい劣化と大学ランキングの低下は、欧米のみか、東南アジア諸国の中においても後進国以下に後退し、これらは国際的諸指標に現れている。国民を特定の方向に誘導し、個性の活力と〝考える権利〟

を奪い、官僚を支配する政治と恭順なるメディアに、今後現れてくるであろう事柄に対し、権力と偏見に向かって誰がどのように訴えて変革を求めて、闘っていくのか。

歴史から学び教訓とする知恵と変革を、学問、真理探究の場である大学のありようを思い、私は筆を置く。

「黄昏を待つミネルバの梟の如く」（ヘーゲル『法の哲学』）

丸井雄一

（3）この国の歴史の記憶

（イ）東大・山本義隆氏の著書『私の一九六〇年代』への連帯、東大と日大の歴史的係わり

東大全共闘の議長であった山本義隆氏は『私の一九六〇年代』で、東大は明治から戦前における我が国の「帝国大学」として、日本の政治・科学・文化・思想の全般に及ぶ国の指導者、科学者を育成してきたことと、産学、軍学そして官学連携して「研究を行ってきた」史実を緻密な資料分析に基づいて検証し、その役割は戦後において何らの反省もなく今も変わらず担っていることを鋭く指摘し、書き記している。

そして氏は、人類発展の歴史に思いを寄せて自ら科学者としての責任と自覚に基づき、東大解体と自己批判に至った「東大闘争」での闘いの想いを述べている。私たちは、氏の今に至るまでの闘いとその思いに心から敬服し、尊敬の念を申し上げる。

また氏より本書において、「日大全共闘」の闘いへの連帯に対して熱い感謝の言葉を頂いた。私たちは今も変わらぬ氏への連帯の気持ちを表したい。

かつて日大は、私学として設立当初の法科大学としての歴史的役割があった。

しかしその後の日大の史実には、東大内での憲法論争（天皇機関説＝美濃部達吉、天皇主権説＝上杉愼吉）の穂積八束東大法科学長～上杉愼吉教授の理論と、「国体明徽」による立憲主義の否定と軍部の台頭を招くこととなった「天皇絶対主権」の理念、そして日大に移籍した前述の今泉定助の「皇道＝日本精神」の理念が、戦前・戦後の日大の歴史として、厳然と存続してきた。終戦時に公職追放を受けた山岡総長（後、解除にて名誉総裁）、学徒出陣の指揮を執った永田学部長（当時、後総長）、そして日大綱領を「日本国憲法の精神」から「日本精神」に変えた古田会頭に、戦後にそのまま継続されてきた日大の歴史を見ることが出来る。

なお上杉教授は「国体明徽・忠君愛国」の右翼思想家として当時の政・財界の指導のみならず陸軍大学、海軍大学校の教授として、更に帝大内において学生、社会人右翼運動組織を指導した。そして戦後を代表する右翼の指導者たちがこの学生組織から生まれている。（一九二六年設立された「建国会」の会長は上杉愼吉、理事長は赤尾敏、顧問は平沼騏一郎や頭山満、荒木貞夫等であり、軍部からも多数加わっている。）

また岸信介も上杉愼吉の「木曜会」と「興国同志会」に属して学び、後、満州国の経営そして戦時中は東条内閣の商工大臣及び軍需次官に就任し、国家総動員体制を目指した。

これらの歴史は山本氏の指摘の通り、何らの反省もなく戦後の為政者たちに引き継がれ、日大及び東大において私たちの闘いが激烈化した背景である。そして今現在ものこの国の為政者たちの背景として存在している。

この点は、本書に記すテーマではないので、読者に推論または研究をお願いしたい。（『甦る上杉愼吉』、『反〈安倍式積極的平和主義〉論』、『右翼辞典』ウィキペディア等）

＊一九四五年八月終戦時、永田学部長の学徒出陣から帰った学生への訓示

「皇紀二千六百五年八月十四日、長くも戦争終結の大詔を御換発、翌十五日正午、もったいなくも陛下御自らマイクの前に立たせられ、我ら一億国民は玉音を拝し、ひとしく感泣致した次第でありま す……大死一番一夜の号泣から覚めたその瞬間から過去の恩讐を超え……一切の利己的考えを絶ち……本土の上に民族永遠の生命を保持せしめ……戦争に負けた最大欠陥である科学技術の振興に努める他無し……。」

（ロ）現在のこの国の政治の背景となった「日本会議」

当時、文理学部を暴力的に拠点にしようとした「反憲学連」とはどういう組織であったのだろうか。かつてその上部団体であった、今の「日本会議」を見てみたい。一九七〇年代中ごろに右派の宗教団体によりつくられた組織を母体にし、今や我が国の政治の方向を大きく変えてきた為政者の背景に、「日本会議」が存在することは既にご承知の通りである。この組織は、神道・仏教系宗教団体、保守的・右翼的政治運動組織及び財界人・有力者など多様な会員の他に、現与党の大多数の議員と閣僚のほとんどがそのメンバーになっている。（安倍内閣時）

また先般の「安全保障法制」議論に際し「集団的自衛権は合憲」とした三人の教授は、全員この日本会議関連団体の要職にある関係者であった。（その一人は、日大法学部M元教授）

この会の趣旨は、「天皇を中心とした社会の創造と国民教育」をめざし、第二次大戦の敗戦を認めず、憲法を改正して「行き過ぎた家族観や個人の権利の主張を抑え」、「靖国神社参拝と戦後レジームの否定」によって「日本国家の名誉回復」をし、「国防力を強めて積極的な自衛隊の海外活動を行う」としている。会には、戦後の平和憲法を否定し、国体護持と戦前日本へ復権の大義を求めて、当時の私たちを暴力的に襲撃した者が中心となり、事務局で活動をしているとのことである。

この会の元号制定、歴史教科書の改訂等の先導、さらに道徳教育復活、公共教育、国旗国歌法、大学の社会科学系授業廃止、先の秘密保護法案、盗聴法（通信傍受法）改正、武器輸出原則の撤廃等の政策は、憲法を改正して明治以来の国体護持と精神理念の下に、この国の再軍国化に向ける安倍政治と、一部財界人たちによるこの会の目指す方向であった。

そして五〇数年を経過した今、全国に組織を有して国の政治の中心レベルで活動するこの会とその思想に我が国の将来がゆだねられる状況と、既に見えてきた自民党の改憲草案にみられる思想を私たちは見過ごすわけにはいかない。（日本青年協議会、反憲学連・日大文理クーデター・日本刀・青竜刀等襲撃事件、ウィキペディア等より）

＊一九八〇年一一月、この会の学生部隊である「反憲学連」は文理学部を拠点にするべく、武装をして全共闘を襲撃してきた。全共闘は約一年をかけて闘い、彼らを追い出した。（二四四頁参照）

「国体護持」はいつからか

私たちは当時の学内で、「国体護持」を叫ぶ応援団員等に、「不逞の輩」と罵倒された。また藤原執行部を襲った彼らは、国体護持！ 赤を殺せ！ と叫び、壇上に押し掛けた。しかし、近世以降の我が国はいつから天皇中心の「国体」になったのだろうか。またいつから伊勢神宮はお国の社になったのだろうか。

少なくも江戸時代までの伊勢神宮参りは大衆の楽しみたる「お伊勢参り」で、天皇が行かれたことは聞いたことがない。そもそも明治以前は京都におられた訳で、明治政府は「錦の御旗」の政権奪取と神社神道を「国家神道」に組み換えて神仏一体のこの国の伝統を切り離し、万世一系の天皇と伊勢神宮を頂点とする「国体」を創出した。ある意味日本の伝統を破壊することによって、国家主義の道へ向かった。

そして昭和に入り、「我が国体は天孫降臨の際下し賜へる御神勅により明示さるる、萬世一系の天皇国……」（一九三五年、第一次声明）の「国体明媚」声明となり、以降第二次声明を経て、我が国の立憲政治は公然と否定され、軍部による政権奪取の基となった。

「国体護持」の根本には、国民は天皇の赤子であり、個人の意思のみか主権者たる国民は存在しない。また今見えてきた自民党改憲草案の「国による家族主義」なるオブラートに包まれた文意には〝国家主義〟と共通の匂いを感じる。これはわがお国の「京都」の歴史をも含めて、まさに歴史の経過と進展を認めない復古主義であり、元安倍政治の目指す「戦後レジューム脱却＝戦前回帰」的思考であったと言わざるを得ない。

なおこの分野は、専門的・歴史的研究者によるところが大きいので、筆者の推論は妥当であるのかは今後の研究にしたいところである。

（4）不当裁判と闘った学友の裁判記録

（イ）一九六八年九月四日、法・経済学部仮執行で機動隊員一人死亡に対する裁判の記録

この記録は、当時経済学部三年生闘争委員会の佐村君、米丸君たち六人が二〇年近く闘わざるを得なかった裁判闘争の公判記録である。九月四日、仮執行において負傷した機動隊員一名が後に死亡したことにより九人が再拘留され、東京地検に告訴された。（九人うち三人は分離裁判を選択した。以下はその六人による裁判闘争の記録である。）

この六人への裁判の第一審は、東京地裁斉川裁判長と東京地検一体の強権力による無謀かつ無益な裁判事例として刑事訴訟の教科書である「刑事訴訟法講義案」に掲載されている。なお本件の斉川裁判長は検察と一体の強行公判に異議が出て、公判途中で東北地方の地裁に左遷された。

第三機、五機機動隊六七〇人によるバリケード撤去仮執行に対する徹底抗戦により、総数一三二人

が逮捕された。この闘いで機動隊は一九人が負傷したが、このうち五機の某指揮官の無謀な命令により身動きの取れない経済学部校舎と隣地ビルとの隙間に侵入した機動隊員は、午前五時三〇分頃に上部からの投石を受けて一八人が負傷し、うち一人は完治不能の負傷同じく負傷した西条巡査は、後に死亡した。

第一次拘留者、逮捕者のうち、経済学部の四三人が公務執行妨害、建造物侵入容疑により一〇日間の拘留を受けた後、起訴されず釈放された。

（第一次拘留者）戸部君、館野君、楠木君、米丸君、加藤君他三八人である。

九月一五日　東京地検は公務執行妨害・建造物侵入罪で、戸部君、館野君、佐村君、八木君、福原君、池内君の六人を起訴した。

一二月一三日　西城巡査の死亡（九月二九日）を契機に、上記一時拘留者のうち九人を「現場共謀」による西条巡査「傷害致死罪」にて拘留（二次拘留、二重逮捕・二重起訴）し、告訴した。

拘留者の内三人（八木君、吉田君、沖田君）は分離裁判を選択し、以下は佐村君、米丸君、平野君、坂井君、澤田君、塙君の六人に対する公判記録です。

（ロ）第一審判決

東京地裁　昭和四四年四月起訴　昭和四四年一一月二七日第一回公判から、昭和五二年三月二九日の第一審判決に至るまでの八年間で、延べ五八回の強行公判が行われた。

東京地裁判決主文

被告人佐村を懲役二年、米丸を懲役一年一〇月、平野を懲役一年六月に、坂井を懲役一年に処する。

佐村、米丸は三年間、平野、坂井に二年間の執行を猶予する。

澤田、塙は犯行の証明がないとして、無罪。

公判経過

地検は、当日の被告人の行為はその日午前三時頃に行われた三一三番教室に於ける六九名の学生による「事前共謀（バリケード死守決起集会）」の犯行とは異質の行為＝別件の犯罪行為であり、被告人らは「五階ＥＶホールに於て『現場共謀』をして窓から花壇、ブロック等を投下して機動隊員を負傷させ、西城巡査を死に至らしめた犯行である」と主張した。

地裁で公判を担当した斉川裁判長はこの地検の主張を支持する姿勢で公判を強行した。これに対して被告六名全員は、訴状にある「現場共謀」はしていないことと訴因の投石をしていないことを主張し、自分たちがその時間帯にいた現場と投石の行動を自ら詳細に〝自白〟をし、一緒に行動した多数の者たちの証言を提示しながらその行為をしていないことを主張した。公判は、地検の主張・調書・証言に対する弁護側の反論・主張を対置して、多数の証言、現場写真等により、当時の学内での者たちの守備箇所や状況、投石等の種類、投石時間等を確認・精査して、被告たちがこの犯行時間に訴状の投石をしたかについての具体的な証拠は得られなかった。この斉川裁判官による検察と一体の強行公判に異議が出て、公判途中で裁判長は交代させられた。

後任の小野裁判官は、被告人らはこの時間帯に訴状の行動をしていないとの印象を持ち、この印象により裁判官は判決前に検察に対して「現場共謀」の訴状を変更して「事前共謀」による犯行を立証するべく「訴因変更」を提案した。しかし、検察はこれを拒否したことにより、小野裁判官は被告人に対し、傷害及び公務執行妨害を適用して上記の判決を行った。検察は、この判決に抗して高裁に上告をした。

（八）第二審判決

東京高裁判決主文
原判決を破棄し、本件を東京地裁に差し戻す。
昭和五五年　二月二五日判決

検察は、第一審は現場共謀行為で被告らの犯行を立証できないとしても、事前共謀の観点から見て訴因変更はしなくても事前共謀により包括的に被告等の犯行を問えるとし、一審が堝、沢田の無罪とその他の被告に対し公務執行妨害、傷害致死、傷害を有罪としなかったのは法の適用を誤っていると主張した。

これに対し高裁は、一審の審理については、地検の〝現場共謀による別件の犯行〟であるとの強硬な主張と、これを支持した斉川裁判長の強権的訴訟指揮により、被告人、弁護人の意見陳述が不当に制限されて、被告人らは検察の訴因に対して永年の反証をせざるを得なかったもので、いきなり事前共謀を持ち出しての訴訟は被告人の防御の機会を奪う行為であり、法的に認められないとして、審理を尽くさなかった原判決は破棄を免れないとした。

（高裁は六か月にわたって判断を保留して調査を行った上、一審の審理は被告人らの正当な防御権を行使できない状態の中で行われた審理で、本件を別件とする検察の訴因を裁判所が認めれば被告人にとり検察と裁判所の共同の偽計により自白させられて罪に貶められることになり、検察の訴因変更を認められないとした。憲法三七条被告人の権利）

更に高裁は、第一審判決は、事前共謀（共謀共同正犯）によるその他の者の犯行は問われずに第一次拘留者は釈放されていることとの差異、第一審に五八回もの回数をかけての八年以上に及ぶ公判での証明により被告人らにアリバイが存在することが判明したこと、地裁は地検に訴因変更を求めたにも拘わらず地検は強硬に現場共謀を申し立てたことにより、一審において八年以上もの期間を被告らがそのアリバイの証明に費やさなければならなかったことは被告人らの責任ではなく審理不尽であると認定し、地裁に差し戻した。しかし地検はこれに抗して、最高裁に控訴をした。

（三）第三審判決

最高裁　第一審判決破棄・無罪

昭和五八年九月六日判決

最高裁は通常行わない調査官調査を行い、①共同謀議ではない　②現場共謀ではない　③犯行を証明する証拠はない　ことを認定した。

「検察官が約一〇年に及ぶ第一審の審理の全過程を通じ、一貫して右控訴事実はいわゆる現場共謀に基づく犯行であって右現場共謀に先立つ事前共謀に基づく犯行とは別個のものであるとの主張をしていたのみならず、審理の最終段階における裁判長の求釈に対しても従前の主張を変更する意思はない旨明確かつ断定的な釈明をしていたこと、第一審における被告人らの防御活動は検察官の主張を前提としてなされたことなど判示の事情がある時は、第一審裁判所としては、検察官に対し求めた求釈明によって事実上訴因変更を促したことによりその訴訟法上の義務を尽くしたものというべきであり、「いわば検察官が一旦不起訴処分にした事件（一次拘留者）を裁判所が起訴するに等しく、検察官の起訴独占主義及び起訴便宜主義に違反するものとなる」、「長期化の責任は挙げて検察官にあり、起訴変更をするとき、右長期間の審理はすべて無駄となりその不利益（被告人らの精神的・物質的損失……）を専ら被告人らが被り、かつ訴因変更は迅速な裁判を享受しうる被告人の権利を侵害し、許されない」、「検察官が第一審裁判所に訴因変更を命ずるべきとするのは、裁判所に被告人らを起訴して下さいというに等しく、自己の職責の放棄に等しく」、「審理期間が八年の長期に及んでいるのは挙げて検察官の不誠実な訴因追行によるものであり」、「しかるに原判決は検察官の主張を鵜呑みにしたものである」、「審理の過程から裁判所が被告らの「殺意」の存在に疑いを持っていることを検察官は解っていたにも関わらずその点の補充立証に努めた様子は無く」、「本件被告人らは全員当日逮捕されそのほとんどは控訴の起訴を受けず釈放された者たちで、ＥＶホールの投石行為が立証されず否定された以上、被告人らの行為は共謀のみとなり、不起訴処分が相当である」とした。

更に、逮捕者のほとんどは屋上で逮捕された状況において、被告人らが現場においてどのように行動し共謀したのか、たまたま逃げる途中で五階にいたのかなど、機動隊による校舎窓、各所からの多数の写真でも犯行現場を具体的に確認できないなどにより犯行をした者を特定するに足る証拠はないと認定し、最高裁は各裁判に一五年以上かかった無益を考慮して差戻し、第一審の判決の破棄を行い、全員無罪の判決をした。

（ホ）米丸君の公判供述調書

第二回公判供述調書（米丸君の供述〜文意に即し口語体の訂正と文章の要約をしています。）

「公判が開始されてから足掛け四年経ち、大変長い時間を過ぎしました。我々ここにいる被告はこの四年間全く一方的に時間を取られてしまいました。この責任は誰にあるのか。我々のこの事件の対象になっている日大闘争は、二〇億円使途不明金を元にした日大生が騒いだかのように言われており一般的にはそれで通るかもしれませんが、我々中にいる学生はそれでは収まらない、いやそれだけでは決してこのような闘争はできなかった。なぜならば、二〇億円脱税事件が解決されれば、我々の主張は終わっていたでしょう。我々が、日大の一〇万学生が怒りに満ちたのは日大の教育不在であり、暴力支配の時代がずっと以前からあったからです。ですから我々は学校に反省を求め、真の教育を求めるために学校側に要求してきました。」

全理事は総退陣しろ
経理を全面公開しろ
検閲制度を撤廃しろ
集会の自由を認めろ
不当処分を撤回しろ

この五つの基本的な要求は、どれも日本国憲法の元では保証されていることです。私たちはこの日大で支配されていたことを真に聞く耳を持つならば、我々の日大闘争が正しいということは、誰でもわかることです。約四年前から斉川裁判長が我々の公判を担当してきました。斉川裁判長は、我々に対し予断と偏見を持っていました。我々が何か言うと発言を禁止し、言いたいことは五分でまとめなさいと制限されました。これは我々にとって非常に苦痛です。私たちは、単に長くしゃべればいいとは思っていません。おしゃべりをするためにここにきているわけではないのです。私たちは自分たちの無罪を証明しようとここにきているし、私たちが裁かれるのではなくて、裁かれるのは日大だという確信をもっています。

斉川裁判長の一方的な訴訟指揮のために、私たちは足掛け四年の時間を無駄に過ごしたと言わざるを得ません。このことを私が公判再開に当たって述べておきます。

それでは、私は日大の中でどのようにしてこの闘争に加わっていたかを話します。

昭和四三年六月一一日、我々はこの日を忘れることはできません。経済学部の学生でしたが、この日の昼頃に学校から締め出しを食いました。経済学部の学生は出ろというのです。

自分たちは理由がわからず、とりあえず出ました。それと入れ代わりに体育会系の部員、法学部や他学部の学生とか、我々の知らないあんちゃん、お兄ちゃん、やくざ風の人たちが入って行く。おかしいから、なぜ我々を入れないのだと言ったら、文句あるのかと我々につっかかってきました。

我々も怖いですから仕方なく経済学部一号館と二号館の間の道路に集まっていました。そしてたちまち一号館の間は学生たちで埋まってしまい、我々はその当時の秋田学生会執行部が中心になって、学校から出される理由はないと、ちょっと前に戻りますが、この日朝から校舎入り口で学生証の検査をしていた。その理由は、他学部の学生が入るからしているということでした。我々は目の前で他学部の学生が入って行くのを見てその抗議を学校側に、一号館の玄関に向かってしまいました。（補足・これはこの日の五〇〇〇人の集会のこと）。

そしたら、その一号館の三階や四階の窓から水や消火器をぼんぼん投げてくるので、僕たちは慌ててしまい、ますます怒りは爆発していい加減にしろと、我々の学校から我々が出される必要はないと詰め寄りましたが、上からぼんぼん投げるものが激しくなって、酒ビン、コーラビンとか、スチール製のごみ箱とか灰皿とか雨あられのように落ちてきた。私たちは別に鎧を着ているわけじゃなく、次々にけが人が続出して血を出している。

学校側は職員も見ていましたが、そういう人たちが指揮を執ってやっている。そういう信じられないことが六月一一日に起こったのです。

そして救急車のサイレンは鳴りっぱなしで、あとからあとからけが人が出てくる。上から落とすからガラスなんかで切って肉がぱっと割れて血がドロドロ出ている、そういう人たちがその辺にうじゃうじゃいる。だからと言って僕たちはどうにもならないので、一号館を遠巻きにして抗議の声を大きくしたら、その辺に住んでいる人たちも加わって一帯は交通遮断、その人たちも同じ怒りをもって学校側に詰め寄ったわけです。

そして二時間ほどして機動隊が来て、僕たちは最初は機動隊が捕まえてくれると思って喜んで拍手をしたのですが、そのあと機動隊は僕らをどんどん追い出すのです。機動隊が囲んでいる時でも上から落下物はあったので機動隊とも話したのですが、おかしいじゃないですか、あなたたちはどうして捕まえないんだと、我々は全学連とは違うでしょう、あなたたちは普通の学生だと機動隊は言う訳です。それでも我々はどんどん道路から追い出され、道路に立っていちゃいけない、機動隊は交通整理に来たと。あなたたちは上から投げているのを見ているだから捕まえなさいと言ったら、お前はちょっと生意気だと小突かれました。機動隊が何で来たのか僕たちは理解できなかった。

それで私も道路上にいるならば道路交通違反とか彼らが言っていたので、経済学部の二号館に入ってその様子を、学校に閉じこもった体育会系の学生とか職員とか、やくざとかを見ていたのです。そしたら機動隊の指揮官が来て、お前こんなところにいちゃいけないと僕に暴行を加えたのです。そこにいた者も一緒に暴行されて、その辺りはいけないということで、機動隊にどんどん追い出されていったのです。僕たちはそうされても一向に群衆は減ることはなくて、日大の経済学部一号館の周りを遠巻きにして七、八〇〇〇人の人間が集まっていてその横断歩道にいても立ち止まってはいけないと、交通と歩く人の邪魔になる、そうして立ち止まることも見ることも許されないわけです。

我々は、警察が暴行を見ていて取り締まらないし、何もしなかったことに対して何が何だかわからなかったのです。そして次の日の新聞にはこのようなことが載っていました。雑誌にも出たのですが、その当時学校の鈴木理事は、あの日即ち六月一一日に、経済学部に体育会系の学生がいたことは事実だが、大学は故意に配置したのではなく、体育実技の授業が行われていた。彼らはスト派の連中の攻撃から自分を守るのに精一杯だったに違いない。ホースで水をかけたり、多少は乱暴なことをしたようだが、三、四階からものを投げたのは体育会の連中ではない、本部は体育会の連中を外に出すと面倒だから、彼らは純粋に母校愛に燃えていたのだろう、と言った。私はそういうことに対して反省の余地が一つもないことを新聞や雑誌で知りました。そして警視庁は、体育会系の学生を使わないようにということを、大学側に申し入れております。

こういうことが、六月一一日に行われました。私は最後まで見たかったのですが強制的に動かされて、これではいけない、日大はこういう大学であってはいけない、我われはここで学問を学ばなければならない、真の教育をするにはこういう大学では駄目なのだと、だからそれを直すために僕たちの力でやっていかなくてはいけない、と考えました。

翌日、学校に行ってみると校内はめちゃくちゃに壊れていました。一階や二階などは水浸しで書類は散乱し、学生の原簿などがその辺に散らばっていて、試験の答案用紙なんか山になって水をかけて使い物にならない状態でした。その中に酒の瓶や寿司の折り詰めなどがいっぱいあって、私たちは学校のやったことに対して腹が立って腹が立ってしようがありませんでした。

校舎の中にはスキーのストックがあったり砲丸投げの球が出てきたり、バットや木刀があちこちから出てきて、鈴木理事が話した経済学部で体育の授業があったというのは全くおかしなことです。そして僕たちがその片づけをすると同時に、さっそくバリケードを築きました。これは、僕たちが学園を自分たちの手に戻すには、ストライキで大学を自分たちで管理するしかないと判断したからです。そしてこれは再三再四、我々が古田理事会に要求をして、要求が受け入れられない場合はストライキも辞さないということを言ってきました。それで自分たちで学校を自主管理する、そして今までの教育に対して自主講座を設けました。

僕たちはただ籠城して遊んでいるのではなく、自らがその中でいろんな講師を呼んできたりお互いの間で討論をして、真の学問とは何かを問い詰めていったのです。そこで我々は、いらないものには手を付けないように封印をして、私物もあったのでそれに絶対手を触れないように、私は図書館を自分で封印して歩きました。窓ガラスが割れていたので一枚一枚紙を貼って継ぎ足し、一切が元のままであるように管理をしてきました。日大の教育の実態は、古田会頭の合理化改善案をもとにしています。その根本は、最小限の費用で最大の教育をすることが骨子です。

だから学校の教育設備やゼミなどは他の大学と比べ物にならないほど低く、我々が入学金と授業料でとられたものに比べればこれは驚くべき比率だと思います。授業も合理化改善案で行われているので、教授も高校の講師のように毎時間授業に出て十分な時間がないから私も勉強する暇がないということを我々の前で言う。

こういうことを一つ一つ話すとわかりやすいのですが、例えば私が三年の時に簿記の授業に出たら一つのクラスが二〇〇人くらいしか入れないのに、教授は一人でその教室に二倍や三倍の学生が来たのです。そしてその教授は、君たちがこの教室に全員来ると入れないのは明らかだから、学生たちに自覚を求める、自分で勉強しなさいと、はっきりと口では言いませんがそういう自覚の下にやって欲しい、来ない人は来ないでいい、そのほうが私は助かると。それでその二〇〇人の教室に四～五〇〇人くらい入って鈴なりで身動きが取れない状態でした。日大の合理化改善案は根本的にそういう内容で、授業はマイクで話してお終いという授業内容だったのです。

こういうなかで夏休みを私たちで過ごして、多くの学生と日大闘争の正当性を話したり、人生の話をしたり有意義に過ごしていたのですが、九月四日に私たちは突然機動隊に囲まれて捕まってしまいました。それまで我々を学生の代表と学校側が認めたにも関わらず、その言葉が乾かないうちにもう我々を学生の代表ではないと言ってきたのです。これに対して抗議のため、いたるところから経済学部に向かって学生が集まってきました。夏休みですからどんどん上京してきたのです。九月四日の新聞を見たらもうたまらなくなって飛んできたということで、学生でいっぱいになっていました。

毎日、毎日、神田の三崎町は学生で埋まりました。警察が抑えようにも抑えられない、むしろ警察が抑えること自体がおかしい、警察が抑えるのは古田会頭を捕まえるのが本当なのに、どう間違えたか学生を抑えた。ですから学生は校舎に入ってはいけないのに学校に戻りました。教授会でほとんどの教授会がその仮処分に対して批判的に声明書を、九・四が過ぎて述べています。そして社会的に問題が明らかになり、古田会頭はもう逃げられなくなって我々の前に現れたのが九月三〇日です。

ここで今までの暴力的な支配と、すべての犯罪的なことを古田会頭は我々の前で認めました。

両国講堂があんなに学生が入ったのは初めてだと思うのです。私もその中で傍聴していましたが、三階から四階にいきなり亀裂が入るような状態でした。主催者側は四階にいる人は早く降りてくださいというほど熱狂的で、今までの自分たちの不満がこの九月三〇日に学校側に認められていく、そういう熱狂的な支援があり、古田会頭は我々の前に今までのことを謝罪しました。

彼らが今まで我々の大衆団交に出ないのは、我々が暴力学生だから殴られてしまうと言っていたのが、終わった後に彼らは我々がそういう学生じゃなかったことを認めて本当に自分たちもこれでいいのだと言って、理事たちはその場所を出て行ったのです。

ところが翌日佐藤首相が乗り出してその大衆団交は遺憾であると発言し、すべての約束が無しになりました。一つの大学に対して、佐藤と古田はどんな関係にあったかは明らかになれば、この佐藤発言はうなずけると思います。私たちは、九日三〇日の約束をすべて破棄され、一〇月四日には秋田執行部を始め皆に逮捕状が出されました。我々は、一日にして犯罪者に追いやられたのです。

一一月二三日に、私はこの起訴されている事件の殺人罪ということで捕まりました。取り調べは拘置所で朝七時に起こされ、食事をしたら取調室に連れていかれて昼まで取り調べがあり、昼の食事の時は帰されるのですが、昼の食事が済むとまた取調があって、夕食をした後また呼び出されて取り調べを受ける。だから取調室は夜の九時や一〇時や、一一時近くまでもありました。取り調べ検事は、お前たちがやったのだ、お前たちがやったのだということを盛んに言いました。

私はその時こんなことを言いました。ヒットラーは自分たちのナチスをつくっていく過程で、ユダヤ人とか反政府的な運動をした人間を一つの部屋に三日も四日も閉じ込め、気を狂わせさせて殺していった。私はそんな苦痛を受けているということを話しました。そして私は苦しくて、何か助けてくれる神みたいな物を求めたのですが、あいにくそれは馬鹿なことで、自分はそこから逃れたいという苦痛はぬぐえませんでした。

私が最後までしゃべらなかったのは、私はやっていないのだと、やっていないのに無実なのにこんなことをされているからしゃべることはできないと、絶対に私はしゃべれないと、やっていないものをやっているようにしゃべることはできないのだと、そういう確信があったからです。

ちょっと戻りますが、まるで治安事件として正義を求める声が一方的に犯罪者のようにされていく。この法廷がそれを確認する場であるならば、この国では脱税は正義であり、それに対して不正と叫ぶ者は犯罪者だということになります。私はこのようなことがあってはならないと思います。

以上

＊東京地検と地裁斉川裁判長により行われた強権的公判で、二〇数年を被告人として過ごした後輩たちは、正にこの長期裁判で時間を止められて社会への係わりと自らの生活、生きていく将来の人生と希望を奪われ、人生の全てを奪われたと言わざるを得ない。

日大闘争では多くの学友たちが襲われて負傷しただけでなく、殺戮されたものもいる。この闘争において、検察・地裁一体の強権力により生きて人生を奪われた佐村、米丸君たちがいることを、私たちは絶対に忘れるわけにはいかないのです。

第10章　大学生活への想いと五〇年ぶりの日記帳

丸井雄一（一九六五年　経済学部入学）

（1）「私たちの斗いは終わっていない」

「あの時私たちはなぜ、何のために闘わねばならなかったのか。」私は、半世紀を過ぎ去ろうとする二〇一四年、突然訪ねて来た後輩達からこのような質問を受けた。当時三年生、二年生になりたての彼らは、三崎町に移行して一年或いは一ヶ月足らずの五月からいきなり闘いが始まり、やがて闘いの中心を担った者たちだ。当然ながら彼ら及び私たちは、闘うために大学に入学した訳ではない。

日大全共闘に対してよく言われることは〝巨額使途不明金に怒る学生〟と〝明るくてメチャ強かった全共闘〟である、が、闘いの始まりからの一貫した私たちの要求は、「古田体制打倒、検閲制度撤廃・集会の自由（学生自治と学問の自由）」であった。

私たちは、暴力支配の独裁者に対する怒りは当然として、学園の民主化により自己の存在と自由な学問の場を自らの手に取り戻す想いを持って闘ったことを、ともすると忘れがちになる。私のこの「記録」が少しでもその参考になればいいと思う。

私は、三年次の前半までは学問に取り組む機会と大学的意味を経験することができた。道半ばにはなったが、尊敬する師、先輩との触れ合い、合宿、議論の機会を得ることができた。また、一九六六年秋の三崎祭開催（闘争）において、多くの学友との交友を得た。しかし、後輩たちは一九六七年以降に三崎祭の機会は無く、勉学の場は奪われ、〝バリケード内での合宿〟と街頭での闘いが、彼らの大学での大きな経験になってしまったことであろう。たとえそのことにより自己の存在と自己学習、社会・学友との連帯、人生の指針が得られたとしても。

あの時、権力者の不正に敢然と立ち向かった彼らは、やがて社会を担うために飛び立つ者たちだった。有能な学友、後輩たちがこの闘いにより勉学の機会を奪われて大きな重荷を背負い、社会との係りを狂わせたことを思うと、私は後世のために、あの時の大学の姿と大学の意味を敢えてここに記す。

私は「綜研」（綜合経済研究会）の古賀（一九六六年の委員長）、草原、村井氏他、諸先輩方の学問に対する情熱を肌で感じ、多くのことを教わった。そして古賀氏から頂いた「手紙」が、この「記録」を書き出すきっかけになった。古賀氏の学問と大学（自治）への熱い思いを想起し、私が経済学部の一学生として過ごした〝大学生らしき〟経験をここに記す。

私は、一九六五年三島教養学部に入学した。東北生まれの私には、三島の風光明媚な自然と広いキャンパスのある校舎はのびやかでとても明るく、街は豊かだった。寮に入った私は、育英会の特待奨学金を受けていたためか、学生課よりクラス委員と副寮長の〝ご指名〟を受けた。

当時の三島は、実にのどかで平和な学園であり、教授たちは実に懇切丁寧に接してくれた。

私は、この奨学金（通常の三倍）のおかげで寮友たちとよく街に繰り出し、夜の路上で肩を組み、放吟しながら帰る日々だった。これは時折起こる寮内のトラブルの仲裁に大いに役立った。

夏季、各学部から一～二名程が軽井沢に集められ、各学部の教授たち、経済界の方々との研修があった。全学部からの二〇名程が軽井沢の小道を教授たちと散歩をし、ホテルのレストランでの会食や喫茶を楽しんだ。

翌年私は三崎町に移行して、近くの御茶ノ水の歯学部によく行き、軽井沢でお会いした某教授と某講師に（何ら縁のない学生だったのに）湯島の料亭や小料理屋によく連れて行ってもらった。

また、重厚な大学本部の学生課に行けばゆったりとした応接室に招かれ、ティーが出る。これは以前にも書いた通り、何とも妙な厚遇であった。

一九六五年秋、三島寮に藤原先輩（一九六七年の学生会委員長）が「綜研」の部員募集活動に来て、「諸君、歴史哲学とはなんぞや！　綜研は経済学部において、歴史哲学・経済学を研究する学問の場だ！」と激烈な挨拶をされた。

経済学部に移行した私は、吸い寄せられるように「綜研」に入部した。そしてすぐに、経済学部は三島とは全く違う雰囲気が漂っていることに気が付いた。

授業は、数少ない先生の講義以外は興味がわかなかった。私はやがて「綜研」の部活に熱中した。原論にてこずり、経済史の研究に追いつかず、部室を出た後は行き付けの喫茶店で終日、本を読み議論をする。しかし原論は難しく、理解の方向がずれるとあちこちの理解が狂っている。

古賀、草原、村井、片山氏他の先輩たちは熱心に、よく理解の方向を指導してくれた。その中では、藤原先輩はどちらかと言えば勉学よりも楽しい会話が多かった。当時は（今も）藤原さんらしく、広島弁丸出しの弁舌であった。

三年次、私は部の先輩たちにならい、木村ゼミに入った。当時英国から帰られて間もない若手教授の木村隆俊先生に「丸井君、君の理解はまだ足らないね」と言われ、学問の厳しさと奥深さ、面白さを教わった。当時の「綜研、木村ゼミ」の先輩はいずれも深く鋭く勉強しており、私は学問探求への真摯な姿勢を学び、先輩たちのすごさを感じる日々だった。

古賀氏の「回顧録」にみる綜合経済研究会、木村ゼミの状況

「民宿を利用した約一週間の合宿が年一〇回ほど、朝六時起床、午前八時から午後九時までみっちりとテキスト、テーマについての討論。研究会では、インターゼミ参加のための「経済学説」、「中小企業」に関する文献検討会、『資本論』の学習が終わり、夜九時頃下宿に帰り二時位までは翌日の準備、自分の時間は電車で往復の時間の「岩波文庫・新書」だけ。この時の激しい勉強と大学を変えたい思いは綜研が学友たちから信頼される基礎になった。」

私はこの時期、時折ゼミで木村先生と研究の場があった。先生は私たちのことは何も言わず、また私たちもゼミにおいては先生を追及することはなかった。先生は言葉少なく、しかし勉学のご指導はしっかりと頂いた。(「決して勉学はおろそかにしないように」と言われたことは今も記憶している)

＊後日談であるが、二〇一四年に木村先生とお会いし、一九六八年五月に「自宅謹慎処分を受けた時の会話になり、先生は「あの時は君たちを刺激しないように、君たちに実害の無い、苦慮の末の処分だった」との会話で大笑いであった。しかし、この処分により私たちが一気に盛り上がったことには、先生も苦笑いをされた。また、学生指導委員長殿が私たちの「二〇〇〇mデモ」を見て「これで大学も変わる」と、感動していたことは、本文にも記した。

二〇一八年に「アエラ」誌の記者が、「一九六七年四月に、右翼暴力集団に襲われた先生を取材したい(この集団の中に当時相撲部・元日大田中理事長もいた)とのことで、群馬県太田の木村先生に案内をした。

当時八五歳にして軽快に自転車に乗ってこられた先生は、「もう忘れた」と笑い、後に理事長になった当時の職員～田中～のことを聞くことができた。しかしこの元相撲部員が写っている暴行現場の写

真を見つけることができず、この取材は没になった。

一九六八年の状況は、五月の別動隊の行動による「二〇〇mデモ」の決起により、治安部隊はもはや秋田執行部を破壊することは不可能になった。私は秋田君との「君を絶対支える」との約束を果たし、民主化運動を立ち上げた。そして六月一一日の暴力集団による経済学部校舎占拠無差別暴力事件が起きた。それが我々の「大学民主化への大衆団交要求」に対する、当局の回答であった。

彼らは私たちの心を踏みにじり、熱き油を注いで水をかけ、私たちに激しく燃え上がる怒りを与えた。

私たち後輩たちはそれに十二分に答えて敢然と立ちあがり、闘った。

私は限られたが学生らしき時間を持てた。師から、先輩から学問なるものと自立を教わった。当時私は古賀先輩から、大学に残るように言われていた。しかし私は自らの勉学により気づき、大学に求めるべきものを求めて全共闘の一員になった。もし何事も考えず、従順に授業に過ごしていたならば、この大学で一体何を教わっていただろう。私たちの教わろうとした〝学問〟は何であっただろうか。言うまでもなく社会の進歩は、疎外する諸々の要因を分析・批判・評価して変革することにある。

一九六九年春から一年半ほど肉体労働とトラックの運転手をしながら私は素晴らしい伴侶と知り合い、社会に復帰せねばと決意した。その後、運良く大手企業に採用され、企業人として経済活動に大きく係わることができた私は、若き発想と活力が、企業に社会の発展に如何に必要であり、この国の将来を構築するエネルギーとなるかを、自らを含めて体験した。もしあの時、大学に求めることを放棄したならば、学問の本質を失った校舎において麻雀とパチンコで無為に時を過ごし、単一の価値観的〝信念〟を身に着けた「日大卒」なる国民として非社会的な言動を我がものとしたか、或いは収奪されるだけの人生を歩んでいたことであろう。

世の不正と矛盾を我が物とし、或いは逆らう事なき従順なる人生を歩んでいたであろう。

一九六八年の「パリ五月革命」は、かの国においては社会構造・制度への叛乱から脱構築して、自由・平等と民主主義のアンチノミーを乗り越えるべく「他者と共にある自己を」、そして「正しい正義なる単一理念」を脱却して、「共同存在の社会」へ（J・デリダ、J・ナンシー）と辿っている。

しかしこれによれば、私たちの思念と制度はどこまで解体されなければならないのか。

資本・生産手段と中央集権（国家）の桎梏と形式の正当化に対し、〝総合なき差異化〟は充分な答となるのであろうか。私たちは今再び歴史から何を学び行動し、〝再構築〟をするべきなのであろうか。

今、互いの〝正義〟を主張し先鋭化する世界において、この国の〝アンダーコントロール〟と〝単一理念〟の指導者は私たちに何をもたらすのか。私の目には、当時私たちが闘った、歴史の復古を目指す大学の反動権力者の姿に映る。

日大全一一学部一三校舎の学生が立ち上がり、数万の学生達が組織無き多様なる闘いを非権威的・大衆的に闘った「日大全共闘」の闘いは、生きている。

（2）五〇年ぶりの日記帳（二〇二〇年六月発見した筆者の日記の抜粋）

一九六六年一二月、綜研で一年弱を過ごした二年生の私に、六七年春に卒業される四年の先輩たちから「詞書」が記された日記帳を頂いていた。この日記帳は自宅物置きに収まったままで記憶は失念していたが、片付け作業で発見し、当時の綜研の雰囲気と後のバリケード闘争時の苦悩、そして戦線を離れた学友たちとの再会時の想いが少し書かれていたので、ここに記す。

丸井君に送る言葉（日記帳に記されていた先輩たちの詞書）　一九六六年一二月二三日

「学問にとって平安の大道は無い。そしてその険阻な小径をよじ登るに疲れることを厭わない人々のみが、一人その輝ける絶頂に到達する仕合せを持つのである。」（カール・マルクス）。

我々にとって綜研は、新しい世界観への初めての出会いの場所である。我々は、二〇数年平和憲法下において我々なりの先験的な思想を個々創り持っているはずである。そこで「既成の思想」と「先験的な思想」を対決さし、結節点を見出さない限り「既成の思想」は綜研三年のみのものとして存在するだけで、我々一人一人の未来への思想とはなりえないだろう。我々は二〇数年間に自ら創り上げた幼稚ではあるが定着した思想とマルクス思想との対決の中に、日々の綜研活動が位置づけられなければならないと思う。（自らの反省を込めて）

村井三夫

常に絶対的なものはあらず、亦、常に流動的であり、前進するものでもある。我々は〝矛盾〟により発展するもの、つまりこれ、弁証法の根源なり。我々の思考するもの、これより今は術無し。弁証法・唯物論の発展は、我々の任務であろう。不均等発展は我々をより高度にす……。

弁証法的人間、丸井君へ。

古賀義弘（一九六六年学生会委員長）

我々は与えられるのではなく、自ら求め創り出し、抽象から具体へと近づかねばならない。己を矛盾の真ったただ中に置き、そこから生まれた思考体系は、それ自体己を形成し、それは身体中から湧き出すことは自明である。〝苦〟を求め大いに前進する必要がある。そこから運動体系を創りだそうではないか。

笹岡弘虎（一九六六年学生会財務局長）

（五〇数年前の筆者の日記より。ところどころに意味不明箇所あり、当時の記憶は全く無し）

一九六七年一一月一〇日　無題（三年生の一一月）

満二一歳に至り、日記てふものに再会したるの気起これり。この数日、人生論の名著なるものを読みて感激せり。故人のいかに真剣に己が生活に対処したるか、いかに悩めるか、古今を問わず等しきものなりと思えりも、現代の皮相なる現実主義的なる世相におきて、悩めるは吾人の身なりか否、よりどりの感少なからず存せり。しかしながらやはり「人間いかに生くべきか」てふ命題は、古今を通じて同じものなりとは思えり。啄木の「若き日の日記」、太宰の「もの思う葦」、亀井勝一郎の「我が精神の遍歴」及び倉田百三の「愛と認識の出発」等……。最も後者についてはそれぞれに己なりの反論（論理的なる）は存せりと思わるる。故人のかかる問題に対しての働きかけと取り組みの素晴らしきは認めるとせりも、若き施策の行為が壁にぶつかるや、ある一定の問題回避の方向へ向かひざるはいかなるものか、倉田の甚だしきは（最も当人キリストの博愛的思想の意は認めるものの、そこからは若き人間のかかる問題究明の姿勢の回避せるるは残念なり）隠遁的な思索に落ちひりぬは（亀井も同じく）一体いかなるものか。

ただ、亀井の言ういわゆる革命の精神および己の義務に対するおののきとして芸術と美の探究に己の心の傾けりは同感なりしが、しかし余りに社会主義運動そのものに対する皮相なる見方ではないのか。最もそれは自己の頭脳に存する問題であり、それに気づかぬも同然であるが、しかし小児期における罪意識の存したことに対しては、全く同感の至りなり。確かハイネの詩の中に、「花環」を頭に持ちたる男の、他の人間どもに嫌がられしこと、そして、寂寞たる森の中に逃げ出すという意の詩があったが、これと同じなる問題ではなきかと思わる。常の世の目覚め（悩め）る者の悲劇（苦しみ）也。我もその一人と自らにうぬぼるるわけではないが、我はそういふ人間を作りだそうとしているのであろう。我が部の二年生たちも近頃はどうやら自分で考え自分たちの行動がとれるようになり、そのことはもう既に彼ら自身の中に悩みの生じたり、なぜなれば彼らの取れる行動は真理～正しきものに向かひての行ひなればなり。

そろそろ彼らに研究会の主権を渡すべく考えねばならぬであろう。

処で己の悩みはどうする。学生会の委員長たるか、否、それではインゼミの実行委員長たるか、否、俺は己の生活をじっくりと考えてみたい。書を読み広く個人の悩みを知りき、しかるに己はいずれかの路に迫られておる。学生会に出るならば、我が目的は全て皆無となろう。その辛さは絶大なるものがあろう。自分の将来の路に対する意の定まらぬに果たして執行部に入れるか、否、己は己の問題を誰よりもよく知っているはずだ。

しかるにこの行為は友への裏切りか、一体己の路は何なのか。

啄木「人生に対する理想と悩みと、そこに青春の命の躍動があるではないか。恋する者をして恋せしめよ。怒るものをして怒らしめよ、笑う者をして笑わしめよ、悲しくて泣き、楽しくて笑うこれ至理なり。日一日と麻痺してゆく心、これが人生の最も悲惨な悲劇だ。イヤだ、イヤだ。」

亀井「絶望の経験のない青年男女は人間として空虚だ。絶望とはそもそも努力の結果なので、努力の無いところに絶望は無い。生きることはすべて何らかの意味で生き残ることかもしれない。」

一九六七年一一月一二日　　無題　　羽田闘争デモに参加

今日は雨上がりのとても寒い日だが、佐藤訪米阻止デモに参加する。

京浜急行で蒲田経由六郷土手の公園に結集、一五時反戦市民連合に組し隊形をとり羽田に向けて出発。品川付近で既に三派系は物々しく武装姿で結集しており、機動隊の隊列、検問所ありて緊張感はひしひし身に迫る。初めてのデモ参加にて勝手がわからず、班長をなしうるか不安。六郷土手に着き、既に隊列を組んでいる多数の学生、労働者の隊列に加わり公園に向かい行進する。直線、ジグザグ等にて進行し、その叫びは〝訪米〟〝フンサイ〟〝実力阻止〟と士気みなぎるの感あり。三時、約一万人弱の結集により六郷土手より隊列にて羽田へ出発、約一時間半のデモ行進にて少々バテ気味にて産業道路に着き、機動隊の待ち伏せに遭遇、我々の組し川崎反戦は方針転換して座り込み、しかるに既に前を行進した東京反戦、その前列の全てが分断され、散々のテイとなる。我々も方針不在なれどこのヒヨリに対して突き上げるも及ばず約三〇分……機動隊をよけて前進する。既に五時を過ぎた。

佐藤は安穏と訪米せりしとのこと。しかるに気になりし且つ済まぬと思うのは三派なり。彼らは孤立して散々のごとく殲滅されしと思わるるといてもたってもいられずの心地なり。爾後デモ行進をし六時頃散会。蒲田駅にて総括集会とのことで我々も蒲田に集合、古賀及び法学部の各氏は学内スパイがいるとのことにて分派して集結を待つ。阿部、村井氏らを迎えに行くもなかなか来ず、気候の寒さは身を切るごとく且つ流れた汗にてその寒さは一層厳しく、約一時間半駅にて待ち、八時近くに全員集合して飯を食いて次への総括をせり、

①本日のデモに対する理論的位置づけ、方針不在。

②反戦委に付いて日和ったことに対する我々の方針不在。

③学内、職場等に対する我々の活動の再活動等、各自総括。

今日は初めてのデモにて度々友人より機動隊の恐ろしきを聞き少し心配であったが、何の衝突もなく少々期待外れなり。同時に、我々の行動で訪米を阻止できなかったことの怒りが胸にこみ上げつつ、多くの学友、労働者の意識的結集と抗議するする姿を見て、我が努力の足りなさ、意識の低さを痛感せり。このことを次に期し、明日から頑張ろう、明日は一〇時半よりゼミ学習会、午後研究会学

習会。

「樹の下の二人」　　　　　　　　　　高村光太郎（『智恵子抄』）

あれが安達太良山
あの光るのが阿武隈川。

かうやつて言葉すくなに座していると、
うつとり眠るやうな頭の中に、
ただ遠い世の松風ばかりが薄みどりに吹き渡ります。
この大きな冬のはじめの野山の中に、
あなたと二人静かに燃えて手を組んでゐるよろこびを、
下を見てゐるあの白い雲にかくすのは止しませう。

この歌は彼らが結婚後最初の歌で、妻となった智恵子に贈る歌だった。ここに描かれた冬の初めの風景は、すっきりと晴れわたっている。作者の情熱の広がりがそのままパノラマ風の眺望となって広がり、その眺望の一点に小高い丘陵に座る二人の姿が見える。

一九六八年六月三日　夜半　六・四闘争を前にして（バリケード闘争時とその後の日記）

僕の生きてきた二二年間と、これから生きるべき数十年の、一個人の人間の生き方の大きな経過点が今過ぎようとしている。現実社会の如何に醜い、いかに非人間的汚物が漂う中で、一人の若者と一人の乙女との、この世でただ一処清水を保つことのできたその中から、今、若者はすべての人類と人民のために、自らの生きる証とその確信を得るために、立ち上がることができた。しかしこの苦しさとこれ程の喜びは、彼には心の中にしっかりと捉えられても、遠く星を隔てた彼女には気づかぬうちの行為として、しかし彼の心の中にしっかりと根を下ろす行為としてささやかれるであろう。

勇気と決断は、知らず行いの中に含まれていたのさ。

今日は、一〇〇〇人もの暴力団、右翼と対決しなければなりません。もう既に仲間四名が白昼テロを受けて重傷です。しかも僕たちは大衆の指導者ということで、そいつらに真っ先に狙われています。

彼らは日ごろ鍛えた暴力で襲うでしょう。

しかし僕らは日ごろ獲得した正義と情熱でこれに立ち向かいます。決して負けることは許されない、死命をかけた闘いになるでしょう。それがいかにつらくとも、いかに悲しくとも、一歩も身を引くことはできません。一人の青年の歴史に生きた証と、自らの存在を確かめるために。この日がその青年の墓標ともなりましょう。

一九六八年六月一九日　午前二時四五分　古田打倒の闘いの中で

今日でストライキも九日目、鉄とコンクリートの巨大な要塞の中で、毎日、毎日夜の暴力団、右翼のスト破りに備え、肉体的疲労と精神的闘いが日課であり、一刻、一刻に自らの命を託し、学友百数十名と共にこの苦しみを今日まで乗り越えた。バリケードという檻の中で社会との接触を阻害され、その掟を破りフラリと街に出た者たちは、たちまちにして右翼暴力集団のテロに襲われ、我が友戸部も危うく若き命を失う寸前であった。

幸福、平和という人生の欺瞞的水たまりが、一度堰が切れるやいかほど恐ろしい激流ともなり、茫漠たる大滝となれりや、人類の発展も進歩もたちまちにしてその暴力と欲望の支配する器と化せり。真理の探究という学徒の生命とそのあくなき追及がいかに苦しき、いかに尊きものなりかは、身体を持って痛感せり。

また、それ故にこそ闘いの中でいかなる犠牲も惜しまず、いかなる苦しみ、いかなる楽しみも乗り越え、真に一つの目的のため、我々の命の証と誕生のため、人類発展の一大飛躍への試しとしてこの闘いが追及されていることは、いかにも感動せしものなり。

独り

ヘッセ（『ヘルマン・ヘッセ詩集』）

地上には
大小の道がたくさん通じている。
しかし、みな
目ざすところは同じだ。

馬で行くことも、車で行くことも、
ふたりで行くことも、三人で行くこともできる。
だが、最後の一歩は
自分一人で歩かねばならない。

くらげの唄

僕？とはね、
空っぽのことなのさ。
空っぽが波にゆられ、
また、波にゆりかえされ。

金子光晴（『人間の悲劇』）

一九六八年七月一三日の総括

余は考える。あの三年間の苦しさと悲しみと消耗とが、あと何ヵ月かをこらえればそこから逃れることができるのに、人生のささやかな幸福とささやかな行為と喜びがあと何ヵ月かこらえれば自分のものとなったのに、なぜおまえはこれらの一切を捨て、破壊し、プチブル的権利と欲望を失ってまでもこのように一層激しい苦しみと消耗の中に入りこんでいったのか。

この問いを余は自分で自分の肉体に納得させねばならない。もしそうでないならお前は自分の生命の支えを見失い、肉体を腐敗させ、自分から滅び去っていくだろう。

歴史は、その悲痛と栄光をこの何十年にわたり創り上げてきたけれど、それは歴史が相対立する矛盾の相克と超越により醸造されるがごとく、お前も対立する二つの道を自己の中に醸しながら、しかも一層の激流の中へ入り込もうとするのは、こうした対立物が一つの方向に向かって統一されつつあることを示していよう。しかし人間は、自己の内面的原罪として二つの対立物が時には同時にどちらも正しい権利として、正しい道として、もっと極端には反動の弱い矛盾も正しい方向に見えるという弱さと狡さを我が身にかくしている。

この闘いにおいて親友たちはこの問いに答えることをせずに人間の狡さを知ってしまい、自らの生命の支えを失い消え去っていった。彼らはもはや焼け付く太陽と荒涼たる砂漠に立たされた羊のごとく、高鳴る心臓の鼓動と筋肉の弛緩と目的のない肉体的エネルギーの消耗だけが「生命」であり、何も生み出さない生産活動をして自らの肉体を喰いつぶす活動の強制しか得られるものがない。

貧しき人間を鉄の鎖の中に、深い谷底の中にまんまと導きいれた資本家どもは、いつもこのような檻の中にのみ生きる権利を与えないとするならば、お前は一体自己の生命の灯を明かすために、何を選ぶのか。

ブルジョア共が鉄の冷血さをもって鎖を用意し、自己の生命の灯を奪い去ろうとするならば、我々は我が生命の証をなすために、この鉄鎖に向かって怒りのハンマーを打ち、あくなき抵抗を試みることが、唯一我が生命の証とならざるを得ないであろう。

すべてのプチブル的「幸福」と一切の観念を打破し、この実在的な鉛の重みをわが目で確かめて現実となし、我が肉塊をもってこれを実証するしかない。全ての人間の生の証しのため、全ての盲目を打破するために、今こそ己の一歩を踏み出せ！

その朝

樺美智子追悼詩集「詩の中に目覚める日本」真壁仁編

その朝
貧しい講堂は学生にあふれ
学生達は泣きながら　肩を組んで誓い合った

貴方の命が燈なのだと
その日
街路は市民にあふれ
喉笛を一杯に　人たちは叫んだ
奪われた命が証なのだと
私たちの血を飲んで
焼け付く舗道に　　今日も人たちの列が続く
貴女の血潮を燈にかざし　　貴女の命の復活をめざし

「最後に」

『人しれず微笑まん――樺美智子遺稿集』

誰かが私を笑っている
こっちでも向こうでも
私をあざ笑っている
でもかまわないさ
私は自分の道を行く

笑っている連中もやはり
各々の道を行くだろう
よく云うじゃないか

「最後に笑うものが
最もよく笑うものだ」と

でも私は
いつまでも笑わないだろう
いつまでも笑えないだろう
それでいいのだ

ただ許されるものなら
最後に
人知れず　　ほほえみたいものだ（一九五六）

一九六八年七月一四日　怒り

闘いの情勢は、穴の中に落ち込んだ車輪のごとく泥沼の中であがけばあがく程のめりこんで落ちてゆき、一層の激しさを増しつつあると思われる。現象的には何らの異常的緊迫事態こそ現れぬが、悪魔の手は夜の闇を通してしのび寄りつつあり、我々もこの情勢に対応をせねばならない。仮処分を申請したかどうかは明確ではないが、日一日とあの機動隊が我々を排除し、逮捕し、権力の重圧で押しつぶそうとかかりつつあり、我々の精神的闘いは日々苦しくなっていく。

今日は、証拠書類となる一切を始末し、やがて忍び寄る悪魔の手に砂をつかませてやらんとす。書類の一切を、手紙、写真の一切を片付けて、ついに我が部屋までも権力の手先が伸びてくることに激しい怒りを感ず。必ずや我と我が仲間・人民によりてこの権力が打倒されるべき展望を持ちつつ、我が力のまだ及ばざるに歯を噛み、拳を握ることのみ。初めてわが手に権力の鎖を付けられしあの屈辱が、今また再びよみがえりぬ。

あの鉄格子の、扉の重さを忘れるなかれ。思わずわが手首を握る。

七月一八日

祈り一

今日は大衆団交のための予備折衝の日であり、当局は事前に文書で古田以下全理事の出席を確約していたにも関わらず、古田は来ず、来た理事は三名のみ。

徹底的責任追及を行い、三時から真夜中一二時までの長時間の闘いを勝ち取り、実質は缶詰を行う。成果は、①具体的に大衆団交のための予備折衝の場を再度確約の下、二〇日に設定 ②全共闘を学生の唯一の代表と認め ③今までの責任と約束不履行を自己批判させたこと。

長時間の闘いにて心身ともに疲れ切る。

今日は機動隊との衝突ありて、我行動隊長としての苦しさを知る。もしもバリケードの中に学友がパクられていなくなった時は、どんなに寂しく、怒りが激しいだろう。

闘いは既に二か月にわたり、肉体的限界を感じつつ我が身を鞭打ち、張り切り、任務を終えて、寄せ集めた椅子の上に着のみ着のまま身を横たえる。いつも眠るのは朝の五時頃にて、むさぼるように眠りにつく。日々の内部的闘い、これは祈りに走るような心情となるもそれでは持ちこたえず、唯一確固たる理論武装と英雄的実践のみにて、我の実在を確かめうる。

七月一八日

祈り二

〝唯一我々の行動のみが真理なのだ〟と、叫んでみる。あの、むさぼるように、机の上に身を横たえ、全てを忘れるかのように眠る学友の顔を目にしつつ、我もまた、机の上にゴロリと横になる。

おにぎり一個、パン一個〝食事〟と、空っぽの財布を胸に。

〝ともかく理論武装を強化せよ！〟〝果敢に闘え〟と、時刻刻みに自己の胸に確認し、今日もヘルメットと角材を手にする。唯一この肉体的摩滅が我々の真の歴史を創る道なのだと繰り返し仲間には訴える。何度も何度も繰り返し仲間に訴え、そう訴えながら俺の心を説得する。今日も闘おう！

歌

中野重治『中野重治詩集』

お前は歌うな
お前は赤ままの花やトンボの羽根を歌うな
風のささやきや女の髪の毛の匂いを歌うな
全てのひ弱なもの
すべてのうそうそとしたもの
全ての物憂げなものを撥《はじ》き去れ
全ての風情を擯斥《ひんせき》せよ
専ら正直のところを
腹の足しになるところを

胸先を突き上げてくるぎりぎりのところを歌え
たたかれることによって弾ねかえる歌を
恥辱の底から勇気をもってくみ来る歌を
それらの歌々を
咽喉を膨らまして厳しい韻律に歌い上げよ
それらの歌々を
行く行く人々の胸廓に叩き込め

九月六日　無題

機動隊導入の報を帰省の青森で知り（八月初め、父の迎えで帰省していた）
九月四日の機動隊導入の報を耳にし、それは一瞬身を切る思いだった。どんなにもがこうとどんなに焦ろうと手が出ず、声も届かない。こんな生活が俺の身体の中に充満してきた。
今の俺は何のために生きるのか、という簡単な問いに対して何も答えることはできない。
俺には何もない。何もかも失って、お前は何を得ようとしているのだ。
＊九月八日に上京し、戦線に復帰す。（以後は翌年の卒業時期での学友たちとの記録）

一九六九年三月一七日　我が生涯に思う

闘争が始まって早や一年近くに至らんとするに、我が境遇の移りしや、大自然の千変にもまして激しきものであった。三月の卒業も今や風雲の灯にてどうなるも分からず、奨学金の手続きも校舎を右翼に占拠されている状況においてなし得ず、昨年の後期一一月ころから闘争の膠着とセクトの介入に間をおいた我が人生の行方はどこにありしやで、とりあえず芸＝音楽の道へと大言壮語して新しく下宿を工藤君らと借りて準備は徐々に進行し始めているのに、自分の後始末は手付かず、無責任を自分で背負っているようなつらい日々が進行しつつあり。我が方向は大きく転換し、これに自分は何をもって望むか、未だ自己欺瞞的後悔がわが胸に強くありて、総括どころの話しではなし。

我が生涯の終点と出発点が今再び始まろうとしているのに、その我は何をすればいいのか全く見当がつかぬとは、いかに自分の信念がぐらつき、腐敗の憂き目に会っているかを、己は再度自覚せよ。

九月三日　無題

昨夜、鉄平君来り送別会のある旨を聞き、夜八時半、新宿茶店にて川上、天野、坂井、三浦と会う。そこからすぐ出てスナックへ行き、ともかく飲もうというので入るが、金銭的持ち合わせ誰もなく、坂井女子のおごりとあってどうも飲むに飲まれず、バーテンに勧められながら一苦労す。

小二時間ほどしてそこを出て街をうろつき、コマ劇の方へ行く。この時既に川上は顔色赤きにて足元ふらつきかなり苦しそう。彼は今も尚、明学に行き闘いの戦列に加わっており、昨夜もその前も二時間ほどの睡眠と言うことで、肉体的疲労のせいと考えられ、我との比較が何となく酔いを醒ませり。そこからヴィリッジゲイトに入りて懐かしさいよいよ増せり。思い出話に花を咲かせることにより、表面的に親友なる情を再び得たり。その時川上、ツッとコーラの瓶を取りて酔いながらの冗談に、「このビンに……を詰めて……」とやりだし、我、一瞬ドキリと胸に冷たいものを感じ、とっさにそのビンを奪い取っていた、と同時に、我が心急激に冷え、萎えて彼らと談笑する事能わず、小一時そこを離れ、一人でうろつく。

再び彼らの所へ戻り、何も知らぬ坂井女子を笑って送ろうと思いきや、今度は天野が川上に向かい

「お前は時々まじめな顔をするピエロだ！」とやったからたまらない。我の心配していたことがつい口に現れ、この場だけは何事もなきように、話すなら我々の問題としてそれらしき場で話そうと思い、強引に天野の口を塞ぐ。しかしその後の感情は冷え切り、場は完全に挫折せり。（以上、日記の主要部分でした。）

第11章　一九七〇年代以降の闘いと日大の現状と改革運動

（1）『日大を許さない——「アウシュビッツ大学」からの告発』

この記録を執筆中の二〇一八年、日大のアメリカンフットボール部の問題が起こった。その翌年、私は五〇年ぶりに経済学部の「三崎祭」を見て衝撃を受けた。私は、このアクシデントによる未消化な気持ちを解決できない中で、後輩たちとの会話で『日大を許さない』（日本学生ジャーナリスト会議編）を知り、その書を立教大学新座校舎図書館蔵書に発見して、同大の内野一樹教授に頼み込んで写しを入手した。そして一読して八〇年前後の日大のあまりにひどい状態を許容できず、その追記を書き込んでいた時、更に田中理事長の「巨額資金流用捜査」問題が起こった。これにより通例の範を破って追記にその想いを書き込むことになったことをお許し願いたい

『日大を許さない』に一九七八年以降の法学部の状況が次のように書かれている。

「「つくられた学生になるまい」と思った僕らは固有のイデオロギーに凝り固まっていたわけではない。しかし校舎への出入りには普通ではないガードマンにより監視されて検査と入校許可を受け、活動的な学友たちは入校を拒否されて暴力を受ける。入校出来た学友たちの活動は全てチェックされ、研究、発表の自由は全く無い。

これは、「大学なのか」と言わざるを得なかった。」……

「一九七八年六月五日、「暴力的学生弾圧に抗議する」というプラカードを持って一人の学生が路上に座り込み、「大学当局の弾圧を許さないぞ！」と叫びながら一リットルの灯油を頭からかぶり、ライターで火をつけて焼身自殺を図った。

学生は法学部一年生、場所は日大本部前の路上である。幸い近くの商店の方々が消火器で消化をし、学生は一命をとりとめた。しかし、皮膚と衣服がぴったりと焼き付いていて、手足を動かすと皮膚までむけてしまう。彼は座り込んだまま拳を突き上げた姿勢で、黒く焼けただれた唇から「弾圧を許さないぞ」と叫びながら救急車で搬送された。」

これは、『日大を許さない』の書き出しに記された記録である。七八年まで厳しい状況の中でもサークル連合の活動と「神田五大共闘」が学部長たちとの交渉団体として存在して学祭が行われ、一〇〇〇人、二〇〇〇人の集会や抗議行動が行われていた法学部は、一九七八年三月、勝共連合所属・保守派の学部長に代わり、その新執行部と五月に行われた「自由討論会」会場に当局職員、暴力集団が乱入して学部長を〝救助〟し、以降は当局に対話を拒否され、暴力的弾圧が始まった。

＊乱入指揮者の一人は経済学部職員・桜士会・校友会の幹事で、一九六八年六月一一日の経済学部無差別暴力事件の暴力学生達を指揮したOである。

そして一一月に校舎はロックアウトされて入口、出口は鉄板に覆われた一か所になり、その脇には「控え室＝連れ込み」スペースがある、関東軍等の暴力集団による検問が始まった。「学祭」は禁止、部室使用禁止、特定学生の入校禁止が行われ、学内には学生活動の看板、掲示は無く当局の通知だけが張り出され、当局公認団体のみが活動を許された。当局イベントは公認団体への一方的通知により行われ、一般学生は何も知らされない。

＊これらの当局弾圧に対し、一二月に二〇〇〇人以上の抗議集会が連日行われたが、当局は講義休

講で対抗。翌年二月にはサークル連合の執行部員四人に逮捕状が執行され、当局は公判中の三人を退学処分、三人を無期停学処分としたとのことである。

（2）『擬制に抗する〈正史〉――その後の日大闘争』

『擬制に抗する正史』（正史編集委員会）に見る一九七八年一二月二日の、ガードマンたちの暴力の様子。（以下本書引用、文意に即して多少修正しています）

「前日の一二月一日、サークル連合の学友が校舎へ入るのを阻止して「誓約書の提出」を要求し、抗議を受けた警備主任、ガードマンたちは、この日サークル連合の学友たちを「待ってました」とばかりに入校させた。

そして学友たちの後ろをガードマンたちがつけてくる。一階ホールへ行くと学生の数よりガードマンの姿が目立っている。学友はこのような中で計画的な襲撃を受けたのである。カメラを持った学友が突然暴力ガードマンにカメラを床に叩きつけられた。学友が抗議すると暴力ガードマンは取り囲み、腰骨の下を蹴り付けて来た。学友たちは一切手を出さずに再度抗議した。昼休み時間でもあったので、学友の数は増えてきている。一度は学友の抗議に後づさりをした暴力ガードマンたちは、エレベーターホールに集まって打ち合わせをし、他の建物から来る暴力ガードマンを待ち受けてその数六〇名ほどにも膨れ上がった。そして突然、「やっちまえ」の合図で「ワーッ」と一斉に学友に襲い掛かった。そこにいた学友のほとんどは暴力ガードマンに殴打され、蹴られ、額を割り、鼻血を出し顔面血だらけの学友、これに女子学生の「やめてっ！」の声がホールに響き騒然となった。更にS君はエレベーターホールに連れ込まれ、殴る蹴るの暴行を受けたため、嘔吐し、失神させられ、全治一カ月もの重傷を負わされた。また、日大に損害賠償の民事訴訟を起こしていたU君は、顔面を殴打され、腹部を蹴り上げられ、この時の暴行により目に障害が生じて今も日常生活に不自由している。

この暴行の後もガードマンの指揮者の一人は、まだ物足らない様子でニヤニヤしながら写真を撮り続け、「元気のある奴はいねえのか、そら、かかってこい」と空手の恰好をして学友を追いかけて暴力を振い、威圧的なヤクザ口調で「お前ら出ていけ」と学友たちを無理やり校舎東口から追い出した。」

＊「法学部暴力ガードマン逮捕」（『擬制に抗する正史』）

一九七九年五月二五日、朝日、毎日、読売等の夕刊に、競馬のノミ行為で暴力弾幹部が逮捕された記事がある。逮捕された三人は住吉連合系睦沼沢会幹部で、桜心睦塾という右翼団体を隠れ蓑にしてノミ行為で資金を集めていた。この三人のうちの一人は前文の一二月に暴力を振った者である。なお、桜心睦塾は日大運動部のOB等により結成されてガードマンの多くが所属し、我々の学費と私学助成金が、その資金源になっている。

＊前ページ記載の学部長を救出した経済学部学生課職員Oについての記事（『擬制に抗する正史』より）

一九六九年五月二四日、Oは、暴行・脅迫の疑いで二名の日大応援団OBと共に逮捕された。翌二五日の読売新聞は「富沢逃亡に一役?」の見出しでOの経歴などを載せ、警視庁の捜査対象であることを載せている。（当時はOも富沢も経済学部に属し、会計課長だった富沢は巨額使途不明金発覚後に逃亡中であった）

そしてOと富沢の関係は、一九六九年一〇月一七日の富沢逮捕により以下のことが明らかになった。「富沢の身辺には富沢が自由にできる膨大な金と、富沢の不正をかぎつけて不良職員やOBが群がり、富沢の自供によると、五月逮捕されたOに住宅購入費として四五〇万円を渡した他に七〇〇万円を流していた。」（読売新聞、一九六九年一〇月二〇日）

このOは、経済学部職員・校友会幹事として一九六八年六月一一日の集団暴力事件を指揮し、更に一九七八年五月には法学部嘱託として「自由討論会」を襲撃指揮した。Oは、我々の追及を避けてその後大学に姿を現わしていなかった。なおOは、住吉系と言われた。

このような状況下、一九八〇年、翌年の任期を迎えた学部長の後押しにより「自主創造の学園祭」が行われ、「平常に戻った大学」となって学部長は再任された。学園祭の講演会は自民党議員たちで、翌年は竹村健一講演会が行われて、ビラまきをした学生たちは桜魂会（ネーム入りジャージ着用、学部横断の学生右翼組織）に取り囲まれて暴力的に排除された。更に八二年に行われた野坂昭如講演会には桜魂会等が会場の四方と扉を固め、乱闘服の「菊心会」（経済学部公認の学生右翼組織）がいざという時のためのビール瓶等を紙袋に忍ばせて講演会場の中央席に陣取り、その前列には関東軍が陣取って〝聴講〟をした。

これは、他学部の一般学生は入校させず学部間交流を〝禁止〟する中を、右翼系学生達は自由に出入りし、正に学生を右翼系〝学生〟に管理をさせて一定の自由を認めるポーズをとり、集団的暴力を背景にした学園統制の構図である。

なお一九八二年に行われた日大本部の市ヶ谷移転は、「総長室、理事長室は外国賓客を想定して豪華な内装」で、当時の法学部授業料は年四〇万円、翌年五万円値上げ、私学助成金一四四億円（一九八一年度）とのことである。しかし学内施設の改善は行われず、自治会もない。

学生生活副委員長某教授によると、「大学は学問研究の場、学生生活をより充実させ、青春を謳歌し……若者たちが生き生きと活躍するクラブ活動がある……法学部では様々な援助を惜しまなかったが、カゲキ派〟のために規制措置はシカタがないじゃないか……」。

学生課の答え「キャンパスが無いって？　神田の街全体が君たちのキャンパスじゃないか。学食がまずかったら周りにはいっぱい食堂がある。文房具屋も本屋も喫茶店も揃っている」。

授業は、マイク使用の三千人収容大講堂に入りきれない学生、ゼミ許容は三〇％程度とあいも変わらない教授陣不足、その授業は、「憲法」某教授の講義＝三分の二は天皇、皇室についての話ばかり……。

「中国政治史」ウルトラ右翼教授＝共産主義の中国ではすぐ人を殺す、法律は人民を取り締まる共産主義の衣をまとった規則で……日本は自由で大変ヨイ国……を筆記させる。

「法学」某教授＝ソ連の軍備を批判し、ソ連の共和国になるよりアメリカの一州になる方がいい……授業の度に反共宣伝を繰り返す授業。

「哲学」某教授＝戦前は海外に侵略しなければ多くの日本人は餓死したんだ……学生＝他民族を侵略することはない……教授＝バカ者、お前らのようなバカの日大生に言われる筋合いはない！。

そして、反動四教授と言われた勝共連合所属の学部長他三名の教授による「日本政治史」、「行政学」、「財政学」と、マスコミは規制されて当然という、「新聞演習」＝一般紙の切り抜きでタブロイド判にする〝授業〟。

以上、『擬制に抗する正史』に記された法学部の「アウシュビッツ体制」は、その体制と授業、教育内容、学生活動全般が右傾化・御用組織化し、教学の後退を招いている大学の状態を確認できる。

かつて司法試験合格上位校であったこの大学の劣化は、今に通じる問題であると言える。

(3) 各学部の当時の状況

更に、以下は『日大を許さない』の記録と学友の調べによる経済学部他の状況である。

文理学部においては、一九七四年に校舎はロックアウトされて「アウシュビッツ体制」になり、関東軍と教授たち、学生課職員が一体となっての暴力的管理体制が一九七八年まで続いた。文理学部における関東軍はプロの防衛部隊で、二人一組で学内の隅々、授業中の教室、女子トイレまでも頻繁に巡回して回り、学生の集まりはチェックされ、ビラまきは血だらけになるリンチを受け、頻繁に起こったこの暴力事件を学生が警察に訴えても相手にされず、むしろ聴取を受けたのは訴えた学生だったという。

　これに対し学友たちは一九七八年一二月、「銀ヘル」主導により一五〇〇人集会を行って関東軍を追い出し、立て看、ビラ巻き、サークル活動の自由を勝ち取り、自主学園祭が行われた。また、当局の学祭資金凍結を団交で勝ち取り、学祭への参加サークルは二〇〇パートにも至ったという。

　しかし一九八〇年一一月「反憲学連（当時日本青年協議会・現日本会議の学生部隊」が登場した。「天皇のために死ぬ覚悟を」の彼らは日大を拠点とするべく学内活動を始め、更に狙い撃ち、個人テロと集団暴力の攻撃を始めた。反憲学連部隊の大半は他大学からの動員部隊であったという。

　彼らは黒ヘルメット、軍手、マスク、サングラスを着用し、木刀、鉄パイプ、挙句に日本刀、青龍刀まで用意をして、多くの学友たちが襲撃された。これに対して当局は学生間の内ゲバとして自治活動学生つぶしに利用し、警察も取り締まることはしなかった。

　また、反憲学連は学友たちへのデマ宣伝や脅迫電話も行ったという。

　この危険で校舎に近寄れなかった状況下において学友たちは校舎解放をめざして一九八一年一月、激しい闘いを開始した。四月一九日に明大和泉校舎で学生集会を行い　一〇〇〇名以上の結集で学部を包囲して抗議集会を行い、二一日、当局は再び検問を開始した。これに対して学友たちは、検問により学内行動が鈍くなった反憲学連部隊を追い込み（「検問」は九月解除された）、抗議活動を拡大した。

　そして一〇月、反憲学連の個人テロ暴力の追及と抗議集会を行い、一一月五日、反憲学連の攻撃を撃退して学外に追い出した。

なおこの間、反憲学連により一〇名以上の学友が警察に告訴されて逮捕されたが、警察はこれを一件も起訴できなかったという。

経済学部は闘争発祥の学部として一九六九年春から関東軍が常駐し、更には一九七三年以降のロックアウトによる厳しい検問体制がひかれて、校舎内は多人数が集まれないように細かく仕切られた。また、三号館の完成・移転に際し、サークル団体、ゼミ連合を公認・非公認に峻別して部室等の割り当て再編が強行され、学生活動は当局管理下の下に完全に御用化されて学生の活動は厳しく制限された。その校内には「菊心会」が睥睨して学生の動向は厳しく監視され、更には他学部との交流も許されず、経済学部は孤立化していったと思われる。

比較的管理体制の緩かった芸術学部、商学部、特に理工学部ではリベラル派教員達も存在して一九九三年前後まで「理学連（黒ヘル）による学館管理」と立て看が林立した自主学祭が行われ、法学部黒ヘルとの共闘も行われて、日大闘争の雰囲気が最も長く続いた学部であったとのことである。

しかし一九九三年前後に黒ヘル集団も駆逐されて、今や〝平穏な〟学園になっているとのことである。

闘争直後から永年厳しい管理体制が続き、学生の活動は徹底的に抑制されてきたのは、日大に就職した田中英壽理事長が配属された農獣医学部（現生物資源科学部）と言われる。当時の世田谷校舎は鉄板が張り巡らされてロックアウトされ、学生課には関東軍等が常駐し、学生の活動の全てが管理されて最も激しい「アウシュビッツ」校舎と言われた。これは小林忠太郎講師の解雇闘争の復活を恐れて厳しく続けられたようではあるが、現在の藤沢校舎へ全面移転後は、〝通常の学園〟になっているとのことである。

他の学部はわからないが、私たちの闘いの後は学部による違いはあるものの、学生管理はアウシュビッツ体制によりどの学部でも暴力的・弾圧的に行われてきたと言わざるを得ない。

（4）五〇年ぶりの経済学部「三崎祭」

私は二〇一九年秋、「三崎祭」を見学するために五〇数年ぶりに経済学部校舎に入った。学内に入って気づいたのは校舎内が私たち当時と全く違い、細かく仕切られていて学生たちには活力が感じられず、学祭は教学の場としての創造性や大学的研究・批判・発表の展示が全く見受けられないものであった。内輪の飲食展示やミニイベント中心の学祭で来場者も少なく、私は大きなショックを受けた。

これは、私たちの闘争後に行われた前文記載のような学生自治会、サークル活動への厳しい規制の結果なのか、特に経済学部は闘争発祥の場として他学部と交流を禁止されて孤立化したことによるものなのか、或は単に今の文系学部の傾向なのか、若しくは田中理事長独裁体制での活力低下によるものなのか、また更には個別経済学部だけなのか、他大学や社会の諸分野にも存在する傾向なのかの懸念が尽きない。

私は、かつての学祭を誇示するつもりではない。しかし、当時の学祭は学園民主化運動のせいなのか、各研究会は社会的問題と向き合うテーマを設定し、全館を使って研究の発表を行い、私たちはその展示ブースを回っては学友たちと議論をし、意見交換を行うことが出来た。

世界は今や中国、ロシア等の独裁国家の存在により世界的理念が失われて、新自由主義とネット情報のグローバル化により社会・経済体制や構造論的問題は問われず、批判・分析理論や哲学的「知と学」の歴史は「無用化」し、教育・研究マターとはならないのであろうか。

また、かつての安倍政治には、大学等の文系学問分野を軽視する姿勢が明確に現れていた。

そして今や、世界ワーストに近いこの国の経済格差の拡大は、単に社会制度の救済問題であり、企業活動や政治的課題も、「経済学」的研究や分析の対象にはならないのであろうか。或いは、学内では研究、発表の自由は満たされており、または、この問いは今や不用な設問であろうか。

半世紀前に経済原理論なるものと独占資本、中小企業問題等を学び、大学祭において社会に向けた自分たちの研究、発表を行おうとした者の、時代遅れと的外れの視点であろうと反問をしながら、誠に表面的観察による想いを記すことをお許しいただきたい。私は、この国の発展と将来には、大学の果たす役割と活力ある若者たちの存在が如何に必要であるか、個々人はそのための研鑽と自らの意見を持ち、社会的な活動が必要であることを申し上げたい。

(5) 日大の現状の改革を求める

(イ) 日大・田中理事長独裁とその体制を許さない

私は、闘い後の一九九〇年代以降、日大の民主化は若手教授たちの活動と総長公選制などにより相当進んだと聞いていた。その日大を、一九六九年農獣医学部に配属されて最も激しいアウシュビッツ校舎の防衛隊である関東軍、桜親衛隊等を指揮したと言われる田中英壽が一九九六年保健体育事務局長に、そして二〇〇五年校友会会長になり、二〇〇八年、校友会票をバックに理事長になって総長公選制の取りやめと総長制を廃止して自らに　権限を集中し、日大は田中理事長独裁体制になった。

(私の見聞では、当時から問題になっていたスポーツ優遇方針による体育会組織上位者の絶対的権力と暴力体質、そして推薦入学枠（寄付金、裏金受領の横行）が、田中による保体審をバックにした校友会組織の拡大と会長~理事長~現在に続く腐敗の背景として存在してきたのではないかと思う。)

更に田中理事長は大学内の調達品の取り扱いの他に、カードやリース事業、不動産関連事業など七〇事業もの目的を定めた日大事業部を設立、その事業部の役職を兼務する学長他、理事長肝いりの者たちを要職に置いて、日大は古田時代よりも経営主義体質の大学になったと言われる。

田中理事長本人とその周辺には数々のスキャンダルや訴訟になった工事請負関係業者との醜聞だけでなく、やくざ組織との交際が報道され、その週刊誌報道の数の多さには唖然とする。その事例は「暴力団ツーショット写真」「暴力団幹部との黒い交際」「日大の暗黒王田中英壽」「幹部からヒラまで日大私物化人事」等、何と二〇〇五年～二〇一五年に一六回、二〇一六～二〇一九年に四八回もの理事長関連の記事が週刊誌上に掲載されている。（学友調査による。）

そして二〇一八年五月、アメフト問題が発生した。「今も変わらぬ暴力体質の日大」報道のみならず、日大広報は世界に恥ずべき記者会見を行った上、外には一度も説明をせずにパチンコ店から出てテレビ取材を受け、「俺は関係ない」と答える理事長、一時は責任を取って辞任をしたはずの事業部役員が理事長意向で評議員・理事に復活して不正を行い、教学の府が「教学の腐」になっている今の日大の姿である。

筆者が関係者から聞いた「二〇二〇年五月の学長選」において、現理事長体制批判の元法学部次長が一名の委員（教職組合員教授）の推薦を受けて立候補をしたが、何と七〇人の委員票は理事長推薦の候補者に投票され、大学の改革を訴えた候補者には推薦者の一票のみであったとのことであり、正に日大は私たちの時よりも社会と隔絶し、批判が封印された組織的独裁体制であることを如実に現している。

この状況により加入者が少ないと言われる教員組合の方々は、理事長退陣要求を掲げて頑張っている。また、非常勤講師の方々は当局の授業数削減方針による雇い止めを受け、理事長肝いりのスポーツ科学部（三茶キャンパス）では民間委託講師の授業に〝発言できない非常勤講師が隣席〟する異常な授業問題などが起こり、日大ユニオンを結成して訴訟、及び団交を行っている。

その日大は、二〇一八年一二月に医学部の不正入試問題が発覚して二〇一九年一月に私学助成金三五％（三五億五千万円）がカットされ、二〇二〇年五月には「大学基準協会の大学不適合」認定を受けて、受験者数は二〇％減（スポーツ科学部＝四〇％、経済学部＝三四％減）になるなど、日大は今や大学としての存在を問われ、社会的評価を著しく低下させている。

私は、この日大の現状を憂いた法学部、経済学部、商学部、歯学部等の元副総長と元教授たち数十名とOB有志により二〇一八年九月、「新しい日本大学をつくる会」（以後、「つくる会」という）を設立して、田中理事長の退陣要求と経理・役員報酬の公開を要求し、現経営陣に対して補助金減額への損害補填賠償請求と、個人原告一四名で「日大の社会的評価下落＝愛校心侵害への慰謝料請求」を東京地裁に提訴し、その公判が行われてきた。

そのさ中の九月八日、事業部における巨額資金流用の不正が発覚した。大学の腐敗の証明であるこの不正の幾多は、特捜捜査の調べでやがて明らかになった。

日大の「寄付行為」第七条は「理事長以外の理事は法人（日大）を代表しない」とある。

理事長独裁の元でもあるこの条文は、大学における行為の責任の全ては理事長にあり、パチンコ店から出て、「俺は知らない」で済むことではない。

この影響を我が身に受けるのは、現役学生たちである。社会参加へのスタートにおいて、大学の経営陣の不作為を自らの不作為として評価され、人生の門出に直接影響を受けるのは、誰よりも現役の諸君たちである。かつて筆者の経験では、取引先大手企業の方々に日大を名乗ると笑われた、が同時に、日大闘争を認めて評価をされもした。

しかし今やこの会話は何らの反応もなく、ただ軽く笑われるのみである。（冗談ではあったが大手企業の友人から、「日大を名乗ると人事部には採用されないかもね」と笑われ、私も苦笑いをした。以上は何度かあった私の実体験である。）

私は現役諸君たちが社会で受けるこの思いと境遇を、自らの経験からも許容することはできない。私たちは、かつての独裁者により学内で幾多もの暴力弾圧を受け、個々人が民主的活動と自由な意見、研究・発表ができない場は、大学たり得ないことを体験した。

永い時間と多くの学友たちの犠牲の下に一九九〇年以降、心ある教員たちにより民主化が行われて回復した学園が、田中理事長の独裁により腐敗して、救いようのない蔑称を浴びることは許せない。

歴史は、「独裁」は必ず組織の私物化と腐敗を招いて自浄能力を失い、社会性の無視と個人の人格を否定して組織の発展を阻害し、やがては暴力的弾圧を伴うことを幾多の事例は教えている。

私は、敢えて現役学生諸君に言いたい。民主主義の発展とより良きこの国の発展には、互いの自覚による個人の意見と議論により絶えず組織の独善を防ぎ、一人ひとりの支える努力と活力が必要である。教学の場として社会の範たるべき大学においては、なおさらでそうである、と。

(ロ)「田中へ損害賠償責任追及と、日大の根本的な体質改革を求める」

ここに急遽追記せざるを得なくなりました。配下理事等から上前として多額の流用資金を受け取り、三度の特別捜査を受けて数々の腐敗事件が発覚しても、「俺は知らない」として組織犯罪者のボス的に責任逃れをしていた田中理事長は、二〇二一年一一月二九日巨額資金脱税容疑で逮捕され、二〇二二年三月二九日「所得税法違反容疑」で有罪判決になりました。永い間学生たちへの多大な迷惑を意にせずに大学を私物化し、母校の名誉を毀損して判決を受けた田中はその全責任を負うべきです。

私たち「つくる会」は直ちに大学当局に対し、田中理事長への問責委員会等の立ち上げと、巨額退職金支払いの停止、更には受け取った不正資金、流用資金の返還請求等を行うべきだと提案し、田中の不正を助長してきた全理事等の即時解任と学内組織の改革により、永年続いた悪弊の改善を行うことを求めました。

（6）紅野謙介著『職業としての大学人』

田中独裁下の日大本部と教学の充実を図る学部の状況ついて、紅野謙介著『職業としての大学人』（二〇二二年四月）には次のようなことが書かれています。

田中理事長逮捕に至った理事の背任事件で東京地検特捜部に呼び出され、事情聴取を受ける場面の記述から始まる本著は、二〇一九年一月二一日、文理学部学部長に就任し、三年の任期で二〇二二年一月に退任した氏の学部の教学を担う責任者として、また学部長として大学本部と直面した諸々の場面が記されている。

日大は、田中理事長により総長公選制が廃止されて以降理事長専横の体制になり、常務理事、理事、学長の選任のみならず予算の削減や教職員の人事も理事長の意向により一方的に差配されて、学部運営に大変苦慮されたことが記されている。また、教学面では全学部に初年次「自主創造の基礎学習」が強行され、おりしもコロナ過の状況下で教学環境を保持するために緊急対応と学生達へのサポートを必死に行う中で、本部当局が多種多様の専門分野を有する各学部の態様を無視して「基礎」も「応用」もなく、全学部生に「自主創造」（古田の「日本精神」理念延長の愛校心）学習を押し付ける〝喜劇〟的要求（本文より）に疑念を持ちながら、学部長として教学の基本と専門分野の充実に努力された状況が記されている。

そして大学の根幹である学部長会議は、理事長への起立、一礼により始められる「議論と決定権」

無き会議、理事会は構成メンバーの過半が理事長指名者により構成され、理事長懇意の常務理事達（構成員不明の「常任会」）により決められた方針が議論も無く定められていく。その理事会では、地検特捜部の家宅捜索時も平然と居座る理事長により、社会への「声明文」発出の議論さえできない。そして加藤学長、井ノ口等が役員を兼ねる事業部の学用品、備品調達は校友会関係企業が関与して廉価とは言えず、挙句、附属病院建替え工事と医療機器の発注で井ノ口、藪本の犯罪が発覚した。

しかも〝ちゃんこ屋〟近くに別宅を構えて理事長意向により校友会枠で「再任」した井ノ口理事辞任時に、「関西系の大学を出た日大校友会藪本副会長」殿が存在したことと、その辞任が判明した。

更には、次々と発覚する不祥事に対して機能不全を起こして何ら対応できない本部と常務理事達の状況や、理事長逮捕後の再生会議のドタバタ、本部機能不全のため学部長としてやむを得ず〝個人名〟で社会へのメッセージを出さざるを得なかったことや、学生たちへ自主的研鑽を促す数々のメッセージが記されている。

『職業としての大学人』は、教学の要職を担った紅野氏が大学の実態を職務に配慮しながら淡々と、しかし大学本部の有様に正に怒りをもって記した記録であると私は拝読しました。（文中には、日大全共闘運動への理解と、暴力襲撃者であった田中もさらりと記されていました。また、学部として旧来行われていた「検閲」を取りやめて研究と発表の自由を認め、学生に自治的・民主的活動を進めるメッセージが記されていたことを明記します。）

（7）今再び日大の抜本的改革を求める

そして林真理子理事長発足間もない二〇二三年八月、今度はアメフト部員の大麻事件が発生した。新理事長も、この大学の永年の培われた実態を把握する間もなく既存組織により行われた事件への無様な対応と記者会見は、まさにこの大学の実態と新理事長の改革への限界を社会に表出したと言わざるを得ない。

日大は、この数年の巨額補助金カット、更には大学基準協会による「大学基準に不適合」判定により大学としての評価は否定され、今後も補助金のカットが予想される。

＊私学振興会の更なるカット　二一年度補助金九〇億円、二二年度も全額不交付ということである。

また数々の不祥事へ対応できない日大執行部の無様な対応により受験生の日大忌避が諸々のデータに現れており、少子化の時代の中で今後は危機的に受験者の減少が予想され、日大は今や大学としての存続が問われる事態に至った。

私は今再び、日大全共闘はこの大学の体質を変えるために闘ったと思い返さざるを得ない。一九六八年九月、多くの学友たちの献身的な闘いによる団交勝利で私たちと学園の民主化を協定した日大は、翌日の佐藤首相発言でその協定が破壊され、再びの独裁体制になった。そして半世紀が過ぎた今、経営陣の腐敗事件の数々と、アメフト部問題で田中独裁に直結していた保体審と運動部や校友会の一部の幹部たちの旧態たる既得権体質が露呈した。

私は、この大学の惨状は古田独裁から田中独裁に至った歴史にあることを確認し、社会に支えられていた私たちの闘いが学園の民主化を果たせず、大学の体質を変えられなかった史実を振り返らざるを得ない。

そして私は、今や社会問題になったこの大学に、古田「日本精神」理念の延長たる「自主創造」学習を検証して教学理念の再構築を計り、公正な民主的組織運営のために理事会の構成とスポーツ分野を中心とする本部機構及び人事等の抜本的な改革を断行すること、学究の場として教学に基づく批判的思考を養い、学生たちに社会と国際社会に連動した研究・発表体制の充実を計って活力ある自治活動を推進することを求めます。

しかし教学の現場たる各学部においては、元文理学部長の著書で見たように学生への理念ある教学が行われ、教育環境の維持に努力されていることを確認できた。

私は「つくる会」の活動に併せ、経済、文理、生産工学部等の学生諸君たち二〇数名と「会合」を行ってきたが、コロナ禍による活動の停滞と順次の卒業により、彼らの活動であった自治会設立運動「日大学生会プロジェクト（ネットご参照）」以外の活動は継続できずに、この「会」は消滅した。

そして現役諸君たちからこの大学への具体的な意思表示と行動を見ることが出来なかったことを記す。（「東京新聞Ｗｅｂ「日大生はなぜ動かない？」参照。）

付　国立歴史民俗博物館「1968年　無数の問いの噴出の時代」展

二〇一四年一〇月、佐倉市「国立民俗歴史博物館」（以下、歴博）において、「一九六八年」を振り返る回顧展の一部門として、日大全共闘、東大全共闘の展示計画が企画された。問い合わせると、同館の荒川章二主任教授より「東大は展示に耐える資料はあるが、日大の展示は資料が揃わず難しい」との指摘があり、急遽有志により個人所有資料の収集と整理を行って段ボール箱約四〇箱の資料を同館に配送し、荒川教授に当時の説明を行った。

そして、二〇一七年一〇月一一日から一二月一〇日まで、「1968年　無数の問いの噴出の時代」展が、一九六六年の日大闘争の初期から、一九六八年九月三〇日までを中心とした展示が行われた。

展示初日の講演会は、当時の学生年代の方たちを中心に満席となり、急遽別室を用意してライブ中継をする盛況となった。また展示当初は高年の方たちが中心であったが、朝日新聞他の報道もあり多くの若い人たちが集まって来た。毎日曜日に行われた展示室におけるギャラリートークでは筆者は説明役を担当することになり、展示室のメインパネルに貼られた藤原執行部「×××だらけの建学の基（学生会機関紙）」と四月の「羽仁五郎講演会集団暴力事件」、六・一一の「校舎占拠無差別暴力事件」等の当時の日大の状況と、「九・三〇大衆団交勝利」に至る全共闘の闘いを説明すると、来館者の方々

「当時の雰囲気の立て看」（若干違うが）前で、筆者の隣でスピーカーを持つ荒川教授と説明役の筆者

展示された各学部のヘルメットや当時の資料（筆者のメモも５点展示された）

は皆びっくりして熱心に説明を聞いて、憤り、賛同して筆者の手を熱く握りしめ、〝頑張って〟と声をかけられ、拍手を頂いた。この状況に、私は思わず「私たちの闘いは終わっていない！」と叫んでいた。

私は多くの方々との会話で、今の若い人たちもこの国の姿に疑問をもって自己の生き方を求め、世の不正に怒る人たちがたくさんいるということを知った。そして私たちのあの時の闘いは私たちの胸の中にだけでなく、多くの人たちの心に響いて、社会と歴史の不変に記憶されて今も生きているということを実感した。なお歴博売店での「展示図録」は、三回増刷して完売する売れ行きとなり、企画展は大盛況となった。

展示記念論文として、歴博荒川章二主任教授により「一九六八年大学闘争が問うたもの――日大闘争の事例に即して」（大原社会問題研究所冊子六九八号）が上梓された。

更に荒川教授は、二〇一九年三月、一九六八年後半〜六九年にかけての「日大闘争九・三〇大衆団交以後」（国立歴史民俗博物館研究報告第二一六号）を上梓された。荒川教授は、私たちが個々バラバラに保有していた膨大な資料を精力的に分析・調査して日大闘争を評価し、その全体像を社会と歴史の中に位置づけてくれた。また私たちが個々に保有し散逸を免れなかった資料は同館に永久保存されることとなった。

私たちは、佐倉市国立歴史民俗博物館並びに荒川主任教授と、共に作業を頂いた研究者の皆様に重ねて心から感謝を申し上げる。なおこの企画展示は、私たちの闘争時に救援会会長を担われ、私たちの先輩にして佐倉市市議会議員である清宮誠氏が永年同館の窓口となり、努力をされた結果であることをここに明記したい。

＊荒川章二教授「一九六八年大学闘争が問うたもの――日大闘争の事例に即して」

朝日新聞（夕刊）

学生運動の軌跡「歴史」に

60年代末 全共闘・反戦…

千葉の歴博で企画展

日本大学の大学運営に学生が抗議した「日大闘争」の最初のデモの写真＝1968年5月撮影

集会やデモへの参加を呼びかけるビラや旗、身につけていた鉢巻きや腕章、そして当時の写真……。1960年代末の学生による全共闘運動やベトナム戦争反対運動を題材にした企画展が国立歴史民俗博物館（歴博、千葉県佐倉市）で開かれている。社会運動の軌跡を「歴史」ととらえた国立施設での企画展は、例がないという。

元活動家が寄贈

タイトルは「『1968年』－無数の問いの噴出の時代－」。東大全共闘議長として東大闘争を率いた山本義隆さん(75)らから段ボール10箱分（約6千点）、日大闘争の元活動家らから40箱分（約1万4千点）が2013年に寄贈されたのがきっかけだった。

「東京の学生運動に限ら

日本大学の学生による「日大全共闘」が1960年代末に使ったヘルメット

「ベトナムに平和を！市民連合」（ベ平連）の地方組織「ベ平連こうべ」の旗＝いずれも国立歴史民俗博物館提供

朝日新聞夕刊の一面に掲載された「歴博展示」の記事（2017年11月17日夕刊）

「……日大生として……自分自身がどう行動するのか、基本的には同時代の地域住民と同じく、自己の場の変革にこだわり、その中で新たな共同性・自治と自己の創造を目指した社会運動であった。目指すは学生主体の大学への再生であり、抽象的な大学解体・否定ではない……それぞれに自律性の高い個別集団（闘争単位）での討論を基盤としつつ数千人を超える大衆集会での意思確認を積み重ねる直接民主主義、バリケードという自主管理共同空間の創出とその中での学生自治の実験的営為、バリケード・ストライキを武器とする直接的かつ大衆的規模での団交交渉という三つを組み合わせて大学の変革と自己の変革を表裏のものとして追及した新しいタイプの大衆的学生運動……であったと言えよう。」

＊荒川章二教授論稿追記

「日大闘争は事実を隠したり、遮断したりしないという意味での真実と、信頼関係の二つが支えであった、と言う。闘争の記録性は高く詳細で、認識の前提となる情報が繰り返し、かつ様々な媒体が折り重なって、広く共有されていった運動であった。組織の指示命令関係を廃した自律性の高い基礎的闘争単位が横に連携する柔構造を特徴とし、獲得目標を共有しつつ、柔らかな、しかし強い団結が作られていった。各単位組織の討論は終始重視され、その話し合いから構成員の個人と個人を結ぶ信頼関係が生まれ、繰り返される幾層もの議論と労力をかけた総括の束から、創意的で執拗な運動が組まれた。……自身に即した問い、異議、そして行動としての抗議の意味が、多くの支持を得たときに発現される社会的、政治的意味を考察する重要な事例……である。」

荒川教授は、私たちが送付した発行者名や日付の無い膨大な未整理資料を一一学部の長期にわたる闘争の史実と闘いの意味を読み解いて展示をされ、更には論稿にまとめられて、日大全共闘の闘いを歴史に記して頂いた。私たちは佐倉歴史民俗博物館と荒川教授及びご担当を頂いた研究者の皆様に熱く深く感謝を申し上げる。荒川教授に頂いた私たちへの評価に誠に気恥ずかしさを感じながら。

日大闘争関連年表

一九五八年　六月　古田重二、良日大会頭就任。
九月　日本大学改善方策案実施。
一〇月　商経学部二部自治会は、日大改善方策案・警職法改正案に反対して二四日、二五日の両日スト決行。それに対し七人の退学処分。処分反対運動に職員の暴行及び機動隊二〇〇〇人導入鎮圧。
一九六〇年　五月　安保反対デモへ参加禁止、安保促進運動に日大生五〇〇人参加。
一九六二年一二月　日本会（日本会・日本総調和連盟、佐藤栄作総裁、古田会長）発足。
一九六六年　四月　経済学部古賀執行部誕生による学内民主化運動始まる。
日大応援団員、亜細亜大応援団員に暴行事件。
一〇月一四日　経済学部三崎祭で芝田進午講演会不許可、抗議活動始まるが、許可を得られず、二五日から苦渋の三崎祭を行う。
一二月一〇日　経済学部藤原執行部誕生、一三日、学生委員会で経済学部応援団解散決議、一六日、部室没収。本部応援団解散要求決議。
一九六七年一月一八日　藤原執行部へ度々六〇数人の本部系応援団員等の暴行事件。
四月二〇日　新入生歓迎会羽仁五郎後援会へ応援団、体育会系四〇〇人の暴行事件。
四月二五日　藤原執行部員は当局の無期停学処分を受け活動停止。

五〜六月　戸田教授による暴行事件調査委員会が設置される。委員会は詳細調査で暴行者を特定した七月、本部命令で解散させられる。

一〇月二五〜二六日　本部中執奥山委員長の提案で議長団設置、後藤代行執行部が登場し活動を始めるが同執行部を一〇月、学生委員会で解散決議。

一〇月三一日　三崎祭に向けて実行委員会（秋田明大委員長）を設けるも当局は三崎祭不許可。拡大学生委員会で三崎祭を断念し学外退去。翌日同盟登校。

一二月九日　経済学部秋田執行部誕生。活動を始めるが活動予算凍結と厳しい当局規制に加えて応援団、体育会系の威嚇を受ける。

一二月二〇日　靖国神社に集結した一〇〇〇人の右翼襲撃部隊を話合い解散。

一九六八年四月一三日　新入生歓迎会、日高六郎講演会不許可、別動隊は抗議行動開始。

四月一五日　大学当局の二〇億円使途不明金発覚、別動隊は抗議の地下活動、不法集会を開始。

五月六日　更に一〇億円の使途不明金発覚。

五月二三日　別動隊の不法集会へ解散命令の館内放送により、集会へ学友二五〇〇人結集、応援団等の攻撃を撃退して「二〇〇mデモ」を挙行。

五月二五日　秋田執行部と別動隊二人が自宅謹慎処分を受ける。経済学部闘争委員会結成、各学部に次々と闘争委員会が結成される。

五月二七日　日大全学共闘会議を結成し秋田明大を議長に選出。経済学部前五〇〇〇人決起集会。以降他学部で五〇〇〇人〜一万人集会。大学当局に大衆団交を要求。

六月　四日　経済学部前で一万人の全学統一集会。靖国神社に一〇〇〇人の右翼学生が結集。農獣医学部教職員組合、農獣医学部学生会への「連帯」の声明。

六月一一日　経済学部五〇〇〇人集会へ校舎占拠右翼学生四〇〇人の無差別殺人的暴力事件起こる。校舎に突入した学友は日本刀を抜刀した暴力集団と闘うが経済学部校舎を占拠される。夕刻、機動隊導入で排除された私たちは決起して法学部を占拠しバリケード構築。
六月一二日　経済学部校舎を占拠してバリケード構築、ストに入る。
六月一五日　文理学部ストライキ決議、バリケード構築。
六月一六日　経済学部学友を右翼襲撃、学友二人が重傷を負う。
六月一七日　古田会頭と理事会に団交予備折衝を申し入れ。以降続々と各学部はストを決議しバリケードを構築する。
六月一八日　商学部ストライキ決議、バリケード構築。
六月一九日　当局は団交を拒否。文理学部に黒ヘル七〇人のスト破り襲撃。
芸術学部ストライキ決議、バリケード構築。
六月二二日　農獣医学部ストライキ決議、バリケード構築。
六月二四日　文理学部三島ストライキ決議、バリケード構築。
六月二五日　団交拒否総決起集会。一万人で大学本部包囲、水道橋〜神保町をジグザグ・フランスデモ一万五〇〇〇人〜連日の大規模デモ。
七月　五日　理工学部習志野ストライキ決議、バリケード構築。
七月　七日　団交予備折衝を行うも、合意せず。
七月　八日　理工学部ストライキ決議、バリケード構築。
七月一八日　法学部で全学集会、八月四日に大衆団交の合意。しかし帰還デモ隊は機動隊の襲撃で九五人逮捕、翌日抗議デモ八六人逮捕。
七月二四日　古田会頭より大衆団交無期限延期の通告。
八月一二日　文理学部は教授会と一三時間の大衆団交で要求を勝ち取る。
八月二四日　古田会頭より全共闘を学生代表と認めないとの通知。
八月二七日　経済学部長名で「校舎明け渡し」の催告通知。
八月三一日　当局、法・経済学部占拠排除と立入り禁止仮処分を地裁に申請。
九月　三日　当局は九月一一日からの授業開始を新聞公告。
九月　四日　法・経済学部へ校舎明渡し強制執行、一三二人が逮捕さる。機動隊員一人死亡。
九月五日から二七日に至る激動の闘いは、本文「怒りの反撃の闘い」をご参照。
九月一九日　医学部、歯学部ストライキ決議、バリケード構築。
九月二一日　古田会頭より全共闘に対し、定款改正と理事の退陣を表明した「回答書」。
九月三〇日　両国講堂で最大で学友三万五〇〇〇人の大衆団交、古田以下理事達は暴力弾圧を自己批判し、学園の民主化と理事達の辞任を協定。全共闘は闘いに勝利する。
一〇月　一日　佐藤首相が閣議で大衆団交は認められない政治問題であると声明。
一〇月　二日　古田会頭は緊急理事会を開き、三〇日の協定は数の力で強要されたと表明して今後の団交を拒否。
一〇月　三日　両国講堂において一万人の団交拒否抗議集会。
一〇月　四日　秋田議長以下八人に公安条例違反・公務執行妨害の逮捕令状。
一〇月一四日　郡山工学部へ空気銃を持つ右翼集団襲撃により学友多数が負傷。
一〇月二一日　右翼暴力集団、関東軍が結成される。（後の校舎防衛部隊）

一〇月三一日　古田会頭は九・三〇団交確約事項を破棄し、退陣を拒否する声明。
一一月　八日　芸術学部へ四〇〇人の関東軍が襲撃。六時間の攻防で学友二〇〇人が負傷しながら、関東軍を捕縛し撃退する。
一一月一〇日　全国五〇〇〇人の父兄大会（両国講堂）。詳細は本文参照。
一一月一二日　芸術学部へ機動隊導入、激戦の末四六人逮捕さる。バリケード再構築。
一一月二二日　東大安田講堂前にて日大、東大闘争勝利・全国学生総決起集会。
　　　　　　　日大全共闘三〇〇〇人の学友は、機動隊二〇〇〇人の包囲を打ち破って東大安田講堂前に登場した。
一二月　七日　郡山生産工学部へ右翼・機動隊襲撃でバリケード破壊、以降頻繁に襲撃が起こる。
一九六九年一月　六日　経済学部四年生の塩原授業阻止するが徐々に授業を開始される。
一月一八日　東大全共闘・安田講堂へ機動隊導入、闘いは翌日まで続く。
一月二六日　理工学部他へ暴力行為処罰に関する法律違反、凶器準備集合罪、公務執行妨害その他の容疑で機動隊四〇〇〇人強制捜査。
一月二七日　生産工学部津田沼校舎へ右翼・機動隊攻撃、バリケード解除される。以降、順次の攻撃で他学部もバリ解除される。郡山の悲劇参照。
二月　二日　法・経済学部、郡山工学部バリケードに機動隊導入。大学当局は右翼集団を動員してバリケードを撤去。「郡山の悲劇」は本文参照。以降バリは順次解除され授業再開される。そして右翼防衛部隊による全学アウシュビッツ校舎となった状況は本文参照。
二月一一日　中大中庭にて日大闘争勝利労働者市民学生二万人集会。

三月　四日　以降一九七三年まで頻繁に決起集会、デモが行われる。
三月一二日　日本会主催の「古田激励会」案内状の〝文言〟等が問題となり中止。
三月二五日　秋田明大全共闘議長、逮捕。
六月一一日　全共闘主催「新入生全共闘集会」三〇〇〇人結集、デモで四五人逮捕さる。
九月　五日　「日大闘争一周年記念」総決起集会二〇〇〇人。四六人逮捕。
一〇月二六日　全国全共闘大会が日比谷野外音楽堂で全国の大学が結集し開催される。議長に東大全共闘の山本義隆、副議長に獄中にあった秋田明大を選出。
一一月二七日　古田会頭、日大駿河台病院で死去。
一二月二六日　六八年九月四日経済学部強制執行時死亡者「傷害致死罪」六人に対する裁判始まり、公判は八三年九月までの一五年間続く。詳細は本文参照。
一九七〇年二月二五日　秋田明大全共闘議長保釈。
三月一一日　文理学部の中村克己君が京王線武蔵野台役前でビラを撒いていたところを右翼学生たちに襲われ、三月二日死亡。
一九七八年　六月五日　「中村君追悼全共闘葬」日比谷野外音楽堂に六五〇〇人。
一九八〇年一一月　暴力弾圧に抗議するプラカードをもった法学部学友が本部前で焼身自殺を図る。この時期の各学部は関東軍他の暴力的部隊にガードされた校舎での授業が行われ、抗議の学生は悲惨な状況にあった。詳細は本文参照。
一二月　文理学部の学友は大集会で関東軍を追い出して、自主学園祭を行う。
文理学部に武装をした反憲学連が登場して拠点化を図る。学友たちは約一年をかけて闘い、反憲学連を追放する。そして、各学部の学友たちは九〇年初頭まで当局に抗議の運動をつづけた。

一九八三年　九月六日　一九六八年九月四日、法・経済学部仮執行で機動隊員一人死亡に対する裁判、最高裁で無罪判決。

二〇〇〇年　田中栄壽、保体審事務局長となり、二〇〇二年常務理事、二〇〇五年校友会長に。

二〇〇八年　九月　田中英壽、理事長就任。

二〇一〇年　日大事業部を設立。

二〇一二年　田中により総長公選制の廃止、学長制とする。

二〇一三年　二月　田中理事長は建設工事業者等からリベート五〇〇〇万を受け取ったとの報道、翌年の税務調査で六〇〇〇万円の申告漏れ発覚。

二〇一六年　四月　危機管理学部、スポーツ科学部で非常勤講師一五人の雇止め・授業外部委託問題起こる。

二〇一六年一二月　田中理事長四選、内田、服部常務理事（広報担当）、井ノ口理事等が就任。

二〇一七年一〇月一一日　佐倉市国立歴史民俗博物館で日大・東大闘争の展示会「１９６８年　無数の問
～一二月一〇日　い の噴出の時代」展が行われる。

二〇一八年五月六日　日大アメフト部員の関西学院大学選手へ危険タックル事件発生。井ノ口理事は一四日、部員と父親に対し口封じを命じ、「従わなければ日大が総力で潰す」と発言。

五月二二日　部員は謝罪記者会見。内田常務理事辞任。七月四日、井ノ口理事辞任。

九月　三日　新しい日本大学をつくる会発足。

一二月　医学部不正入試問題発覚。

一〇月　石井常務理事、日大病院建設工事での賄賂五〇〇〇万円発覚。

二〇二〇年 五月　大学基準協会により大学基準不適合の認定。
二〇二〇年九月　井ノ口が理事に復帰。
二〇二一年三月八日　日大事業部の巨額資金流用問題地検特捜部捜査。
九月八日　日大本部、事業部、田中理事長宅への東京地検捜査入る。
一〇月七日　井ノ口理事と藪本前理事は板橋病院建て替え背任事件で四億二〇〇〇万円の損をえたとして逮捕され二七日起訴。更に一一月一六日医療機器調達に係り一億九八〇〇万円の損害を与えた背任事件で起訴される。井ノ口は、田中に現金六〇〇〇万円を、そのほかにも数百万円を渡したと供述。
一〇月　私学振興会の助成金九〇億円全額カット。
一一月二九日　田中英壽は一億二〇〇〇万円の所得無申告税法違反と五億二三三三万円の脱税で逮捕され、一二月二〇日起訴さる。翌年三月二九日、懲役一年執行猶予三年、罰金一三〇〇万円判決。
一二月二日　日大工学部修繕工事発注に関し田中自宅、日大本部、建設業者へ三回目の強制捜査、三日、理事会にて校友会理事六人反対も田中理事長解任決議。
二〇二二年一月一二日　日大が、田中前理事長に損害賠償請求。
三月　私学振興会の助成金九〇億円全額カット。
三月二九日　田中前理事長「所得税法違反容疑」で有罪判決。
四月　一日　日大に第三者委員会設置、理事長ら不正調査と答申。
五月　ラグビー部員のいじめ事件発生。
七月　一日　日大理事長に林真理子、学長に酒井健夫就任。

一〇月　私学振興会の助成金九〇億円全額カット。
二〇二三年三月三一日　日大は田中、井ノ口と藪本等に一一億円の損害賠償訴訟提訴。
八月　三日　警視庁薬物対策課がアメフト部寮を家宅捜索。覚醒剤、大麻見つかる。五日、部員一人逮捕さる。八日、日大はお詫び記者会見をして事件隠ぺい否定。
二〇二三年八月二二日　アメフト部寮へ再捜索、九月二日複数の部員を取り調べ、一三日九人の関与判明。二六日、コーチによるパワハラ行為発覚。
九月二二日　アメフト部員の二〇歳未満部員の飲酒問題発覚。
九月一七日　林理事長が沢田副学長へ辞任を要求、理事会等への出席を停止。
一〇月二三日　私学振興会は助成金九〇億円を全学不交付決定。（三年連続）
一〇月三〇日　日大は第三者委員会報告書を文科省に提出。三一日記者会見。
一〇月三一日　第三者委員会は調査報告を発表、林理事長の対応不適切と経営陣と組織のガバナンス欠如を指摘。
一一月二三日　臨時理事会で理事長減給、学長、副学長辞任勧告。二七日受諾。
二〇二三年一一月二七日　沢田副学長が林理事長をパワハラ訴訟提起。
一一月二九日　日大アメフト部廃部方針、その後何度も継続審議となり二四日廃部を検討するもその後も出直し、新設等の議論が続く。
一一月三〇日　日大は改善計画書を文科省に提出。
二〇二四年一月一四日　田中英壽元理事長死去。
一月二五日　アメフト部廃部を決定し、指導陣四人の解任発表。

文献一覧

扉、まえがき

「パヴェ（敷石）の下にある　それは砂浜……」一九六八年、五月パリ革命時の落書き。
「光明を頼として歩み続ける勇気」『戦争論』カール・フォン・クラウゼ・ヴィッツ、淡徳三郎訳、徳間書店、一九六五年一月
《学問思想の自由》古賀義弘、日大経済学部・短期学部新聞、学生会、一九六六年四月二一日
古賀義弘「回顧録」（二〇一四年五月一七日付け筆者への手紙）、第２章参照。

第1章

「日本大学改善方策案細目『改善の原則』」一九五八年九月
永田菊四郎「永田総長談」一九六二年一〇月、weblio, wikipedia
古田重二良「古田所感」一九六六年一月、教職員会
「私立大学の政治経済学（上）」芝田進午・平川俊彦、経済評論、一九六六年三月
「パリ大学とマスプロ教育」wikipedia, kotobank.jp 等
「日大紛争から私学の教訓を」朝日新聞「社説」、一九六八年一〇月二日
日大皇道学院　wikipedia, weblio 等
「飲食付き・鎮圧の日当付き」朝日、毎日新聞、一九六八年六月二日

「経済学部校舎占拠・無差別殺人的暴力事件」朝日、毎日新聞等、一九六八年六月一二日
「戦前の日大総長の特色」『右翼辞典』堀幸雄、三嶺書房、一九九一年二月、wikipedia 等
『アジアに架ける橋—日本青年講座叢書一』白井為雄、日本政治資料調査会、一九六七年

第2章

古賀義弘「回顧録」
木村隆俊・草原光明へのインタビュー、木村隆俊、草原光明、鈴木一雄、森雄一、二〇一四年三月二六日

第3章

古賀義弘「古賀委員長挨拶」（「建学の基」・「研究会紹介冊子」）日大経済学部・短期学部新聞、学生会、一九六六年四月二一日
古賀義弘「学問・思想の自由—学生会の再認識—、マスプロ教育弊害の打破」日大経済学部・短期学部新聞、学生会、一九六六年四月二一日
古賀弘義「社会と学園の統一的把握」「建学の基」「三崎祭特集号」（三崎祭パンフレット「君は大事な事を忘れてる」）日大経済学部・短期学部、学生会、一九六六年一〇月二五日発行

第4章

藤原嶺雄「藤原委員長挨拶」（「建学の基」）「日大の現状——学園民主化闘争の発展と我々の課題」が当局の配布不許可を受け、×××文で印刷した機関紙、一九六七年四月八日
「戸田調査委員会調書」一九六七年四月二五日、戸田教授を委員長に経済学部内に設置された藤原執行部

暴力事件調査委員会。暴力学生が特定された七月頃、古田本部指示で解散させられ、調書等は製本されていない。

「暴力学生処分案」調査委員会の資料から見つかったメモ書き。

「研究会の学友への討論呼びかけ」ビラ要約（筆者）一九六七年五月頃に筆者が研究会の学友たちに、四・二〇事件への抗議と討論を呼びかけたビラ。

第5章

「日大本部と経済学部の勢力・人脈と、中執奥山登場の経緯分析メモ」一九六七年五月頃に本部・経済学部の勢力状況、奥山委員長登場の背景を分析した筆者メモ。

「三崎祭闘争役割分担、研究会へのオルグ、票読みメモ」三崎祭を実行委員会で行うために学友たちと運動方針を協議し、当局と団交時の役割分担の相談、研究会員たちへのオルグ等を記録した筆者メモの一部。

「秋田執行部選出時の票読みメモ、秋田君推薦演説原稿」学生会選挙で秋田君を委員長に選出した時の票読みメモの一部と推薦演説の下書き。一九六七年一二月九日

「秋田執行部の挨拶」「建学の基」日大経済学部・短期学部新聞、学生会、一九六八年四月一日

「襲撃部隊の集結メモ」靖国神社に集合した一〇〇〇人の秋田執行部襲撃部隊を応援団幹部等と話し合いをし解散させた時の筆者メモ、一九六七年一二月二〇日

「日高六郎闘争役割分担メモ」執行部員等と私（別動隊）が日高後援会不許可へ抗議の団交への役割分担を相談し、記録したメモ、一九六八年四月

「二〇億円使途不明金問題」の新聞報道、朝日他の新聞で一斉に報道、一九六八年四月一五日

「研究会オルグ連絡筆者メモ」研究会の意向を統一するためにオルグ、連絡、票読みをしたメモ。

「執行部メモ」秋田執行部庶務の鈴木君が毎日の出来事を記録た日記。

第6章

『経済学部校舎占拠・無差別殺人的暴力事件』朝日、毎日新聞、一九六八年六月一二日。学友証言、週刊朝日、六月二八日号
「バリケード構築」週刊朝日、一九六八年六月二八日号、他。
「草原先生目撃談」一九六八年六月一一日　当時大学院生・学部助手だった草原氏が、学生課内で見た証言。
「予備団交メモ」一九六八年六月一九日、二五日予定の団交予備会談が不調に終わった後、法学部杉山教授がバリケード内の私を訪ねて来て、団交が延期された理由を説明した時のメモ。
「太陽」「スパルタコス」　経済学部二年生闘争委員会の情報紙。他にも二闘委通信
「楔」、「天地」経済学部三年生闘争委員会発行の情報紙
「造反」経済学部四年生闘争委員会発行の情報紙
「創造」二部短期経済学部闘争委員会発行の情報紙
「ゼミ闘通信」経済学部ゼミナール連合会発行の情報紙
「文化戦線」経済学部文団連発行の情報紙
「サークル闘委」経済学部サークル連合発行の情報紙
「団結」経済学部合唱団発行の情報紙
「レジスタンス」経済学部児童文化研究会発報紙
「勝利」全共闘経済学部闘争委員会情宣部発行の日刊紙
「事務局新聞」全共闘経闘委事務局発行の情報紙

「チラシ裏面記事」勝利の裏面記事。各情報紙にそれぞれ裏面記事が多数あった。
『なにをなすべきか?』レーニン、村田陽一訳、国民文庫、一九五三年六月
『空想より科学へ』エンゲルス、大内兵衛訳、岩波文庫、一九四六年九月
『ドイツ・イデオロギー』マルクス、エンゲルス、真下信一訳、国民文庫、一九六五年二月
「バリケード内での筆者のビラ」筆者がバリケード内学友と一般学友に向け、バリ闘争の意義と闘いへの明るい展望を詠って、結集を呼びかけたビラ、一九六八年七月
「くりかえさぬために」竹本源治、高知教組「るねさんす」四四号掲載、一九五二年
「階級社会では……」『実践論・矛盾論』毛沢東、松村一人訳、岩波文庫、一九五七年
「バリケード内での筆者日記」、第一〇章参照。

第7章

「経済学部の闘い」日大全共闘経済学部闘争委員会ホームページ、https://keitoui.web.fc 2.com
『路上の全共闘1968』三橋俊明、河出ブックス、二〇一〇年六月
「要求承認の回答書全文」日本大学会頭　古田重二良、一九六八年　九月二一日
「定款改正後に退陣。日大理事側が大幅譲歩」朝日新聞、一九六八年九月二二日
「佐藤首相、日大の事態重視—大学対策、閣僚懇で協議へ」朝日新聞、一九六八年一〇月一日
「強硬派理事の記者会見」朝日新聞、一九六八年一〇月八日
「古田重二良先生激励会」案内状　一九六九年三月四日付
「学生運動は公害」毎日新聞、一九六九年八月一五日

第8章

「悪質暴力会社問題」第七一回国会、地方行政委員会第9号、一九七三年三月八日
「芸術学部への襲撃」関東軍飯島の防衛会社　第七一回国会・地方行政委員会第九号、一九七三年三月八日
『東大安田講堂１９６８―１９６９』島泰三、中公新書、二〇〇五年一一月
「ガス弾三銃士」日大全共闘経済学部闘争委員会ホームページ
日大全共闘経済学部闘争委員会ホームページ
『路上の全共闘１９６８』
『１６０８名の逮捕者―日大闘争弁護士の証言』田賀秀一、大光社、一九七〇年一月
「正常化された授業」清宮誠（救援会清宮会長より文理学部の状況を記した手紙）
「経済学部の状況」朝日ジャーナル、一九六九年五月二〇日、六月一日号
「誇りが失われている」（日大ＯＢの投稿）朝日新聞、一九六九 年九月一六日
「農獣医学部アウシュビッツ校舎」アサヒグラフ、一九六九年一一月二八日号
農獣医学部教職員組合の「連帯」の声明、農獣医学部教職員組合声明文
戦前の「満州国」「関東軍」「満州人脈」の岸信介、佐藤栄作～田中理事長、wikipedia 等
「同志諸君！ 世界の若人が我々と共に歩いている」ビラ、筆者が一九六八年七月頃、バリケードの中で
書いたと思われる。

第9章

「危急の時には、感情の方が人間を支配する」クラウゼヴィッツ『戦争論』扉
『なにをなすべきか?』第6章
『獄中記―異常の日常化の中で』秋田明大、ウニタ書房、一九六九年

「黄昏を待つミネルバの梟の如く」『法の哲学』ヘーゲル・藤野渉訳、中公新書、二〇〇一年
『私の一九六〇年代』山本義隆、金曜日、二〇一五年一〇月
『甦る上杉慎吉─天皇主権説という名の亡霊』原田武夫、講談社、二〇一四年一〇月
『反〈安倍式積極的平和主義〉論』纐纈厚、凱風社、二〇一四年五月
『右翼辞典』第1章
『日本会議の正体』青木理、平凡社新書、二〇一六年七月
『日大を許さない─「アウシュビッツ」からの告発』日大学生ジャーナリスト会議、第三書館、一九八三年一二月
『擬制に抗する〈正史〉─その後の日大闘争』正史編集委員会、ライブ印刷、キトラ文庫、一九七九年一〇月
「日大文理クーデター」日本青年協議会、反憲学連、wikipedia 等
「不当裁判の記録」昭和四三年九月、公務執行妨害、傷害、同致死被告事件の東京地裁第一審公判～昭和五八年九月最高裁の破棄・差戻し無罪公判記録と昭和四八年二月、米丸君の第二回公判供述速記録。

第10章

丸井雄一「日記」一九六六年一二月、総研の先輩たちから「詞書」を書いた日記帳を頂き、その日記帳にサークル活動や闘いに向かう決意、バリケード闘争時の苦悩と闘いへの想いを書いた筆者の日記。
古賀義弘「回顧録」前記
『無為の共同体』ジャン＝リュック・ナンシー、西谷修・安原伸一朗訳、以文社、二〇〇一年
『ならず者たち』ジャック・デリダ、鵜飼哲、高橋 哲哉訳、みすず書房、一九五八年二月

「邂逅」『我が精神の遍歴』亀井勝一郎　旺文社、一九六八年
『もの思う葦』太宰治、角川書店、一九五七年一一月
『愛と認識の出発』倉田百三、角川文庫　一九五〇年六月
「樹の下の二人」『智恵子抄』高村光太郎、龍星閣、一九六二年
「独り」『ヘルマン・ヘッセ詩集』高橋健二訳、新潮文庫、一九五二年一二月
「くらげの唄」『金子光晴詩集』（『人間の悲劇』）創元社、一九五二年
「その朝」『詩の中に目覚める日本』真壁仁編、岩波新書、一九六六年
「最後に」『人しれず微笑まん　樺美智子遺稿集』三一書房、一九六〇年一一月
「歌」『中野重治詩集』岩波文庫、一九五六年三月、一九七八年一二月

第11章

『日大を許さない』第9章
「擬制に抗する〈正史〉」第9章
「法学部暴力ガードマン逮捕」朝日、毎日、読売新聞、一九七九年五月二五日夕刊
「富沢逮捕」読売新聞、一九六九年一〇月二〇日
『職業としての大学人』紅野謙介、文芸通信、二〇二二年四月
「日大学生会プロジェクト」　文理学部ネット、nichidai-student-union.org
「日大生はなぜ動かない？」東京新聞 Web、tokyo-np.co.jp 、二〇二二年三月二九日、東京新聞社会面

付

「『1968年』―無数の問いの噴出の時代」展、国立歴史民俗博物館、二〇一七年一〇月一一日～一二月一〇日

「一九六八年大学闘争が問うたもの―日大闘争の事例に即して」荒川章二、大原社会問題研究所雑誌六九八号、二〇一六年一二月一日

「日大闘争九・三〇大衆団交以後」荒川章二、国立歴史民俗博物館研究報告第二一六号、二〇一九年三月二九日

「学生運動の軌跡『歴史に』」朝日新聞、二〇一七年一一月七日夕刊

あとがき

本書は、二〇一四年、闘病中の一九六六年度日本大学経済学部学生会委員長の古賀義弘氏（二〇一五年一月、他界された）から頂いた「回顧録（筆者への手紙）」をきっかけに書き出した「日大闘争の記録」です。その後、闘いの前線を担った後輩や長期裁判を強いられた米丸君たちの寄稿を待って一〇年が経過し、この間に筆者のメモをたどり書きして、「記録」はいつしか「自分史」的文章になってしまいました。更には仕事の合間に思い出したことを書き足し、誠にくどい「記録」になってしまったことをお詫びます。

しかし綜合経済研究会に入部し、在学期間を通して係った経済学部学生会の民主化運動の始まりから、秋田明大執行部設立と「二〇〇mデモ」に至る経過と全共闘の闘いについては極力誇張せず、大概を記したつもりです。むしろ記述よりも現実に起こったことがはるかに激しかったといえます。民主的な学問の場を求めた多くの学友たちが暴力による弾圧により負傷し逮捕され、不当な裁判を強行されて人生を狂わせ、私たちの後も多くの学友たちが闘わざるを得なかったことを思うと、時を経ても許容できる史実ではありません。

運動は東大との連帯から全国全共闘の闘いに拡大し、いつしか社会と乖離した左翼党派主導の闘いになっていった中で、日大全共闘は変わらぬ学園の暴力弾圧との闘いを続けました。そして一九九〇年代に入り民主化されたはずの学園が、再び田中理事長の独裁による腐敗体制を露呈し、不祥事事件が多発しました。

記録を書いてきた私は時の経過で出版を半ば放棄していましたが、当時の私たちを暴力で襲った元理事長による日大の数々の腐敗問題を許容できず、本書の第九章以降に今の日大問題に対する自らの意思を書き込みました。そして、学友から紹介された彩流社の河野和憲社長との会話で、史実を社会に出す意味を再確認しました。また編集担当の茂山和也氏には、半世紀前の史実の再調査を含めお手間とご指導を頂いたことに深く感謝を致します。

更に二〇一七年、佐倉市国立歴史民俗博物館おける「1968年　無数の問いの噴出の時代」展に、「日大・東大全共闘の闘い」の展示を頂きました。煩雑な資料を読み解いて頂き、日大闘争を評価されてその全体像を社会と歴史に位置付けて頂いた荒川章二主任教授と研究者の皆様、館の皆様に心から感謝致します。

私は、学生生活のほとんどを多くの先輩、学友、後輩たちと過ごし、その会話と想いを学園民主化の闘いに資することが出来ました。そして今も変わらず皆と想いを共有できるのは、私の誇りでもあります。共に若かりし苦難の時を過ごした学友、後輩、励ましてくれた先輩諸氏、そして多くのご支援を頂いた文化人諸氏、商店街、市井の皆様に心から感謝をいたします。

最後に、文中の資料や引用文献で紛失等で再確認ができなかった部分や、筆者の判断で文意を要約したところがあることをお断りしておきます。

また、私の旧姓は丸井雄一で、現在は森雄一ですが、本書は私の学生時代の記録ですので旧姓で執筆したことを記しておきます。

二〇二四年三月三日

丸井 雄一

【著者】
丸井雄一
…まるい・ゆういち…
1946年、青森県十和田市生まれ。1966年、日本大学経済学部に入学。綜合経済研究会に入部、学園民主化運動に係り、1968年、部長として秋田明大経済学部学生会執行部成立に尽力、全共闘運動を推進する。1969年春、就職をせず1年半ほど日雇い労働とトラック運転手として働く。その後、心機一転、鉄鋼商社に入社。1995年、退職し不動産会社を設立。2018年、牧野富夫日大名誉教授氏の誘いで大学改革を訴える目的でつくられた「新しい日本大学を作る会」に参加。田中理事長の不正問題など日本大学改革の運動を続ける。

Sairyusha

日大全共闘運動の源流と今
経済学部学生会の知られざる記録

二〇二四年四月三十日　初版第一刷

著者——丸井雄一
発行者——河野和憲
発行所——株式会社 彩流社
〒101-0051
東京都千代田区神田神保町3-10大行ビル6階
電話：03-3234-5931
ファックス：03-3234-5932
E-mail：sairyusha@sairyusha.co.jp

印刷——モリモト印刷(株)
製本——(株)難波製本
装丁——中山銀士+金子暁仁

ISBN978-4-7791-2946-9 C0021
http://www.sairyusha.co.jp

【関連書】

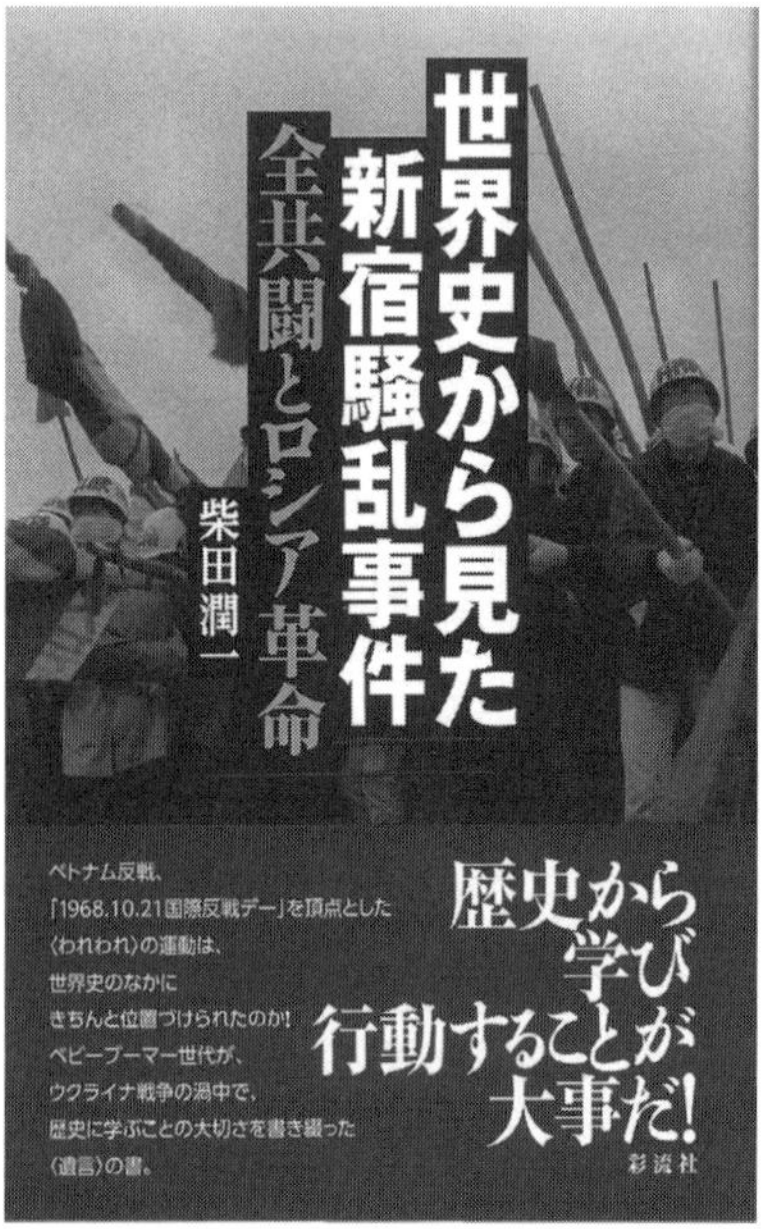

世界史から見た新宿騒乱事件

全共闘とロシア革命

柴田潤一［著］

定価（本体 2500 円＋税）

【関連書】

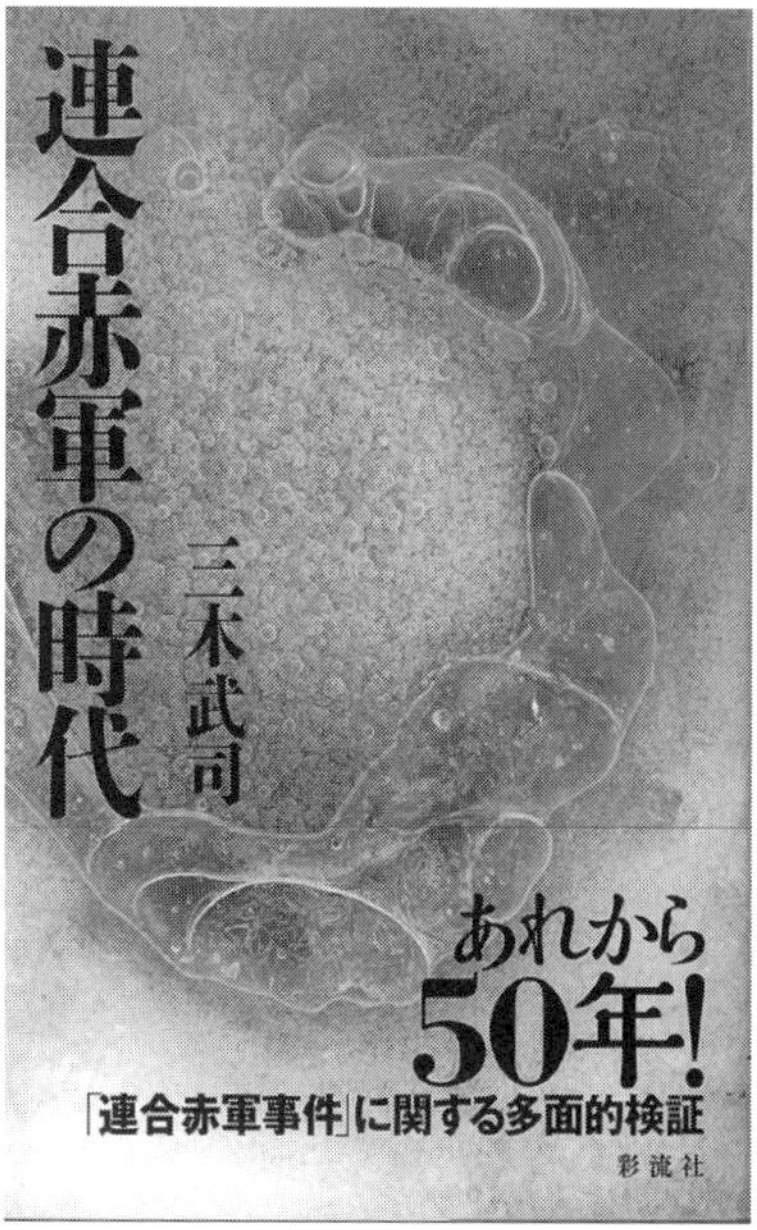

連合赤軍の時代

三木武司［著］

定価（本体 3000 円＋税）